住民と行政をつなぐ

自治体法の実践

法の役割を理解し政策を展開するために

川﨑政司
兼子　仁

[著]

第一法規

contents

第2章　自治体法の基礎を理解する

第3章　自治体法による行政を展開する

第4章 自治体の責任を意識する

第5章　自治体政策法務を確立する

第6章　自治体と法をめぐる課題について考え、展望する

プロローグ

　ひとくちに「地方自治体」といっても、その規模や体制は大きく異なり、分担・所管がしっかりと定まっているところもあれば、一人の職員がいくつもの所管・事務をかけもちしているところもある。人口や規模が大きく異なる以上、住民との距離もさまざまである。自治体の多様性は、今後の地方自治におけるキーワードの１つといえるだろう。

　その一方で、大規模都市の特例があるとはいえ、人口数百の基礎自治体だろうと、人口100万をはるかに超える基礎自治体だろうと、その役割・権能は基本的に同じである。自治体は、人々の暮らしや地域社会の維持・発展を担っており、「ゆりかごから墓場まで」を支えているのは自治体である。少子高齢化が進むとともに、家族や企業などの役割が変化・縮小する中で、その役割はますます大きくなっている。

　しかも、広域の自治体である都道府県も含め、自治体の組織やあり方は、画一的なものとなっている。地方自治法をはじめ自治関係法規は、一般的に、それらを「普通地方公共団体」として規定し、一律に適用される。

　それだけではなく、さらに基本的なことがある。それは、そのような自治体が担う自治や行政は、法に基づいて、公正公平に透明性をもって、行われなければならないということだ。新たな政策を推進する場合でも同じであり、住民の権利義務、自治や行政の基本にかかわる事項については、その根拠となる法が制定される必要がある。この点については、自治体の種類・規模・能力などは一切関係ない。

　もっとも、普段の業務において、法というものが意識されることはそう多くはないのが実際だろう。定型的な業務の場合はなおさらであり、おおむねマニュアルや前例に従っていれば済む。しかし、それも元をたどっていけば法に行き着くことになる。また、地域で次々と生じる問題への対応に追われ、法など顧みる余裕がなかったり、既存の法により答えを導き出すことが難しかったり、法を持ち出すことでかえってうまくいかないような場合もありうるだろう。しかしながら、その場合でも法に反するようなことはできないのであり、また、

問題に応じてバランスよく判断し、関係者の納得が得られるように説明し、処理を行うためには、法的な思考・センス・素養がそのバックボーンとなってくる。

　自治体職員の中には、法律について十分に学ぶ機会がないままに公務員となった人も少なくないだろう。しかし、自治や行政が法に基づいて行われるものである以上、最低限、職務に必要な法知識をもっておく必要があることはいうまでもない。もっとも、自治や行政にかかわる法は、膨大かつ複雑で、さまざまな分野に専門分化してきているのであり、それらを広範かつ詳細に理解するのは容易ではない。それは、大学などで法律を学んできた職員であっても同様である。大事なことは、いろいろな法の制度や規定を知っておくというよりも、法の役割や考え方・価値といったものを理解するようにすることである。そして、それにより法的な視点やセンスを備えることが、事務事業の適切な遂行のほか、法的な問題の発生の防止や、法的な問題が生じた場合の適切な対応にもつながってくるのである。また、服務として法令に従う義務を負っている自治体職員にとって、コンプライアンスの確保・確立は必須といえるが、コンプライアンスは、形式的な法令遵守にとどまらない倫理や職員としてのあり方、社会的責任などを求めるものとなっていることにも目を向ける必要がある。

　他方、現実に生じている諸問題・諸課題は、多様化・複雑化の様相を強めており、そのような中で、問題解決のためには、創造的な思考、政策的なアプローチが必要となることは周知のとおりであり、そこでは既存の法にとらわれない発想や結果の妥当性の追求なども求められることになる。ただ、自治行政として行われていくべきものである以上、それは公正公平なものであり、全体として見て合理的・整合的なものとなっている必要があるのであり、そこでも法的な視点やセンスの出番となる。

　法というと、世間では、とかく、権威的であるとか、固くて融通が利かない、理屈ぽくて小難しい、冷たいなどといったイメージを抱き、あまり近づきたくない存在・縁遠い存在などととらえられがちである。また、日本人の法に対する意識として、「お上の掟」であるとか、「長いものに巻かれろ」といったことなどがいわれ、人々は法を表面的に守ったふりをしているだけで、法に対する意識や信頼は高くはないとの指摘もある。

　しかしながら、それぞれの人が意識するかどうか、また、好むと好まざると
にかかわらず、法は、人々や社会の営みに深くかかわっている。「社会あるとこ
ろに法あり」という格言をどこかで聞いたことのある人も少なくないだろう。
これは、社会が成り立つためには秩序が不可欠であり、その秩序が保たれるに
はルール＝法が必要となることを表したものとされ、社会であればどのような
社会にも法が存在するということも意味するとされる。現代社会では、この言
葉以上に、法は、必要不可欠の社会的な装置となり、さまざまな役割を果たし
ているのであり、また、それぞれ社会において何らかの法があり、自律的に運
用されているといえる。法というものは、お上が定めるものだけではなく、多
元的に存在しているのであり、そのあり方・役割・効用は広いといえる。

　さらに、日本における法に対する信頼は、諸外国の場合と比べても、それな
りに高く、遵法意識も低くはないとの見方もなされるようになってきている。

　そして、法的な思考やセンスについても、決して特別なものではなく、人々
が社会において主体的・自律的に生きていくために必要なものであり、また、
自由で公正な社会を形成し維持していく上でも、人々が、健全な社会常識や正
義・公平についてのバランス感覚をもつとともに、法に対して健全な意識や認
識をもつことが重要となる。

　自治体職員の中にも、法はちょっと苦手という人もいるかもしれない。それ
は多分に上記のイメージに引きずられたものではないかと思われるが、いずれ
にしても、自治体の運営・活動において法と無縁でいられることはない。何よ
りも、自治体職員は、公務員として法の運用にかかわっているのであり、法へ
の人々の理解を広める役割を担っているともいえる。

　ただし、その一方で、法を過大視・絶対視するのも妥当ではない。法は、た
だひたすら機械的・画一的に適用されればよいというものではなく、人々を規
律し抑え込むだけの道具とされてはならない。法は、活動の根拠となるととも
に、社会におけるさまざまな問題や紛争を解決する役割を担うものではあるが、
活動の形式や問題解決の手段には多様なものがあり、法は、その主要なもので
はあるものの、そのうちの１つなのである。法には、メリットもあれば、デメ
リットもあることにも留意が必要だ。

　自治体職員として、そして社会としても、法と上手に向き合っていくことが

大事といえるだろう。

　プロローグにもかかわらず、少々しゃべりすぎたようだ。本書の使命・役割は、「自治体と法」の世界に読者を誘うことだ。そこでは、基礎的・理念的なところから話を進めていくことになり、わかりやすさを心掛けたつもりではあるが、少々かたい話となるところもある。しかし、本書を通読し、それぞれの理解や知識がつながってくれば、いろいろと見えてくるものがあり、それが視点として身に付くことにもつながっていくのではないかと思う。

　それでは、改めて自治体と法の役割を確認することから始めよう。

第 1 章

自治における
法の役割を確認する

地方自治・自治体の意義と役割

① 自治の役割と保障から改めて確認する

　地域における課題や公共的・共同的な事務は、その住民の負担と責任において、自ら決定し、処理する。

　地方自治について一言で表現するならば、そのような説明となるだろう。そして、その場・主体となる地方自治体は、地域的共同体としての性格をもつことになる。

　しかしながら、近代以降においては、地方自治は、国家という枠組みの中で、語られてきた。

　その点からは、地方自治は、国家において、国から独立した一定の地域を基礎とする地域共同体が、地域の特性などを踏まえながら、地域における公共的な事務を自主的に処理するものであるといえる。その場合に、自治といえるためには、自立と自己統治が認められ、地域共同体がその意思と責任に基づいて行動できること（団体自治）が必要であり、また、その地域主体においてはその構成員である住民の意思と責任により団体の活動が決定されること（住民自治）が求められることになる。

　地方自治は、地域の住民が地方自治体における政策の形成や実施に参加し、自分たちの創意・判断と責任において地域の公共的な諸問題を解決し処理するものであり、しばしばいわれるように、民主政治の基礎となり、民主主義の訓練の場ともされている。国民主権の原理を基礎とした、地域の住民の参画による地方自治の拡充・進展が、国レベルの民主主義を発展させることにもつながるといえる。

　それと同時に、自治は、国と地方自治体の間において権限を区分・分割し、中央と地方の相互の競合・抑制により、それぞれの権力濫用を防ぐものでもあるとともに、自治体は、国と個人との間に位置する中間団体としての性格をもつ。そして、自治体の自主自律的な意思決定のためには、その構成員である住民自体が自由でなければならず、住民が、個人として尊重され、その人権が保

障され、基本的に平等であることが必要となる。すなわち、地方自治は、国と地方との間で権力分立を図るものであり、また、住民の人権の保障や自己実現の手段として機能することにもなるなど、自由主義的な意義をもつといえる。その点では、地方自治については、個人ということから考えることも重要であり、個人の自律的かつ多様な生き方の保障につながるものである必要がある。

　日本国憲法は、第8章として特に地方自治の章を設け、地方自治制度について保障しており、そこでは、地方自治制度に関する法律が地方自治の本旨に基づくべきことを定めている。そして、地方自治の本質的な内容である「地方自治の本旨」については、地方自治の考え方が民主主義と地方分権の要請が結合されてできていることから、先に述べた「住民自治」と「団体自治」の2つの要素からなるとするのが一般的な考え方となっている。そして、この住民自治と団体自治の2つの原則は、いわば車の両輪の関係にあり、この2つの要素が兼ね備わってはじめて、地方自治が十全なものとなるということができる。

　もっとも、地方自治も、国家の統治体制として存在するものであり、地方自治体が国から完全に独立しているわけではなく、それはある程度相対的なものとならざるを得ない面がある。しかしその一方で、自治として認められる以上は、国と自治体は基本的に対等な関係にあり、自治体に対する国の関与はできるだけ差し控えられなければならず、制度上も実際上も、自治体の自主性・自律性が確保・強化されるとともに、自治に対する住民の参加が拡充される必要がある。

　また、地方自治は、それ自体が最終的な目的となるものではなく、手段となるものでもあり、地域の多様な価値観を尊重し、住民がゆとりや豊かさを実感し、安心して暮らせるように、住民の福祉や地域の均衡ある発展につながるものである必要があることも忘れられてはならない。

② 自治体という存在と役割をとらえ直す

　地方自治の担い手である自治体は、地方自治制度において自治権を行使する主体として位置付けられる団体であり、法人格を有する公法人とされているが、一般的には、①国の領土の一定の区域を基礎とすること、②その区域内の住民を構成員とすること、③憲法および法律に基づく自治権をもつこと、④区域内

の公共的な事務をみずから処理する自治的な統治主体であることなどの要件を満たすことが必要とされている。

　地方自治法では、地方公共団体について、普通地方公共団体と特別地方公共団体とに区分する。このうち、一般的・普遍的な自治体である普通地方公共団体とされているのが市町村と都道府県である。他方、政策的見地から特別に設けられ、特定の目的・組織・権能などをもつ特別地方公共団体として認められているのが特別区、地方公共団体の組合、財産区であるが、特別区については、普通地方公共団体にかなり近い性格をもち、それとほぼ同様に取り扱われるようになっている。

　憲法上、地方自治が保障される「地方公共団体」については、特段の規定はなく、その意義をめぐっては、①共同体意識を基礎にして判断する考え方、②沿革や行政上の実態を基準に判断する考え方、③これら両方を勘案して判断する考え方、④立法者の意思による考え方、⑤行政執行権能を有するかどうかで判断する考え方、などがみられるが、判例は、折衷的な立場をとり、普通地方公共団体がそれに該当するとしている[1]。社会状況の変化などもあってこの判例の射程については限定的にとらえるべきところもあるが、普通地方公共団体、とりわけ合併等により広域化が進められてきている市町村に関しても、改めて地域や共同体ということから、その意義・あり方について考えていく必要もあるのではないかと思われる。

　他方、地方公共団体、特に普通地方公共団体については、講学上または実務上、地方自治の主体ということから、「地方自治体」や「自治体」と呼ばれている。これに対し、最近は、国政と地方政治とは対等なものであり、ともに国や地域を統治する存在であるという観点から、中央政府と対比する意味で、地方自治体を「地方政府」ととらえる見方もある。本書でも、自治体を基本としつ

---

[1] 特別区の区長の公選制廃止に絡んで特別区が憲法上の地方公共団体かどうかが争われた事件で、最大判昭和38年3月27日刑集17巻2号121頁は、憲法上の地方公共団体の意義について、「地方公共団体といい得るためには、単に法律で地方公共団体として取り扱われているということだけでは足らず、事実上住民が経済的文化的に密接な共同生活を営み、共同体意識をもっているという社会的基盤が存在し、沿革的にみても、また現実の行政の上においても、相当程度の自主立法権、自主行政権、自主財政権等地方自治の基本的権能を付与された地域団体であることを必要とするものというべきである」とした。

つ、これらを併用する。

　なお、自治体というと、都道府県庁、市役所、町村役場といった機関・組織が思い浮かべられることが多いが、1で述べたような地方自治の意義からすれば、そのような役所中心の見方は必ずしも妥当ではなく、基本的主体である住民を中心にすえた総体としてとらえるようにすべきだろう。

　自治体のうち、市町村は、基礎自治体とされ、一般的に、地域における事務を処理するものとされており、住民に最も身近な政府として、地方自治の基礎となるべきものといえる。これに対し、都道府県は、市町村を包括する広域自治体として、地域における事務等で、①広域にわたるもの、②市町村に関する連絡調整に関するもの、③その規模・性質において一般の市町村が処理することが適当でないと認められるものを処理するものとされている。国と地方との関係については、住民に身近な行政はできる限り自治体に委ねるべきとする「国と地方の役割分担の原則」が基本とされるが、それが「近接性・補完性の原理」を取り入れたものであることからは、市町村と都道府県の関係においても、住民に身近な行政は、より住民に身近な自治体である市町村に委ねることを求めているということができる[2]。

　なお、国との関係などから地方自治を十全なものとしていく上からは、基礎自治体と広域自治体の2層構造は、その例外を認めないような厳格なものではないとしても、憲法が保障しているものであると考えるべきだろう。

　このほか、日本の地方自治体は、その規模等にかかわらず極めて画一的であるといわれ、そのことが横並び意識を生んだり、地方自治の発展を妨げたりしているとの指摘も少なくない。また、自治体については、しばしば地域における「総合行政主体」と呼ばれ、あるいはそのようものであることが求められてきているが、多様な自治のあり方や小規模自治体の存続などの観点からは、その規模や住民の要求・選択にかかわらず、一律に総合行政主体としての役割を

---

[2]　近接性・補完性の原理に基づく事務配分における市町村優先の趣旨を踏まえ、それぞれの地域で、事務の性質・団体の規模など実情に応じた市町村への権限移譲が円滑に進められるよう、地方自治法により設けられたのが「条例による事務処理特例」であり、この制度は、都道府県が、市町村長との協議を経た上で、条例の定めるところにより、都道府県知事の権限に属する事務の一部を市町村が処理することとすることを認めるものである（地方自治法252条の17の2）。これによって積極的に市町村に権限移譲を行い、「都道府県内分権」を進めているところもみられる。

果たすことを求めることの妥当性も問われるようになっている。

　画一性からの脱却と多様性は、これからの自治体のあり方を考える上で基本とされるべきものといえる。

③ 自治体を取り巻く法環境の変化を認識する

　地方自治をめぐる状況は、時代とともに変化してきているが、特に、近年は、自治体を取り巻く法環境は大きく変化してきており、そのことを認識しておく必要がある。

　法的環境の変化としては、さまざまなものが考えられるが、特に、次のようなことを挙げることができるだろう。

　第1は、地方分権の進展である。

　戦後、日本国憲法によって地方自治が保障されることになったが、社会や経済の発展・高度化等に伴って、地方と中央との相互依存関係が進み、むしろ中央集権的な色彩が強まることともなった。しかしながら、中央官僚主導のシステムが制度疲労を来たし、新たな時代の状況や課題に対応する能力を失い、その限界を露呈するようになる中で、1990年代後半以降、地方分権改革が進められてきた。

　地方分権改革として、これまで第1次と第2次の改革が行われてきたが、これらについては、国と地方の関係の見直しと団体自治の強化を中心としたものとなり、不十分なものにとどまったところもある[3]。このようなことなどもあって、住民の関心もあまり高くはなく、また、道半ばの状況となっているといえる。しかしながら、その一方で、これによって、国と地方が対等な関係となるとともに、自治体の自己決定の余地、条例の制定をはじめ法的な対応の余地が広がることとなったことも確認しておく必要がある。

　第2は、法治主義の強化の必要である。

　地方自治体においては、従来から、条例の制定への謙抑的な姿勢、要綱行政

---

[3] これまでに、第1次分権改革として、機関委任事務の廃止と国の行政的関与の縮減とルール化など、第2次分権改革として、国の法令による義務付け・枠付けの見直しなどが行われてきたが、義務付け・枠付けの見直しについては中途半端なものにとどまっており、住民の自治の強化についてもあまり成果は見られない。

など、法の不足や不透明性が指摘され、法律や条例による行政を推進していくことが課題となっており、とりわけ、自治体の自己決定権が拡大するに伴い、法による公正で民主的な行政の展開が求められてきている。条例制定の活性化や政策法務の動きなど、徐々に変化してきてはいるものの、自治の現場では法治主義というものが原理としても関係者の意識としてもなかなか浸透しないところがあり、引き続き課題となっているといえる。

第3は、ガバナンスやNPMの広まりである。

地方自治についてもガバナンスということが強調されるようになっているが、そこでは、統治能力や統治の質が問われ、そのための体制や統制の強化、さらには行政のあり様そのものの再検討などが求められるようになっている。

特に、これまで公共は「官」が担うものとの考え方が根強く存在してきたが、公共性の空間は官の独占物ではなく、「民」も担っていくようにすべきとの考え方が強まり、行政のスリム化・民営化、民間への業務の譲渡・委託などの「行政の民間化」や、公私協働（PPP）の取組が進められるようになっているほか、民間経営手法を公的部門に導入しそのマネジメントの革新を図ろうとする公共経営の手法（NPM）の導入が推進されてきている。

これらは、地方自治や自治行政のあり方に大きな影響を及ぼすようになっており、民間への安易な下請化、公共性・公正性の確保などの問題はあるものの、公共サービスの質の向上と効率的な提供を実現する上である程度避けられないものともなっているといえるだろう。

第4は、住民意識や民主主義をめぐる変化である。

地方選挙での投票率の低下などの問題や、住民自治の拡充強化の必要性がいわれる一方で、住民意識の多様化、住民の主権者意識・市民意識の高まりなどを背景として、住民は、自治行政に対する関心や要求を強め、そのあり方等について厳しい目を向けるようになってきている。その結果、住民から自治体のあり方や責任が問われるようになり、近年は、自治体の責任追及の手段として、住民監査請求・住民訴訟が活発に提起されるようになっている。

また、統治のあり方として、政治の役割が強調され、政治の主導性が強まってきているが、それは地方自治のあり方にも影響を及ぼしてきている。そもそも、政策決定ということでは、民主的正統性をもつ政治が主体となることは当

然のことであって、職員は、それを補佐・補完するものであることが認識されなければならない。

　政と官の関係については、統制・分離・協働のそれぞれの規範に規定されることになり[4]、いずれかに偏ることなくその調和が重要といわれるが、自治体においてもそれらに基づいた適切な関係が構築されていく必要がある。

　第 5 は、ICT の発達である。

　情報通信技術の飛躍的な発展は、人々の暮らしや社会のあり方を大きく変えてきているが、自治行政のあり方にも大きな影響を与えており、それへの対応やその活用が課題となっている。また、それに伴い、自治体もインターネットなどを通じてさまざまな情報を発信するようになり、いまや自治体の例規や政策情報が簡単に入手できるようになってきている。そして、そのことは、容易にその比較や検討がなされうることなどを意味することになり、自治体として外部の目も意識しなければならない状況をもたらしていることも十分に認識しておく必要がある。

　さらに、国においてデジタル社会[5]の形成が掲げられ、デジタル技術やデータの活用により、一人ひとりのニーズに合ったサービスを選ぶことができる社会の実現に向け、住民の利便性向上や自治体の業務効率化などを目的とした地方行政のデジタル化が推進されるようになっており、自治体でもデジタル・トランスフォーメーション（DX）の取組が進められている。今後予想される人的資源等の不足の対応策の 1 つとしてもデジタル技術や AI 等の活用などが論じられている。

　以上のような法環境の変化は、自治体の意識改革や対応を迫るものとなって

---

[4] 政と官の関係については、①統制の規範に基づく優越・従属関係、②分離の規範に基づく相互不介入関係、③協働の規範に基づく指導・補佐関係の 3 つの規範によって複合的に規律されるとする行政学の見方が基本的に妥当するといえる。

[5] 2021 年に制定されたデジタル社会形成基本法によれば、デジタル社会とは、インターネットその他の高度情報通信ネットワークを通じて自由かつ安全に多様な情報又は知識を世界的規模で入手し、共有し、又は発信するとともに、人工知能関連技術、インターネット・オブ・シングス活用関連技術、クラウド・コンピューティング・サービス関連技術その他の従来の処理量に比して大量の情報の処理を可能とする先端的な技術をはじめとする情報通信技術を用いて電磁的記録として記録された多様かつ大量の情報を適正かつ効果的に活用することにより、あらゆる分野における創造的かつ活力ある発展が可能となる社会をいうとされている。

いるが、それら以上に自治体に大きな影響を与えているのが、少子高齢化・人口減少の進行であることはいうまでもない。

　日本社会は、少子高齢化が急速に進み、人口減少社会に突入しているが、東京圏への一極集中も相まって、地方では人口の減少と流出による過疎化が進行しているほか、財政状況の悪化が進んでいる。自治体を取り巻く状況は厳しさを増しており、地方の活力がそがれ、各自治体は余裕を失いがちとなっている。

　このような状況をいかに克服していくのか、それぞれの自治体の意識や対応が問われているのであり、弱いところを切り捨てるような発想をすべきではないとしても、自治には、自己決定だけでなく、自己責任を伴うものである以上、地域間の格差が拡大することは避けられなくなっているともいえる。

　従来の横並びの発想や護送船団的な考え方は、もはや通用しなくなっており、それぞれの自治力を問われるようになってきていることが認識されるべきだろう。

コラム❶　地方分権改革・地域主権改革・地方創生

　地方分権改革については、さまざまな定義の仕方があるが、政府の資料などをみると、「住民に身近な行政は、できる限り地方自治体が担い、その自主性を発揮するとともに、地方住民が地方行政に参画し、協働していくことを目指す改革」などと説明されている。

　これに対し、民主党政権の時代には、地方分権改革に代わって「地域主権改革」という言葉が用いられた。地域主権については、「地域」も「主権」も多義的で両者がどう結び付くのかがわかりにくいだけでなく、仮に地域にも主権があるということであれば憲法が定める国家体制や国民主権との関係が問題となるなどして、批判も少なくなかった。このため、第１次の地方分権一括法案では、「日本国憲法の理念の下に、住民に身近な行政は、自治体が自主的かつ総合的に広く担うようにするとともに、地域住民が自らの判断と責任において地域の諸課題に取り組むことができるようにするための改革」と地方分権改革とそれほど変わらない形で定義された上で「地域主権改革」という言葉を用いることとされたが、国会の修正によりそれも削除されることとなった。

　「地域主権」が持ち出されたのは、分け与えるとのイメージもある従来の地方分権

では不十分であり、なかなか変わらない中央集権的システムを抜本的に改革することを表現したい、あるいは補完性の原理や住民自治にも力点を置いたものにしたいとの考えがあったともいわれるが、「主権」という言葉はあまりに重く、イメージ先行となってしまった感は否めない。

　他方、最近、人口の減少や高齢化への危機感から打ち出されてきているのが、「地方創生」である。人口減少の克服が正面に打ち出され、①若い世代の就労・結婚・子育ての希望の実現、②東京一極集中の歯止め、③地域の特性に即した地域課題の解決が基本的視点とされ、まち・ひと・しごと創生法なども制定されている。「創生」という言葉も説明を必要とするところはあるものの、地方創生が前面に打ち出され、地方分権改革はその手段的なものと位置付けられるようになっており、地方分権改革が、手詰まり感も漂い踊り場にさしかかっていることなども相まって、当面は、人口減少対応・地方創生を軸に分権の議論も進められことになりそうだ。

自治体と法

① 自治の組織・運営と法

　地方自治においても、その組織・運営のあり方や基本的システムについては、法によって定められる。

　地方自治については、憲法で保障されているが、その憲法において、その基本的な枠組みが規定されている。すなわち、そこでは、地方自治の仕組みとして、住民が直接に政治を行うのではなく、住民が選挙した代表者を通じて政治が行われる代表民主制が基本とされ、長、議会の議員ともに住民が直接選挙することが規定されるとともに、地方自治体の組織や運営に関する事項は、地方自治の本旨に基づいて法律で定めることとされている。

　そして、これを受けて、地方自治法は、二元代表制を具体化し、議会と長を独立対等なものと位置付け、それぞれが職務を自主的に行うことで相互に抑制と均衡を図りながら、自治行政が行われるようにしている。また、執行機関については、長と、行政委員会型の委員会・委員によって構成する多元主義が採用され、執行権限を分散することで、公正妥当な執行の確保、行政運営の官僚的画一主義の防止などを図ることとしている。

　地方自治法は、議会の組織・権限、執行機関の組織・権限だけでなく、その運営、機関の関係、職員、財務、公の施設などについて、詳細に規定をしているほか、自治体の組織・権限・事務・運営等については、多数の地方自治関係法令によって規定されており、また、自治体の事務ないし自治行政については、きわめて多くの法令によって具体的に規定されている。

　他方、自治体においては、憲法94条によって自治立法権が保障され、議会が制定する条例が自治体における基本的な法とされているほか、長が定める規則、委員会が定める規則・規程（行政委員会規則）、議会が定める会議規則などもある。自治体が、地域において各種施策を実施するにあたっては、条例で、その根拠、手続などについてあらかじめ規定しておくことが必要となり、条例と規則は、自治行政における自主的な法源となるものである。そして、地方自治法

は、自治体の組織・運営の具体化については、条例によることとしていることが多く、自治体が独自に定める場合にも条例によることが基本となる[6]。自治体の中には、その組織・運営の基本について定める自治基本条例を制定し、体系化・総合化を図っているところもある。

　地方自治法は、自治体が、住民の福祉の増進を図ることを基本として、地域における行政を自主的かつ総合的に実施する役割を広く担うものとし、住民に身近な行政は住民に身近な自治体において処理するという考え方を明確にしている。そして、自治体が処理する事務として、①地域における事務、②地域における事務以外の事務であって法律またはこれに基づく政令により処理することとされているものを規定しており、自治体が、住民の福祉の増進を図ることを目的に、地域における事務を幅広く処理する権能をもつとともに、それを自主的かつ総合的に実施する役割を担うべきこととしている。

　また、自治体が処理する事務については、自治事務と法定受託事務とに区分されるが、これらのうち、法定受託事務は、国などが本来果たすべき役割に関するものであって国などから法律・政令により自治体に委ねられるものであり、自治事務は、法定受託事務以外の自治体の事務を指し、その中には、自治体の本来的な事務から、法律によって義務付けられているものまでさまざまなものがある[7]。法律に定めのある自治事務、特に法律で義務付けている場合には、その必要性や合理性が検証されていくべきであるが、自治体の判断で行う自治事務については、条例で定めることが基本となる。

---

[6]　ただし、地方自治法では、長の内部組織については、直近下位の内部組織の設置とその事務が条例事項とされているにとどまり、また、財務に関する事項は、規則の専管事項とされている。

[7]　その場合に、法律に定めのない自治事務と法律に定めのある自治事務、また、法律に定めのある自治事務については、その実施が自治体に義務付けられるものと任意のものとに区分されうる。

【図表１】　自治事務と法定受託事務の制度上の取扱いの相違

	自治事務	法定受託事務
条例制定権	法令に違反しない限り可	法令に違反しない限り可
議会の権限	原則及ぶ （労働委員会及び収用委員会の権限に属するものは対象外）	原則及ぶ （国の安全、個人の秘密にかかわるもの及び収用委員会の権限に属するものは対象外）
監査委員の権限		
行政不服審査	当該自治体での審査請求	原則国・都道府県への審査請求
国等の関与	助言・勧告、資料の提出の要求、是正の要求、協議の４類型が原則的な関与	関与として助言・勧告、資料の提出要求、同意、許可・認可・承認、指示、代執行、協議の７類型が可能

　自治体の事務については、国の法令により幅広く義務付け・枠付けが行われ、詳細に規定されていることが、自治体の自律性を阻害し、地域の状況に即した対応を困難としているといったことが指摘され、その見直しが課題となり続けている。また、地方自治の基本法である地方自治法をめぐっても、その規律密度が高さが問われるようになっている。

　この点、憲法92条は、「地方公共団体の組織及び運営に関する事項」は法律で定めるとするが、これは、一般に、それらの事項は法律の形式で定めなければならず、かつ、それは「地方自治の本旨」に基づいて定めなければならないことを意味するものと解されており、自治体の組織・運営に関する事項の大綱を政省令等で定めることを認めない趣旨であって、法律で基本的・基準的な事項を定め、そのほかは自治体に委ねることを禁止するものではもちろんない。そして、国の法令による詳細な義務付け・枠付けをさらに緩和し、自治体の自己決定の余地を拡大していくことが必要なことは確かといえる。

　ただし、その一方で、何でも、法律の定めは縮減して骨格だけにとどめ、自治の仕組みはそれぞれの自治体で決められるようにすればよいというものでもない。自治体の自己決定を重視する議論の中には、民主主義を過大視するものもみられるが、民主主義にすべて委ねることは、時々の多数派の横暴や暴走などを招き、恣意的に制度やルールを変更する危険を生じかねないのであり、そのような濫用や弊害を防ぐためには、通常の民主主義の手続では変更できない

枠をあらかじめ設けておくことも必要となる[8]。憲法は、その枠を地方自治の本旨に反しない限りで国民の代表機関である国会が制定する法律により定めることとしているのであり、民主主義や自治はその枠の中で運営する方がうまく機能する面があることも忘れられてはならない。

　大事なことは、自治体の組織・運営に関する事項の大綱として地方自治法などの法律で定めるべき領域と、自治体みずからが定める領域との切り分けということから、自治の現状と将来の自治のあり方をにらみつつ、段階を踏みながら着実に法律の見直しを進め、自治体の自由度を高めていくことだろう。

　自治基本条例においても、そのことを踏まえた上で、それぞれの自治体において、その組織・運営について、再定義をしつつ、基本的な方向やあり方を示すものとして活用していくことが重要だろう。

② ガバナンスとコンプライアンス

　地方自治や自治行政のあり方を考える上で、統治能力や自己統治、あるいは合法性・透明性、マネジメント、さらにはステークホルダーである住民等との協働をも含んだガバナンス（グットガバナンス）の確立が重要な課題となっている。ガバナンスについては、「統治」、「協治」[9]などの言葉が充てられ、さまざまなとらえ方がなされているが、基本的には、統治の質を問い、それを確保するための仕組みや取組を指すものであり、そこでは、透明性、健全性、適正性、効率性、説明責任、責任の明確化などが求められることになる。

　ガバナンスについて、統制ということからみれば、内部統制（自己制御）と外部統制とがあり、外部統制としては、議会[10]、住民によるコントロールのほか、裁判所による司法統制などもあるが、特に、そこでは、行政の透明性を高め、住民に対して説明責任を果たすとともに、住民が一定の影響を及ぼしていくような体制が求められ、「説明」や「対話」といったことが重視されるようになっ

---

[8] このような考え方は、憲法によって権力を制限し、憲法による統治を求める「立憲主義」から導き出されるものといえる。

[9] 協治は、住民との協働や新しい公共を重視するものとして用いられており、住民とは、縦の関係ではなく、横ないし水平の関係に立つものとして、そのあり方を問うものである。

[10] 自治体ということでは、議会は内部機関ということになるが、特に行政ということを念頭に置いた場合には、議会によるコントロールも外部統制として挙げられることが多い。

ている。

　また、自治体における内部統制については、従来から、コンプライアンスの確保、監査委員によるコントロールの強化などが進められてきたが、地方自治法でも、長が、その担任する事務の管理・執行が法令に適合し、かつ、適正に行われるための内部統制方針を定め、必要な体制を整備すべきことが規定された。

　他方、法治主義の下で、自治体職員は法令を遵守し、公正・公平な行政を行っていくべきことは当然のことであり、また、全体の奉仕者としての使命を自覚し、住民本位の行政の推進に全力を尽くすことが強く求められている。最近は、民間企業では、「コンプライアンス」や「社会的責任（CRS）」といったことが強調され、「法令遵守」とそのための意識や体制の確立するための取組が行われているが、「法による行政」や公共の利益の実現を基本的な理念とする自治体においては、なおさら、そのことが強調されなければならないといえるだろう。

　コンプライアンスについては、「法令遵守」などとも訳されるものの、それにとどまらないものとされるようになっており、社会的な責任や社会的な要請への対応といったことも射程とするものとなっている。その点では、ガバナンス、リスクマネジメント、内部統制などと重なるところも少なくないが、コンプライアンスということでは、さまざまなルールを守るだけでなく、戦略的に法的な判断を行っていくことが必要となっており、また、リーガルリスクにとどまらず、リスクの予防・回避や顕在化する各種リスクへの対応のため、リスクマネジメントや内部統制の徹底を図ることが重要となっている。

コラム❷　長と議会による協治

　今日の地方自治は、多様な関係主体間の協働の仕組みを目立たせており、行政学の見地からは、"地域ガバナンス・地域協治"であるというとらえ方が有力になされている。

　このガバナンスは、いろいろな利害関係者（ステイクホルダー）が関与する社会的責任態勢として、株式会社企業のそれ（コーポレイト・ガバナンス）に比せられる。

　「自治体法」の見地でも、この地域ガバナンス・地域協治が法制づくりの目標に相

応しいという考え方が重要と思える。

　この場合に、憲法93条 1 ・ 2 項に基づく公選首長と議会の二元代表制は、"地域協治"の法制度的コアにちがいなく、旧来のオール与党または政治的敵対といった事態を乗りこえて、住民自治力とも合流する"協治関係"の造成が期待されうる。

　長も議会も選挙住民を超えた広い地域住民とのつながりで、地方自治機関としての役割分担を果たすべきものであって（コラム⑥の議会基本条例に基づく議会改革を含めて）、公選首長は自治体全体の地域協治の総合的責任を多様に負うべきものとされつつある（同上コラムの自治基本条例の定め方、参考）。

③　自治行政と法

　行政活動が恣意や専断によって行われる場合には人々の権利利益や生活の侵害などにもつながりかねないことから、行政活動は、国民の代表である議会が制定する法律に基づいて行われることが要求されることになる。これが、「法律による行政の原理」などと呼ばれるものであり、そこでは、行政活動が法律に違反した場合には、裁判所が行政活動の法律適合性を審査した上で、違法な行政活動を是正することも含意されることになる。そして、地方自治体においては、住民の代表機関である議会が制定する条例が存在することから、法律による行政とともに、「条例による行政」といったことも基本的な原理とされることになる。本書では、両者を合わせたものとして、「法による行政」や「法治主義」といった用語を用いることとしたい。

　法による行政は、行政活動は法律・条例に違反するものであってはならないとする「法律の優位」と、行政作用は法律・条例の根拠に基づかなければならないとする「法律の留保」の 2 つの原則からなる。この点については、第 2 章の第 3 ・ 1 で詳しく述べることとするが、現代国家においては、国家の役割が拡大し、行政活動が増大・多様化してきており、国民の権利を制限したり義務を課したりする場合のほか、どこまで法律・条例の根拠を必要とすべきかが問われている。また、この問題については、自由主義的観点だけでなく、国民や住民の代表機関である議会による行政の民主的コントロールといった面からも論じられているが、どこまでこれを取り入れるべきかをめぐり議論が分かれて

いる。

　そのような問題があるにしても、実際には、数多くの法律によって行政活動のあり方が規定されており、その中には国民の権利義務に直接かかわらないものも少なくない。また、条例で定める事項も多岐にわたっており、その中には、非権力的なものなども少なからず含まれている。

　他方、自治の現場では、法律や条例ではなく、要綱の形式により行政活動の取扱いの基準などが定められ、行政の運営の指針とされたり、時には規制的な行政活動を行う根拠を与えるものであるかのような取扱いがなされたりしている。要綱は、自治体が次々と派生する諸問題に機動的かつ弾力的に対応していくための手段となっており、また、それに基づいて行われる行政指導は、行政機関が一定の行政目的の実現のために住民の自発的な協力を求めて指導、勧告、助言等を行う非権力的な行政活動として、当事者の納得を得ながら、行政需要の変動に臨機応変に対応できるといったメリットがないわけではない。

　しかしながら、要綱はあくまでも統一的な事務取扱いの基準、行政指導の指針を定めた内部的な文書にすぎず、それにもかかわらず、住民の権利義務にかかわる問題について法律や条例によることなく規制することは、法治主義の観点から問題がある。

　その意味では、要綱は、法律や条例の不備欠陥を補う補足的手段、あるいは緊急的・実験的・暫定的な手段として位置付けられるべきである。そして、要綱についても、できるだけその情報が告示化や例規集などを通じて公開される必要があり、また、それに基づく行政指導はあくまでも行政手続法・行政手続条例の原則に従ったものとすべきである。

　なお、地方自治法においては、自治体は、法令に違反してその事務を処理してはならないものとされるとともに、法令に違反した自治体の行為は、無効と規定されている（2条16項・17項）。法による行政の原理に基づく法適合原則あるいは合法性の原則は、自治行政における基本であり、国の法令だけでなく、みずからが制定した条例や規則に違反して事務を処理してはならない。

④　政策と法

　政策は、広くはある問題について目標思考的な行動のパターンないし指針を

指すとされるが、国や自治体が担うのは公共政策であり、その場合の政策については、公共的問題を解決するための目標・方向性と具体的手段ととらえられることが多い[11]。

　政策は、目的－手段の連鎖構造によって構成され、これは政策の体系とも呼ばれるが、その体系においては、政策－施策－事務事業といった階層に分けられることもある[12]。また、その政策を構成する主な要素としては、目的、対象、手段、権限、財源などがあるとされる。

　政策には、政府の方針・方策・構想・計画などが含まれ、制度的には法律、予算、計画、条例、規則、要綱、通達などによって表現されることになる。中でも、法律や条例などの法は、政策を推進する上で最も有力な媒体となっており、その手段化が進んできている。

【図表2】政策の体系と目的-手段連鎖基本目的

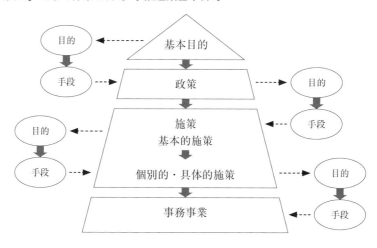

---

[11] ちなみに、2001年に制定された政策評価法では、政策は「一定の行政目的を実現するために企画及び立案をする行政上の一連の行為についての方針、方策その他これらに類するもの」と定義されている。

[12] 政府の「政策評価の実施に関するガイドライン」では、「政策（狭義）」は、特定の行政課題に対応するための基本的な方針の実現を目的とする行政活動の大きなまとまり、「施策」は、具体的な方針の実現を目的とする行政活動のまとまりであり、政策（狭義）を実現するための具体的な方策や対策ととらえられるもの、「事務事業」は、具体的な方策や対策を具現化するための個々の行政手段としての事務及び事業であり、行政活動の基礎的な単位となるものとされている。

　ところで、現代国家において、法は、必要不可欠の装置となるとともに、多様な役割を果たすようになっており、そのような中で、その社会的な機能として挙げられているのが、社会統制、活動促進、紛争解決、資源配分などの機能である。

　これらのうち法の伝統的な機能とされてきたのは、社会統制・活動促進・紛争解決の機能である。そこにおいて、社会統制機能は、犯罪などの抑止・処罰をはじめ人々が一定の行動様式をとることを何らかのサンクションによって確保し、社会の秩序を維持するものであり、活動促進機能は、人々が準拠すべき指針や枠組みを提示し、その自主的な活動を予測可能で安全確実に行えるようにするというものであり、紛争解決機能は、人々の間に生じる対立や紛争を調整し解決する仕組みを提供するものである。

　しかしながら、国家の機能の飛躍的な拡大に伴い、現実に制定されている法の多くは、限られた各種の社会的な資源、財、サービスの配分を行ったり、一定の社会経済政策を遂行したりすることを主眼とした「資源配分」を基本的な機能とするようになってきている。

　このような資源配分機能の具体化は、行政機関に委ねられることが多く、私人の権利義務についてあらかじめ明確に規定し、義務違反や権利侵害については裁判所による事後的な救済や制裁の発動を予定する伝統的な機能の場合とは様相を異にすることになる。

　すなわち、このような資源配分型の法においては、個々人の権利義務について規定したり、裁判所で適用されることを予定しているものもあるが、それよりも、各政策の実施に当たる機関の組織・権限や活動基準・計画・手続などが定められるのが一般的である。また、規定の性格からいえば、内容が抽象的ないわゆるプログラム規定・訓示規定が少なくなく、法の実効性は、予算の裏付けがあるかどうかによって大きく左右される。そして、その法実現においては、行政が中心的な役割を果たすこととなり、行政側に幅広い裁量が認められることになる。さらに、統制・強制の方法としては、罰則などの否定的なサンクションよりも、租税上の優遇措置、補助金などの肯定的サンクションが用いられる傾向があるほか、具体的な定めは行政が制定する命令などの下位法令に委任されたり、行政による指導・監督がその実施に当たり前提となっているものが

多いのも、この種の法の特徴である。

　現実に制定されている自治行政にかかわる法律や条例の多くが、このタイプのものであるといってよい。

　現代国家においては、法は、社会的な要求に対応し、多種多様な公共政策を実現するための手段、あるいは国家の政治的な決定の手段として広く用いられるようになっており、資源配分型の政策法が増加し、中心を占めるような現象は、法が伝統的な意味での「法」らしさを失い、政策に接近しているという意味で「法の政策化」、「法の行政化」などと呼ばれている。とりわけ、法は、政治の側がその政策を進めたり、要求を実現していく上で最も有力なメディアとなっており、政治が法という権威ある形式を便宜に用いようとすることによって、法が道具化するような傾向も強まっているところである。

　その結果、現代の法は、伝統的な法とはその様相を異にするようになってきており、中には法的に意味の希薄な法律や条例なども少なからずみられるようになっている。そして、そのことが、改めて法とは何かということを問うことにもつながっているのである。

　現代において、法は政策実現の道具・手段となることはもはや否定できない。しかし、その一方で、ともすれば法律や条例が法の形式であるとの認識が薄れがちなところもみられる。自治体においては、条例の制定が目的化・イベント化したり、ユニークさを競ったり、情緒に訴えたりするような条例が散見されるが、このような状況については、条例は金のかからない便利なアピール手段ではないとの警鐘を鳴らすことも必要だろう。

⑤　職員と法

　地方自治体は、地域において住民の生活・福祉、教育、衛生、環境などを確保・維持し、地域の発展を担う行政主体として、多様化・複雑化・広域化する行政需要に積極的に応えていかなければならない立場に置かれている。

　3でも述べたように、行政は法に基づいて行われなければならず、法治主義は自治行政の基本とされるだけでなく、職員には、服務として、法遵守義務が課されている。コンプライアンスといったことが持ち出されるまでもなく、職務を行うに当たり、常に法を意識する必要がある。

　他方、住民の主権者意識・市民意識の高まりなどを背景として、住民は、自治行政のあり方等について要求の程度や監視を強めるようになってきており、政治・行政における公正さや透明性の確保といったことが各自治体において重要な課題となっている。

　いうまでもなく、地方自治の根幹をなすのは住民自治であり、自治行政は、住民の意思に基づき、その監視と統制の下に行われるべきものである。とりわけ、行政の第一線で住民と向き合い、対応する自治体職員にとって、住民のニーズ、住民の意思、住民による統制をいかに受け止め、これらにどう対応していくかということは、最も基本的なテーマとなるものといえる。

　そして、その点で、まず何よりも大切なことは、住民に対し筋道を立ててきちんと説明できないような行財政運営を行ってはならないということである。独善的で、非民主的な行政、公正・公平さを欠く行政、透明さを欠く行政は、住民に不信感を抱かせ、住民不在とのそしりを受け、その責任が問題とされることにもなるのであり、結局、行政を停滞させることになるだけである。それとともに、一人ひとりの職員には、自治体の役割や法に照らして、行政として、「できること」と「できないこと」、「しなければならないこと」と「してはならないこと」を適確に判断できる能力が求められているといえるだろう。しかもそこでは、法に基づきつつも、杓子定規ではなく、具体的な問題に応じた弾力的・適切な対応といったことも必要とされることになる。

　そのようなことゆえに、それぞれの職員には、普段から、法というものを意識しつつ、行政のあり方や問題への対処の仕方等について考えていくことが必要となる。そして、適確な知識・思考と自信に裏付けされた職員の誠意ある対応や説明・説得は、住民との間に良好な信頼関係を築くことにもつながってくるといえるのである。

⑥　住民と法

　地方自治体ということからみた場合に、住民は、その団体の構成員であり、地方自治の主体としての地位をもつことになるとともに、その行政の対象となる。

　そこにおいて、住民は、自治体の区域内に住所を有する者をいい、その区域

内に住所を有していれば、自然人であると法人であるとは問わず、外国人もその区域内に住所を有していれば当然に住民となる。住民としての届出をしているかどうかも関係ない。

　もっとも、住民が自治の主体だといっても、住民が自治体の意思決定をすべて直接に行うことは困難であり、自治体においても代表民主制が採用されている。このため、住民参加ということで中心となるのは議会の議員と長の選挙となるが、そのほかにも、直接参政の権利が付与されており、そのような制度として、現行法上、①直接請求、②住民投票、③住民監査請求と住民訴訟、の3つの制度が認められている。

　また、議会や長などに対する請願も参加としての側面を有するほか、一般的住民投票制度、パブリック・コメント、公聴会、住民提案制度、参考人・公述人、住民報告会など、法律や条例などによって、住民参加のためのさまざまな制度が設けられるようになっている。

　このほか、各自治体において整備されてきている情報公開の制度も住民参加の前提となるものといえる。

　特に、条例は、議会が制定するものであるが、住民の意思を反映したものである必要があり、そのことが住民を拘束する根拠ともなる。そのためには、条例の制定過程が住民に見えるだけでなく、開かれたものとする必要があり、住民の参加を進めていくことが必要である。

　なお、住民の地域の活動へのかかわり方はさまざまであるが、そのための活動組織としては、いわゆる自治会、町内会など、町または字の区域その他市町村内の一定の区域に住所を有する者の地縁に基づいて形成された団体である「地縁による団体」、特定非営利活動促進法によるNPO、各種機能団体などがある。

　法は、住民の権利自由を保障するものであるとともに、その権利を制限し、義務を課すものでもある。権利利益を不当に侵害された住民が救済を受けることができるのも、法によるのであり、そこでは、法機関である裁判所が中心的な役割を担うことになる。

　このように、法は住民と深いかかわりをもつものであるが、これに対する住民の関心は高いとはいえず、縁遠い存在やお上の掟などと見られがちであり、日本人の法嫌いとか、法意識の前近代性などが語られることもある。

　しかし、日本人の法に対する意識・信頼は、決して低くはない。ただ、その一方で、何か問題が起こると、すぐに国や自治体に法的な対応を求めたり、法的な保護に依存しようとする意識も根強くあり、これなどは、法を上から与えられるものとみていることの1つの表れともいえなくもない。

　いずれにしても、法は、社会的な問題解決の方法・手段であり、人々のためにあるものであり、法の役割や用い方について、社会として考えていくことも必要だろう。

コラム❸　外国人住民

　2009年の住民基本台帳法改正（30条の45）によって、特別永住者以外に、入管法に基づく3か月以上の滞在で「在留カード」を持つ在日外国人が転入届をした場合、「外国人住民」として市区町村が発する住民票写しで居住証明ができるようになった（2012年施行）。番号法に基づく個人番号も指定・通知される（同法7条1項）。

　これにより異民族共生の「住民」制度になったことは、新しい自治体法の1象徴といえよう。

　もっとも「地域住民」外国人も元来、保健福祉・公共施設利用の基礎自治行政を受けるとともに、費用分担をし、地方税の納税者であった。

　国家戦略特区では、外国人医師・家事代行者の在留資格が拡大されている。なお、出入国在留管理局への本人出頭を省ける「申請取次行政書士」の働きが知られ、事業免許・許可や生活保護・国保等の行政書士代理申請も有用にちがいない。

　さらに近時、諮問住民投票条例では「外国人住民」を投票権者に加えているが、公職選挙・条例請求制にあっては日本国民のみと法定され、ただ法律改正されれば外国人参画も合憲たりうるとの判例になっている（最判平成7年2月28日民集49巻2号639頁）。

⑦　自治体と紛争

　自治や行政においては、さまざまな紛争が生じうる。その内容は、かなり多様であり、いろいろな観点からの分類が可能であるが、ここでは、自治体が当事者となる紛争と自治体が調整者等としてかかわる紛争とに区分した上で、概

観しておきたい。

⑴　自治体を当事者とする場合

　行政の違法・不当な行為により個人の権利利益を侵害したり、住民等から公益に反するなどとしてそのあり方が問題とされたりした場合などには、できる限り迅速かつ適切な対応を行い、紛争が拡大・発展しないようにすることが重要であるが、法的な紛争については、最終的には、裁判により決着が図られることになる。この点、自治体をとりまく法環境の変化に伴い、自治や行政のあり方を問う手段として訴訟の有効性が高まり、自治体をめぐる訴訟の数も増加してきている。

　法的な紛争ということで、最も多いのは、損害の賠償であり、自治体の職員の違法な行為や、営造物の設置・管理の瑕疵により損害を受けた者は、国家賠償法に基づき自治体に対し賠償請求を行うことができる。特に、国家賠償制度は、広く国民に生じた損害を救済する役割を担うようになっており、その活用の仕方や請求内容も多岐多様にわたる。また、自治体が契約の相手方から債務の不履行により賠償や履行を求められたり、その職員の不法行為により被害者から職員が損害賠償責任、自治体が使用者責任を問われたりすることもある。

　他方、違法又は不当な処分などについては、相手方の権利利益の救済や適正な行政を確保するために、速やかに是正が図られる必要があるが、処分等に不服のある者は、行政不服審査を上級行政庁等に請求できるほか、違法な処分や不作為については、その是正を求めて、行政事件訴訟法に基づき、取消訴訟などの抗告訴訟を提起することができる。抗告訴訟においては、公権力の行使の違法性が争われ、違法な処分が取り消されることなどにより、住民の権利利益の救済が図られるだけでなく、自治体の処分の適法性・合目的性の判断を通じて自治体の責任や行政のあり方なども問われることになる。

　さらに、違法・不当な財務会計上の行為については、住民によって、住民監査請求が提起され、対応を求められるほか、違法な財務会計上の行為に関しては、差止め、取消し、不作為の違法確認、損害賠償等の請求を求める住民訴訟が提起され、自治体や職員等の責任が追及される。住民訴訟については、近年、活発に提起されるようになるとともに、自治体の行財政運営のあり方を追及する手段としても活用されるようになっている。行政のあり方を問題とするため

に情報公開請求をし、その非開示や不十分な開示について、情報公開訴訟が提起され、争われることもある。

　なお、それらによる訴訟の中には、自治体の政策のあり方や制度の運用の仕方をその争点として含むとともに、特に、政策や制度が適切さを欠くのに立法的な解決が図られないとして、訴訟の提起によりそれを促すことを狙いとするものもみられる。このような「制度改革訴訟」では、裁判所に何が妥当な政策・制度であるのか提示することを求めることになるほか、勝訴判決を期待するというよりも、訴訟を提起することで世論の喚起を図るなど、社会問題の開示・フォーラムの設定や交渉の促進を狙いとするものもある。裁判所はあくまで紛争処理機関であり、適確に政策判断をする能力や責任をもつものではないだけに、どこまでそれに応えていくべきかが問題となりうるが、裁判所の役割に対する期待が高まるに伴い、制度改革訴訟の提起が立法的・行政的な対応に何らかのインパクトを与えたり、裁判所の踏み込んだ判断が制度改革につながる例なども少なからずみられるようになっている。

　これらとは逆に、自治体が住民等を相手に訴訟を提起することもある。この点、私人が行政上の義務を履行しない場合には、行政的執行によりその実現を図ったり、行政上の義務違反に対して制裁を科したりするのが基本とされ、民事的執行は認められないとされる。ただし、自治体の私経済作用に関しては、その財産の適切な管理などのため自治体が民事訴訟を提起することはもちろん可能であり、私人と同じ立場で相手方の責任を追及できるほか、私人の不法行為により自治体が損害を被った場合には、損害賠償請求を行うこともできる。

　もっとも、住民を相手とすることへの躊躇や、訴えの提起は議会の議決事項となっていることなどもあって、従来においては、自治体が民事訴訟の提起を避ける傾向にあったといわれるが、近年は、自治体が訴訟を提起する例も増えており、公営住宅の明渡し等の請求、談合に関与した企業に対する損害賠償請求訴訟、税滞納者の貸金業者に対する過払い金返還訴訟など、注目される対応も少なくない。住民等との紛争ということでは、最近は、住民による不当要求行為やカスタマーハラスメントなどの問題も生じているが、その場合には、適正な行政の確保や職員の防衛の観点から、自治体として毅然とした適切な対応

が求められることになる[13]。

　自治体内においては、職員に対する賠償命令や賠償請求、職員の懲戒処分・分限処分等の不利益処分などをめぐって争いとなり、訴訟に発展することもある。議会と長の間での議決・再議をめぐる争いが、裁判にまで持ち込まれることがあるほか、長による議会の解散をめぐっても議員によって差止めや取消しの請求が裁判所に提起されることがある。

　このほか、国と自治体の間、あるいは自治体間において紛争を生じることもあり、法的紛争が裁判所に持ち込まれることもある。たとえば、自治体の事務処理が法令に違反している場合や著しく不適正で公益を害している場合には、国等の関与が認められるが、これをめぐっては、自治体による国等の関与に関する訴え、自治体の不作為に関する国等の違法確認の訴えが認められている。自治体間の紛争については、その申請や総務大臣・都道府県知事の職権により自治紛争処理委員の調停に付されるほか、法的紛争であれば裁判所で争われることもある。

　なお、これらは、いずれも、自治体と相手方（複数の場合も含む）との二者関係において処理されることを基本とするものである。

　以上のような自治体をめぐる訴訟の量的変化と質的変化に伴って、自治体には、「法による行政」を実現する上からも、これらの訴訟に適切に対応するための組織体制を整備し、訴訟対応機能や違法行為予防機能を拡充していくことが求められている。特に、訴訟の提起や判決は、法令や条例の執行・運用や行政的対応、政策・制度などのあり方を再検討するきっかけともなるものであり、それがそれらの見直しにつながることも少なくない[14]。ただし、住民が訴訟で争うということは、少なくとも当該住民を説得できず、訴訟回避に失敗したということであり、自治体ないし職員の行為の違法性が認められる場合にはその是

---

[13]　大阪地判平成28年6月15日判時2324号84頁は、自治体に対して情報公開請求を多数回にわたって濫用的な態様で行ったり、不当な要求を繰り返したりした行為について、自治体が、その平穏に業務を遂行する権利を侵害するとともに、今後も同行為が繰り返されるおそれがあるとして、同権利に基づく面談強要行為等の差止めと不法行為に基づく損害賠償等を求めた事件につき、同権利に対する侵害を認め、差止めを認めるとともに、損害賠償について一部の請求を認容した。

[14]　訴訟の経験や訴訟において明らかとなった問題を行政の現場にフィードバックして改善を図るなど、訴訟を通じたマネジメントサイクルを構築していくことなども求められているといえる。

正を余儀なくされることになるのであって、そのような事態を避けるためにも、できる限り問題の発生や紛争を生じないようにするための予防的な法務が重要となってくるほか、法的リスク（訴訟リスク）に関する職員の意識の改革なども必要となる。

(2)　自治体が調整者等としてかかわる場合

　地域社会においては、さまざまな紛争が日常的に生じるが、地域における私人間の紛争に介入し、解決を図ることも、住民の福祉の向上や地域の安定・発展を担う自治体の役割となっている。特に、地域における私人間の紛争は、多様化・輻輳化してきており、しばしば多数の住民の利害に関係するなど公共性を帯びることが少なくない。

　このような公共的紛争の場合に、自治体は、紛争当事者の一方の側に立つことにより紛争に関与することもあれば、第三者的な立場で紛争に介入することもあり、後者においては、自治体は、何らかの紛争処理の権限をもっていることもあれば、そのような権限をもたず情報提供、助言、説得、あっせんなどの手段により対応することもある。なお、公共的紛争では、迷惑施設の設置など自治体自体が紛争の当事者となることも少なくない。いずれにしても、地域社会における紛争処理に対する自治体の役割は今後ともますます大きくなっていくものと考えられる。

　自治体が、公共的紛争に当事者以外の立場でかかわる場合に（調整者としての自治体）、いずれかの当事者に与するか、中立の第三者として介入するかは、事案の性格、紛争の経緯・状況等による。また、紛争にかかわる契機としては、紛争当事者からの要請を受けてかかわる場合と、要請の有無にかかわらずにかかわる場合がある。この点、自治体は、普段より、住民からの相談や苦情を受け付け、苦情を処理し、紛争を解決するという業務を実施している。

　自治体は、住民の権利利益や暮らし・生活環境を守るため、事業者の施設の設置や事業活動をめぐる地域住民とのトラブルの場合には、地域住民の側の立場に立つことが少なくなく、差別などの人権侵害が生じているような場合にも被害者の救済のための介入を試みることになる。ただ、自治体が当事者の一方の側に立つことは、相手方の反発を招き、行政としての中立性などが問われることもありうる。特に、自治体が事業者の側に立つことは、関係住民の鋭い批

判を招く一方、関係住民の側に立ち施設の設置や事業を阻止しようとする場合には、その対応をめぐって事業者側と間で法的紛争（法廷闘争）に発展することもある。社会の多様化・複雑化などに伴い、人々の意見や利害も多様化し、錯綜するようになっており、住民の間で意見や利害が複雑に対立することなどもある。地域では、中立的な第三者としての自治体の介入を期待する傾向も強いが、自治体がどの程度の調整能力・解決能力をもっているかの問題もあり、その能力を十分に備えることなく介入する場合には、逆に紛争が激化したり長期化したりすることにもなりかねず、自治体の管理能力が問われ、批判や不信をかうことにもつながりかねない。このため、自治体としては、中立を強調し、お互いの主張を聞くだけで、積極的な介入を避けるようなことも見受けられる。

　なお、法において自治体に何らかの権限が与えられている場合には、その権限を行使して紛争の処理を行うことになるほか、新たに条例等を制定することで、紛争の処理を試みることもある。

　そもそも、政策そのものが社会次元で解決が難しい紛争について調整・解決をする手段としての側面をもつのであって、その執行も、紛争の解決を図り、社会の安定化を図り一定の望ましい状態にしていくための管理活動と位置付けることができる。その場合に、自治体は、調整者・管理者として、政策を梃にして、地域社会におけるさまざまな公共的紛争を調整し、解決を図りながら、地域社会を一定の方向にまとめていく役割を果たしているともいえる。

　そして、公共的紛争の調整・処理においては、当事者双方の主張に耳を傾け、粘り強く説得を続けながら相互理解と交渉・互譲を促し解決の糸口や妥協点・融和点を探ることが大事となるが、その背後には、問題にかかわる専門的知識や法的知識と公平・公正な第三者としての視点が必要不可欠となる。自治体が調停や仲裁を行う場合には、当事者がどれだけ信頼を置き解決能力があると見るかに依存するが、そこでは、専門性と生活者としての住民の視点との間にズレが生じ、それをどう調節するかが問われることもある。関係者としていずれかの側に立つことになったり、紛争の過程において状況や政治事情などの変化により態度を変更したりせざるを得ない場合もあるが、紛争の一挙解決といったことはそう多くはなく何をもって紛争の解決とみるかといった問題などもある。問題の解決のためには、公共的空間での多くの人々が参加しての議論など

も重要となるほか、民間による裁判外紛争処理制度（ADR）の活用やそれとの役割分担なども求められる[15]。

　絶えずこれらのことを意識しつつ体制を整え、取り組んでいくとともに、自治体としての役割や能力・資源等による限界についても認識しておくことが必要だろう。

---

[15] 公共的紛争の処理については、訴訟手続によらずに民事上の紛争の解決をしようとする当事者のため公正な第三者が関与して仲裁、調停、あっせんなどの方法によりその解決を図るADRが整備されてきているが、これには、行政型ADRと民間型ADRがある。前者は独立の行政委員会や行政機関等が行うもので、地方自治体は、法律や条例に基づき、地域における公害紛争や建築紛争等を解決するための制度として行政型ADRを設置しているほか、人権等の分野でもオンブズパーソンを設置する例が増えている。他方、後者は、民間組織や弁護士会、業界団体が運営するものであり、2001年には裁判外紛争解決手続の利用の促進に関する法律が制定され、法務大臣の認証を受けた「認証紛争解決事業者」がADRを行うこととされている。地方自治体は、住民への情報提供などにより、住民が有効かつ適切に民間型ADRを活用できるよう支援するとともに、行政型ADRが抱える問題点や民間型ADRの活用状況も見据えながら、行政型ADRの役割やあり方を見直したり、民間型ADRとの連携を図ったりすることなどが求められているといえる。

第3　法と法的思考の活かし方

1　法の考え方とは

　法は、社会の基本的な制度や人々の行動に関するルールなどを定め、社会的な秩序を形成・維持し、利害調整を行い、紛争を処理することになるものであるが、その基本的な考え方は、どのようなものであろうか。

　ここでは、地方自治や自治行政を念頭に置きつつ、法の基本的な考え方としてどのようなことが特徴ないし重要となるのか、思い浮かぶままに挙げてみたい。

⑴　公正

　法は、正しさ、あるいは正義にかかわるものである。

　何が、正しいのか、正義に適うのかという問題は、それぞれの世界観や価値観なども絡んで一致することが困難な問題ともなっているが、法というものから抜き去ることのできないものである。

　また、公正は、法の基本的な価値の1つであり、法においては偏りがなく公正であることや、公正さの確保が重視されることになる。実定法上も、公正は、重要な目的とされ、そのような観点から規制が行われることも少なくない。

　公正さを欠いた行為については、法令に違反するとして一定のサンクションがかされることもあるが、法令の規定に違反するかどうかにかかわらず、社会的妥当性を欠く行為などについては、民法90条により、公の秩序又は善良の風俗（公序良俗）に反するとして、無効とされる。法律上の権利の行使にみえても、権利の社会性に反したり、社会通念に照らして正当とされる範囲を逸脱して行使されたりする場合には、「権利の濫用」（民法1条3項）として、その法的効果が生じないとされることもある。

　なお、公正ということに関連して、「透明性」や「信頼」といったことについても言及しておく必要があるだろう。

　公正さを確保する上では、透明性の確保・向上といったことも重要となり、さまざまな法令において、情報の開示や適切な説明といったことが求められ、

最近は、説明責任（アカウンタビリティ）といったことが強調されるようになっている。

　また、人との関係において重要となるのは「信頼」であるが、法においてもそれが重視され、法的な保護の対象となっているほか、民法が定める信義誠実の原則（信義則）が広く法の一般原則とされ、私人間において裁判所が広範かつ柔軟にそれを適用してきているだけでなく、行政法などの分野でも信義則が援用されるようになっている。信義則は、相互的信頼を保つよう行為すべきことを期待・要請するものであり、その機能は、幅広く、実質的な正義衡平の観点からは、自己の行為と矛盾した態度をとることの禁止（禁反言）、法や契約に反する行為によって取得された権利を行使することの禁止（クリーンハンズの原則）なども導き出されることになる。

(2)　公平

　公平も、法の基本的な価値の1つであり、公正と重なる面もあるが、特に、法においては「平等」ということが基本的な価値・原則とされ、さまざまな法令でうたわれているところである。そして、そこでは、平等な取扱いが求められるほか、不当な差別が禁止されることが多い。また、平等ということでは、形式的な平等や機会の平等が基本となるものの、それにとどまらず、実質的な平等や結果の平等が考慮されることもある。このほか、人々をいかなる場面においても形式的に平等に扱うということからは、法においては「一般性」ということが基本的な要素とされることになる。

　何が公平であるかは、それぞれの価値観なども絡み、論争的となるところがあり、権利利益の調整や紛争の処理においても、法に基づいた判断が基本とされるとはいえ、何をもって公平とするかが問題となることが少なくない。そして、そこでは、しばしば、利益衡量（比較衡量）などが行われるとともに、関係者の納得が得られるようなバランスのとれた判断が求められることになる。

(3)　合理性

　法は、社会や人々の行為を規律するものである以上、基本的に合理的なものであり、また、合理的なものであるべきとされる。

　行政においても、合理的な思考が基本となるが、何をもって合理的とするかは難しいところがある。特に、正しさにかかわる法的な合理性は、効率性が重

視される経済的な合理性とは異なるところがあり、たとえ経済的には合理的な行為であったとしても、法的な面から制約されることもある。

　また、法が想定する人間像は多様であるが、基本的には、自律した合理的な人間像が前提とされ、私人間の関係では、私的自治や契約の自由が基本とされることになる。

　しかしながら、合理的な人間像とはいっても、人間はしばしば誤りを犯す弱い存在でもある。現実には、企業と消費者、使用者と労働者のように情報力・交渉力に大きな格差があったり、搾取の構図などを生じたりすることもあり、そのような場合には、弱者保護の観点から法が一定の介入を行うようになっている。そして、その場合には、保護を必要とする弱い人間像が前提とされることになるなど、合理的な人間像にも修正が加えられることになり、法における人間像が具体化・多様化することになるのである。

⑷　論理性・一貫性・整合性

　法は論理的なものであるとともに、法においては原理的・論理的な一貫性が重視される。

　このようなことから、法的な問題が生じた場合には、場当たり的になることなく、一貫性をもって論理的に考えるだけでなく、筋の通った説明をできるかどうかが問われることになり、うまく論理的に説明することができなければ、批判を受けたり、その主張が受け入れられず、不利益の甘受や責任の追及といったことにもつながってくる。

　また、法は、全体として統一のとれた論理的・有機的な体系となるべきものとされるとともに、そこでは、整合性や比例性といったことが重視されることになり、法的な判断においてもそのような視点が求められることになる。

⑸　安定性・形式性

　法は、あらかじめルールを定め、明示することにより、予測可能性を高め、法的安定性を保障するものである。したがって、法は予測可能で明確なものでなければならず、また、一般的・安定的なものであることが必要となり、それに基づいて画一的に処理されることになる。ただし、あらかじめ定められた法により画一的に処理することが妥当ではないこともないわけではなく、その場合には、個別的・具体的な妥当性を優先する「衡平」の原理によって処理され

ることもある。

　このほか、法においては、形式や、議論・手続といったことなども重視される。

　以上のように、法においては原理や理論、論理、形式などといったことが重要となるが、その一方で、法は、具体的な問題を処理するための実践的なものでもあって、両方の視点を併せもつことが必要となってくることにも留意する必要があるだろう。

　また、法については、元来、確実性や安定性を有すべきものとされ、どちらかといえば保守的なもの、あるいは後追い的なものとみられがちである。しかし、それだけではなく、立法という行為や作用を通じて、社会関係を能動的に規律し、これを変革していく創造的な機能をも有しているといえる。そして、そこで、法は、社会を規律しその安定化を図るだけでなく、時代を先取りし、社会を一定の方向に導く作用をも営むことにもなるのである。

② 法的思考とは

　1でみてきたように、法には独特の論理や重視されるべき価値、要素などといったものがある。

　これに対し、法の論理や要素などにこだわることは、頭でっかちで、堅苦しく、面倒くさいもののようにみえることもあり、それに対して反発が生じるようなことも少なくない。法的思考の重要性が語られるものの、それ自体が、馴染みが薄く、必ずしも十分に理解されているとは言い難い。誤解や偏見も少なからずみられ、それは、法に対する無理解、反感、批判などに起因しているところもあるように思われる。

　確かに、法には、理屈っぽく、融通がきかず、形式的なところもないわけではないが、しかしながら、法の論理や要素は、長い歴史の中で形成されてきた人間の知恵というべきものであって、恣意的・場当たり的になることを防ぎ、広い目・長い目でみれば妥当性をもつことが多いといえる。そして、法は、数・力・利などだけによって物事を決めるのではなく、理性や論理により、それに対抗し、歯止めをかけようとするものでもある。

　また、法的な思考といえば、あらかじめ定められた一般的な法的規準の意味を明らかにして認定した事実にあてはめるという様式（要件効果型・法的三段論法）が典型的・中心的なものとされる。それは、法の特徴的な様式の1つといえるが、その一方で、事実に法を当てはめるといっても、それは単純・機械的になされるものではない。たとえば、実定法の規定は、抽象的で多様な意味を含んでいることが少なくなく、適用がなされる場合には解釈が必要となるほか、それによってカバーされていない部分（いわゆる「法の欠缺」）が生ずることは避けられず、そこでは創造的な対応も必要となってくる。他方、事実についても、正確な認定が必要となるだけでなく、重要な事実とそうでない事実を区分して、判断に必要な事実を抽出することが求められることになる。解釈が、事実に依拠するようなこともある。

　そもそも、法の役割や機能が拡大した現代においては、法的な思考は、そのようなものにとどまるものではない。そこでは、法的な思考は、法的な知識や技術の適用といったことを超えた、「ものの見方・考え方」ととらえられるようになっており、これを一言で表すならば、「物事の正義・衡平の感覚」ということになってくるだろう。

　そのようなことなどもあり、法的な思考については、リーガルマインドなどと呼ばれたりもするが、いずれにしても、社会において意見や利害の対立、あるいは紛争が生じた場合に妥当な解決を導き出すものとみることができる。そして、そのためには、問題の発見・分析をする能力、事実を正確・公正に把握する能力、問題を多面的に考え、他人の異なる主張を公平に理解する能力、筋道を立てて判断し妥当な解決案をつくる能力、多くの人の納得を得るための説得的な説明を行う能力などが必要となるのであり、そこにおいては、特に、バランス感覚や調整能力といったものが重要となってくるとともに、人間に対する深い理解と洞察力、問題状況に応じそれぞれの立場に立って考える想像力・共感力、恣意や感情に流されることなく判断する力なども求められることになる。

　以上のようなことからすると、法的な思考は、立法、執行、争訟の各場面で基本となるものであるだけでなく、社会のさまざまな場面で生じる問題に対応する場合に必要となり、企画立案、交渉、調整、紛争処理などの多様な場面で

役立つ実践的なものといえる。すなわち、法的な思考や感覚（センス）は、決して法律専門家だけの特別なものではなく、人々が社会において主体的・自律的に生きていくために必要なものであり、かつ、自由で公正な社会を形成し維持していく上でも、人々が、健全な社会常識や正義・公平についてのバランス感覚をもつことが重要となるのである。

また、法に対し一般の人々の感覚とのズレがいわれることもあるが、法というものは、実はかなり常識的なものであることも理解する必要がある。法が、人の行為や関係を規律するものである以上、それは常識的なものでなければならず、社会の意識に合致するものであることが要請される。常識からかけ離れた法は、いくら理想的なものであっても、社会に受け容れられないだけでなく、混乱や弊害をもたらすことになりかねない。

自治体の現場では、職員は、次々と、多様かつ複雑な利害の調整を伴ったさまざまな行政需要や課題への対応などを迫られるようになっており、そこでは、法令や条例に基づきながらも、杓子定規ではなく、具体的な問題に応じた柔軟かつ適切な判断対応といったことも必要とされることになるが、そのベースとなるのがまさに法的思考力といえるのである。そして、それに裏付けされた対応や説明は、住民の納得や信頼を得ることになり、しばしばみられる住民による感情的な批判や、無用のトラブル、訴訟等を回避することにもつながってくるのではないだろうか。

③　法的思考と政策的思考

法は、社会関係を規律し、調整すると同時に、政策の実現の手段としての側面をもつものであるが、そのような政策としての面が強まるに伴い、法的な思考だけでなく、政策的な思考というものが大きな意味をもつようになってくる。

ある問題（紛争）の解決を図ろうとする場合に、大別すれば、法的思考と政策的思考のアプローチの仕方があるとされる。前者は、要件－効果型の思考、後者は、目的－手段型の思考を中心とするものとされ、たとえば、立法においては、主に目的－手段型の思考によりその内容的な検討や制度の設計が行われることになるのに対し、裁判は、主に要件－効果型の思考により判断が行われることになるとされる。

　また、法的思考は、過去の事実を振り返り、それに対して、いかなる効果や
サンクションを付与するのが公平かといった思考がとられ、それは基本的に法
的三段論法によって行われることになるのに対し、政策的思考においては、設
定された目的を達成するために最も合理的な手段は何かといった発想がとられ
ることになる。さらに、法的思考では、当事者間の紛争の公平な解決を目指し、
その解決方法の正当化のプロセスに力点が置かれるのに対し、政策的思考では、
目的の達成のための手段の実証的・科学的な探求に力点が置かれることになる
とされる。

　法的思考と政策的思考には、このような違いがあり、また、両者は、トレー
ドオフの関係に立つことも少なくない。

　しかしながら、その一方で、現実には、社会や問題の複雑化などに伴い、両
者の交錯などもみられ、両者の区分は相対化してきている面もある。たとえば、
立法については、目的－手段型思考を基本として行われるが、法的な視点・思
考も必要不可欠といえるであり、そこでは、法の理念や憲法に照らし、かつ、
立法事実を踏まえて、衡量を行い、合理的な判断を行うことが求められるほか、
法原理的な思考も重要な意味をもつことになる。その点では、立法は政策と法
が交錯する作用・現象であり、政策的・法的な面からの検討・評価が行われる
ことになる。他方、法の解釈・適用においても、三段論法により単純・自動的
に結論が出てくるとは限らず、また、目的論的解釈などを通じ一種の法創造が
行われることも少なくなく、そこでは、法的思考をベースとしつつ、目的－手
段的な思考も取り入れながら、実践的・政策的アプローチによる問題解決が目
指されることになる。

　諸課題・諸問題について法的な対応を行う場合には、これまでの法解釈を中
心とした法的思考の枠組みにとどまらない、制度的・法創造的な視点・思考が
必要不可欠とされるが、そのような視点・思考は、具体的な事件・問題の法的
な解決について検討する場合にもしばしば必要となる。特に、現実に生じてい
る諸問題は、多様化・複雑化の様相を強めており、そのような中で、その問題
に関係する法を解釈し、その法的な解決の方法等を示すにとどまらず、望まし
い法的な解決の方法や、法・制度のあり方を提示することまで求められるよう
になっているといえる。

　法的思考を狭くとらえるべきではないことについては、既に2でも述べたところだが、以上のように、法的思考と政策的思考が交錯・混交するような状況がみられる。そして、そこで大事なことは、それぞれの意義・特質を理解しつつ、両者を戦略的・調和的に駆使して問題解決を図ることであり、その点では、法的思考をベースとしつつ、実践的・政策的アプローチによる問題解決を目指す企てであるべき政策法務の役割は大きいということができるだろう。

【図表3】法的思考と政策的思考の相違として語られるもの

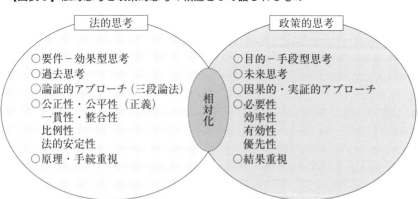

　　　　　　　　　法的思考　　　　　　　　　　政策的思考

　○要件－効果型思考　　　　　　　　　○目的－手段型思考
　○過去思考　　　　　　　　　　　　　○未来思考
　○論証的アプローチ（三段論法）　相　○因果的・実証的アプローチ
　○公正性・公平性（正義）　　　対　○必要性
　　一貫性・整合性　　　　　　　化　　　効率性
　　比例性　　　　　　　　　　　　　　有効性
　　法的安定性　　　　　　　　　　　　優先性
　○原理・手続重視　　　　　　　　　　○結果重視

④　法とどのように向き合い、法的思考を活かすか

　自治行政における対応手法は多様化しているものの、これまでその不足が指摘されてきた法治主義の拡充・強化を図るとともに、住民に対する説明責任を果たしていくことが必要不可欠となっている。そして、そのためには、法に基づく必要があるだけでなく、広く、法的な思考・センス・素養が不可欠とされるようになっている。

　もちろん、自治体における政策や行政は法的な観点だけから判断されるのではなく、政治的・経済的な判断が優先されることもある。しかし、その際に、法的な思考やセンスを欠くことはできないのであり、自治体職員である以上、ポジションや職務によって程度の差はあるものの、それらを理解し、ある程度は身に付け、法と上手に向き合っていくことが大事となる。

　その場合に、法との関係で必要となるのは、法的に、「できること」と「できないこと」、「しなければならないこと」と「してはならないこと」をきちんと区別して、理解しておくことである。これは、当たり前のことのように思われるかもしれないが、実際には、意外と見失いがちとなるものであり、だからこそ、コンプライアンスなどをめぐる不祥事が後を絶たないともいえる。それらを常に意識するとともに、自治体内において認識の共通化・共有化が図られていくことなどが必要となる。

　また、意見や利害の対立あるいは法的な問題の解決を図っていく上では、問題の本質や論点を的確に見抜き、見通しをもちつつ、バランス感覚をもって、できるだけ多くの人の納得が得られるような、合理的な判断を行うとともに、それを論理的・説得的に説明し、調整を行っていくようにすることが重要となる。その場合には、基本的な姿勢として公正公平であることや、それぞれの立場や視点から考えること、常識的な判断を行うことが求められることになるが、常識的といっても、それは社会的な常識や社会通念に照らして妥当なものということであって、担当部局や役所内の常識と必ずしもイコールではない。内向きの論理に陥ることなく、そこにおいて常識とされているものが広く社会一般に通用するものかどうか、客観的にみる視点も必要となってくる。

　なお、法は正しさに関わるものであるが、法的な問題解決に当たっては、唯一の正解はないことが多いと考えるべきである。そこでは、それぞれのメリット・デメリットを考慮しつつ、妥当な解決方法を探ることになるのであり、また、得られた結論については、絶対視するようなことはすべきではない。

　さらに、法的な思考やセンスということでは、広い視野をもち、多角的・総合的に考えるということも大事であり、それは、行政において生じうるさまざまな法的なリスクの回避・低減にもつながってくる。一面だけを見たり目の前のことにとらわれたりするなど、木を見て森を見ない判断や行動は、思わぬ法的リスクを生じることになりかねない。

　もちろん、そのためには、法に関する幅広い知識が必要となってくるのであり、それを法務以外の部門にどこまで求めることが可能かということにはなる。しかし、少なくとも、法的なセンスとして、多角的・総合的に考えたり、物事や法を横断的にみたりする必要性を理解し、そのような視点をもつことが、慎

重な判断や気付きなどにつながるのであり、そして、疑問などが生じた場合には法務部門などに照会・確認するように心掛けることが法的なリスクの回避につながることになってくるといえるだろう。

　このように、職務などによって内容や程度の違いはあるものの、法的な思考・センス・素養は自治行政においても必要不可欠なものとなっているといえるが、その一方で、法は、決して万能なものではないことも理解しておくことが大事である。

　すなわち、法は、社会におけるさまざまな問題や紛争を解決する役割を担うものではあるが、問題解決の手段には多様なものがあり、法はそのうちの1つなのであって、それを必要以上に過大視したり、万能視したりすることは適切ではない。

　法には、メリットもあれば、デメリットや副作用もある。その意味では、付き合い方・使い方要注意の道具なのであって、法の考え方や価値・特性などを理解しながら、これと上手に付き合い、うまく使いこなしていくことが重要といえるだろう。

第 2 章

自治体法の基礎を理解する

自治体法の意義ととらえ方

1 自治体法とは

　自治体法は、地方自治ないし地方自治体の活動に関する法の全体を1つの体系としてとらえようとするものである。

　それは、地方自治について保障する憲法の下、自治体の組織・運営・事務などについて定める法律やその委任に基づく命令、また、それぞれの自治体の自主法である条例、規則等によって構成され、その総体を指すことになる。

　自治行政については、それを担う職員が意識しようとしまいと、基本的には法に基づいて行われることになる。その場合に、特定の法や条項のみが念頭に置かれていたとしても、その法や条項は、それだけで存在しているわけではなく、それぞれの制度や分野は複数の条項や法によって構成されており、それを踏まえてその法の位置付けや規定の意味を解釈していくことなども必要となる。

　何よりも、地方自治に関する法については、地方自治の本旨やそれにかかわる基本原理を踏まえながら、とらえられ、理解されていく必要がある。

　また、何らかの法的な問題が生じた場合に、学問の世界では、憲法の問題、行政法の問題、地方自治法の問題などとして論じられるが、現実には、自治行政をめぐり法的な問題が生じた場合に、どれが憲法の問題でどれが行政法の問題といったようにはっきりと区分できるものではなく、それらの論点が密接あるいは複雑に絡みながら問題となってくるのであって、問題に適切に対処していくためには、それらの知識を動員し、総合的・横断的・複眼的な視点・思考・判断が必要とされることになる。

　もちろん、憲法、行政法、地方自治法などを分野ごとに理論的・体系的に理解しておくことは、それはそれで必要なことではある。しかしそのような縦割りの見方や理解だけでは、それらが現実にどのような形で問題となるのか、それらによって実際にどのように対処していくべきか、といったことだけでなく、地方自治や自治行政と法との関わりが十分にはみえてこないところがある。

　また、行政の現場では、ややもすると、法ということでは国の法令や条例・

規則などの制定法だけをイメージしがちである。しかし、制定法は具体的な事件に対して解釈・適用されることによって具体的な規範として機能するのであり、行政や司法における制定法の解釈等の作用についても、目を向ける必要がある。

　自治体法については、制定法だけでなく、行政による解釈基準等や、判例も射程に入れて自治にかかわる法をとらえようとするものである。

② 自治体法に関する基本原理としてどのようなものがあるか

　自治体法には、いくつの基本原理があり、それに基づいて、構成されているということができ、また、そのあり方について考えることにもなる。

　ここでは、その主要なものをみておきたい。

(1) 住民の福祉

　住民の福祉は、地方自治体の存立目的となっているものであり、地方自治や自治行政が住民のために行われるものである以上、それが住民の福祉の向上につながるものでなければならないのは当然のことといえる。

　地方自治法も、1条の2第1項や2条14項において、地方自治体が、住民の福祉の増進を図るべきものであることなどを規定する。

　住民の福祉には、人権の制約原理とされる「公共の福祉」の側面もあり、その場合に、それは、人権と人権が対立する際の調整原理となるが、それだけにとどまらず、住民の福利・幸福といった本来立法において目標としていくべき積極的なものでもあるのであり、その意味で、住民の福祉は自治体の関与・活動を正当化する目的・根拠になるものといえる。

　そして、そこでは、住民の福祉は、地域全体の利益につながるものとされるが、地域全体の利益というのは、個人の価値・個人の尊厳を前提としてはじめて成り立ちうるものであり、住民個々人の利益とか自由とは別個のものとして存在しうるものではない。ただ、その一方で、それは、個々人の利益や自由にすべて還元できるわけではなく、両者をどう調整していくかということは現実にはなかなか難しい問題といえる。

　なお、ここでいう「住民」とは、地域社会が過去から引き継ぎ、また、将来に引き継いでいくものであることからすれば、現在そこに存在している住民だ

けでなく、将来の住民、さらに場合によっては過去の住民をもその視野に入れるものでなければならないといえるだろう。

(2)　民主主義

国民主権を基本原理とする憲法において、民主主義は統治の基本となるものであり、とりわけ、地方自治は、民主政治の基礎となるものであり、地域の住民が、その意思と責任の下に地域的な課題を自主的に解決することは、市民としての自覚と公共精神の発揚にもつながり、市民社会の形成にも役立つことになる。

地方自治は、住民自治と団体自治の2つの要素からなるものとされているが、住民自治は、その中核となるものである。民主主義を基本とする住民自治は、地方の政治・行政の基調となるものであり、基本的な主体である住民の参加や住民との協働が積極的に進められていく必要がある。

このようなことから、自治体法においては、住民の意思が重視され、地方自治や自治行政について定める法令の制定にあたっては自治体側の意見を汲み取ることが求められるほか、自治立法にあたっては住民の意思が反映されることが必要となる。

その場合に、住民の意思とは何かが問題となってくる。特に、人々の価値観が多様化し、利害が複雑に錯綜する現代社会では、住民の意思・利害が対立することも少なくない。

この点、実在する経験的な民意と、あるべき規範的な民意といったものが語られることもあるが、両者を調和的・補完的にとらえていく必要があるとしても、たとえば、自治立法の究極の主体は住民でなければならないことにかんがみると、住民の意思の反映ということでは、実在する意思の反映に重きが置かれるべきことになる。また、民意の反映というと、はじめから一つの民意が存在しているかのような前提で議論がなされがちであるが、民意というものは、むしろ問題の検討が進むにつれ生成し、変化していくものとみるべきである。その意味では、自治体の意思決定の場に、住民の多様な意見を表出し、それを公開の議論を通じて、調整・集約するとともに、住民の納得を調達するといったプロセスが重要となってくるのである。

他方、住民自治は、住民のために自治立法や自治行政が行われるべきことも

含意することになる。

　このほか、民主主義ということからは、プロセスの透明性・説明責任（アカウンタビリティ）なども強調されるようになっている。

コラム❹　「新しい公共」とは

　2009年・公共サービス基本法の下、2010年民主党政府の閣議での「新しい公共」宣言において、NPOその他の「地域諸団体」が地元企業とともに地域雇用創出に任ずべきものとされた。

　地縁団体とは異なり、保健福祉・子ども・文化・環境・防災といった各分野のボランティアやNPOを主とする市民公益活動団体が、「新しい公共」の担い手と位置づけられる。ただし同時に、1998年・特定非営利活動促進法（NPO法）に基づく非営利自主活動の公共貢献（被災地救援を含む）に公費助成が積極化した結果、有償のコミュニティビジネスの主体性が目立つところともなっている。これは、欧米とちがって伝統的に「寄附」という私的資金が少なかった日本社会における特色事態ともいえよう。

(3)　個人の尊重と基本的人権の保障

　地方自治は、地域や共同体といったことを前提とするものではあるが、そこでは、一人ひとりの人間が独立自尊の自由で自律的な存在として最大限尊重されることを求める個人の尊重が基本とされるべきである。個人の尊重は、憲法が定める基底的な原理であり、自治体法においても基本となるべきものである。

　また、侵すことのできない永久の権利として、立法その他国政の上で最大の尊重をすべきものとされる基本的人権は、人間が人間として生まれながらにしてもつ人格的生存に不可欠な権利であり、人間であることにより当然に有し（固有性）、公権力によって不当に侵害されず（不可侵性）、人間であるということに基づいて当然に享有できる（普遍性）ものである。基本的人権の保障は、自治体法において目的とすべきものであるとともに、その内容を限界づけるものとなる。

　なお、人権の享有主体については、憲法第3章の表題が「国民の権利及び義務」と規定していることなどもあり、外国人や法人などがその完全な享有主体

となりうるかどうかが問題となる。この点、外国人も性質上可能な限り人権の保障を受けると考えるべきであるが、外国人には認められない権利、あるいは日本国民と同程度の保障が及ばないものもある。他方、法人についても性質上可能な範囲で人権の保障が及ぶとされるが、最近は、法人の権利が個人の権利と対立したり、個人の権利の行使に不当な影響を与えかねないことなどを考慮し、むしろそれを慎重・限定的にとらえようとする傾向が強まっており、人権の性質、法人の目的・活動実態、法人の人権を問題とすることが個人の人権の保障につながるかどうかといったことなどを考慮して、その保障の有無とその程度を考えていくべきである[1]。

　また、憲法の人権保障に由来する自治体法の原則として平等原則と比例原則を挙げることができ、これらの要請は、行政だけでなく、立法者や裁判所にも及ぶものとなっていることから、まずはここで触れておきたい（第3の1も参照）。

　平等原則は、憲法14条1項に規定されているもので、「すべて国民は、法の下に平等であって、人種、信条、性別、社会的身分又は門地により、政治的、経済的又は社会的関係において、差別されない」と定め、法の適用の平等だけでなく、法内容の平等も要求するものとなっている。平等原則は、個人を法的に均等に取扱い、等しいものは等しく、等しくないものは等しくなく取り扱うとする相対的平等を基本とするが、現実に存在する社会的・経済的その他の諸々の不平等の是正を求める実質的平等の要請も含むものである。平等原則においても、合理的な区別は認められ、不合理な差別的取扱いが禁止されることになる。平等原則については、公の施設の利用に関する不当な差別的取扱いの禁止（地方自治法244条3項）、自治体職員の任用等に関する平等取扱いの原則（地方公務員法13条）など、自治体法上も規定されていることが少なくない。

　他方、比例原則は、目的と手段との関係を問い、目的に対してその手段がバランスのとれたものであることを要請するもので、過剰規制を禁止する法原則

---

[1] 国との関係で自治体の人権といったものを持ち出す議論もみられるが、人権が個人の権利自由を公権力から守ることを目的とするものである以上、国や地方自治体にそれを認めることは背理ともいえる。その点では、自治体が国と個人の間に位置する中間団体ではあるとしても、そのような議論の仕方をするには慎重さが必要だろう。

である。比例原則は、国家活動一般に妥当する原則として位置付けられるようになっており、生命、自由及び幸福追求に対する国民の権利の国政上の最大限の尊重を定め、基本的人権の制限は必要最小限のものにとどめるべきことを求める憲法13条によって導き出されるものと解されているところである。比例原則の内容については、その適用領域の拡大とともに拡散してきている状況もみられるが、日本にも大きな影響を与えているドイツ憲法学では、①手段が目的に対して適合していることを求める「適合性の原則」、②手段が目的のために必要不可欠であり、かつ、最も規制的でない手段の選択を求める「必要性の原則」、③目的と手段が不釣り合いではなく、かつ、目的に対して結果が著しく不釣り合いではないことを求める「相当性の原則（狭義の比例原則）」という3つの原則から成るものとされている。

(4)　法治国家

法治国家の原理は、国民の代表機関である議会が制定した法によって統治が行われることを求めるものであり、とりわけ、その実施の中心となる行政部門が権力を行使するにあたっては、法の根拠が必要とされ、それに従って行われることが強く要請されることになる（法治主義）。そして、行政部門に権力や情報などが集中し行政部門が中心的な役割を果たす行政国家の下では、民主主義の観点からも、国民・住民の代表機関である議会により、重要な決定が行われ、行政部門の活動についてチェックやコントロールが行われることが重視されるようになっている。

また、その場合の法については、内容的にも正当なものであることが要求されることになり、それは端的には憲法適合性の要求となり、それを確保するために裁判所に違憲審査権が認められている。法に反する違法な公権力の行使に対しては、裁判所による救済が認められていることも要請される。

このほか、実体的な内容だけでなく、手続の適正さも求められることになる。特に、憲法31条などが定める適正手続の要請は、刑事手続だけでなく、行政活動にも妥当する原理であると理解されるようになっており、その趣旨なども踏まえ、行政運営における公正の確保と透明性の向上を図り、権力の恣意を排除し、国民の権利利益の保護に資することが求められるようになっている。

(5) 地域主義・分権主義

　地方自治は、地域を単位として、地域の自主性・自律性を基本とし、地域の状況に応じて行われることが重要である。その場合に、地域は、単なる地理的区域をいうものではなく、そこに住む人々をも含む概念である。

　そして、その点で重要となるのは、分権主義（権力分立）ということであり、このことは、団体自治として憲法上保障されているものである。とりわけ、近年の分権改革の流れの中では、政府間で事務事業を分担するに際してはまず基礎的自治体を最優先し、ついで広域的自治体を優先し、国は広域的自治体でも担うにふさわしくない事務事業のみを担うこととすることを基本とする近接性・補完性の原理[2]の考え方が重視されるようになってきており、これも踏まえて、国と地方の関係の基本となり、かつ、地方分権を推進するための理念となるべきものとして、「国と地方の役割分担の原則」が地方自治法等で規定されている。

　この役割分担の原則によれば、自治体は、住民の福祉の増進を図ることを基本として、地域における行政を自主的かつ総合的に実施する役割を広く担うものとされており、国に対して住民に身近な行政は地方自治体に委ねることを求めるとともに、国は、自治体がその役割を果たすことができるよう、国が本来果たすべき役割を重点的に担うものとされている。この役割分担の原則は、都道府県と市町村との関係においても基本的に妥当する。

　国と地方の役割分担の原則は、憲法が定める地方自治の本旨とともに、自治体法の基本原則となるものである。

　また、地方自治体においては、地方議会と長の二元代表制がとられ、それぞれが住民の代表機関としてその役割を果たすとともに、お互いに牽制し合うほか、特に議会には長の監視機関としての機能を果たすことが期待されている。また、執行機関においては、長のほかに独立した委員会および委員を置く多元主義がとられているが、これも、権力分立の趣旨に基づき、執行権限を分散することにより、公正妥当な執行の確保などを目的とするものといえる。

---

[2]　補完性の原理は、国と地方の関係だけでなく、国家が市民生活に関与することの必要性や公益性を問うものとしても用いられるようになっており、官民の役割分担の見直しなどの点から原則として挙げられることも少なくない。

以上のような国と地方との間での権力の分立、自治体内での権力の分立は、権力の集中や濫用を防止することで、住民の権利自由の保障に資することになるものであることをしっかりと理解しておく必要がある。

③　自治体法の全体像はどうなっているか

⑴　自治体法の存在形式・種類

地方自治や自治行政などのあり方については、憲法をはじめ、数多くの国の法令や、地方自治体が自治権に基づき制定する条例・規則などによって規定されている。ここでは、自治体法の存在形式（法源）について簡単にみておきたい。

日本では、成文法主義が採用されており、自治体法の成文法源としては、次のものがある。

①　憲法

憲法は、国家の基本法として、国家の基本的な体制や組織について定めているものである。日本国憲法は、その基本的な原理として、国民主権、基本的人権の尊重、平和主義について定め、また、基本的人権の保障を制度的に担保するため、統治機構の基本として、権力分立制を採用するとともに、国家権力が国民を統治する際には国民の代表機関である国会が制定した法律によることを求め、違憲審査の機能を裁判所に担わせているほか、特に1章を設けて、地方自治について保障している。

②　国の法令等

法律は、国会の議決によって制定される上位の法形式であり、国内法の中では憲法に次いで強い効力を有しており、憲法の規定は、基本的に法律によって具体化され、実現されることになる。法律の所管事項はきわめて広く、国民の権利義務にかかわる事項だけでなく、国民と国家の関係にかかわる事項や国政の重要事項については、基本的に法律で規定されている。自治体の組織・運営の基本に関し地方自治の本旨に基づいて法律で定められるのが憲法の要請である。

また、行政機関によって制定される法規範は、「命令」と呼ばれ、法律によって委任された事項を定める「委任命令」と、法律の規定を執行するために必要な細則を定める「執行命令」のみが認められる。命令については、制定権者により、政令（内閣）、府令（内閣府）、省令（各省）、規則（委員会）などの形式が

ある[3]。

　このほか、条約が自治行政にかかわってくることもある。

　③　条例と規則

　憲法94条は、自治体の自治立法権を保障しており、これに基づき地方自治法が自治体の条例制定権と規則制定権に関しその範囲、制定手続等について具体的に規定している。このうち、条例は、自治体が議会の議決により制定する自主法、規則は、長が制定する自主法であり、このほか、委員会が定める規則・規程（行政委員会規則）、議会が定める議会規則もある。

　自治体が、地域において各種施策を実施するにあたっては、その法で、その根拠、手続などについてあらかじめ規定しておくことが必要となり、自治体における最高の法形式である条例は、自治行政における自主的な法源の中心となるものであり、権利義務に関する定めをはじめ住民との関係や自治体の基本的な事項については、原則として条例で定められる必要がある。

【図表4】地方自治体における法形式

種類		制定主体	所管	その他
条例		議会	地方自治体の事務	住民等の権利義務に関する規制、分担金・使用料・手数料、公の施設の設置・管理など必要的条例事項多数
規則（広義）	規則	長	長の権限に属する事務	職務代理職員の指定、内部組織、財務など
	行政委員会規則	委員会	委員会の権限に属する事務	人事委員会規則・公平委員会規則、教育委員会規則、公安委員会規則、選挙管理委員会規則、収用委員会規程、固定資産評価委員会規程
	議会規則	議会	会議規則・傍聴規則	委員会設置など条例事項とされているものも

　以上のよう成文法源のほか、不文法源として、判例と慣習法が挙げられる。

　④　判例

　判決は、具体的な争訟について、裁判所が示す法的判断である裁判の形式や

---

[3]　近年は、内閣官房令、復興庁令、デジタル庁令などの形式も認められるようになり、命令の形式についてはより多様化してきている。

裁判例を指すものであり、判例は、先例として機能する裁判例のことを指す。

　法令や条例について、最終的な有権解釈を行う機関は、裁判所、とりわけ最高裁判所であり、また、具体的な法紛争の解決にあたり、法の欠缺を補充する機能なども果たしている。つまり、裁判所の解釈によって制定法は理解され、運用されていくことになり、判例は生きた法とみることもできる。

　判例については、法源性（法的拘束力）を認めるかどうかに関して議論はあるが、法ということでは、実際上、重要な意味をもっていることに目を向ける必要がある。

　⑤　慣習法

　法治主義との関係から、自治行政において慣習法が成立する余地はそれほどないが、その対象となる私人の権利利益の関係で慣習法の存在が認められることがある。たとえば、地方自治法238条の6は、旧来の慣行により市町村の住民中特に公有財産を使用する権利を有する者があるときは、その旧慣によるものと定めている。

　⑵　**自治体法の体系・構造**

　自治体法は、憲法の下、国の法令と自治体の条例・規則などによって構成される。

　法の体系については、基本的に段階構造となっているが、自治体法については、やや複雑な構造となる。

　この点、憲法がその頂点に位置することについては、いうまでもない。地方自治や自治行政に関係する法律・命令であろうと、条例・規則であろうと、憲法に違反するものは、違憲無効となる。

　国の法令の効力関係については、法律、政令、府省令の順となっており、規則は法律に劣るが、政省令との優劣関係は生じない。国の法令については下位にいくほど裾野が広がるピラミッド構造となっている。

　次に、法律と条例との関係については、憲法が法律の範囲内で条例制定権を認めていることからすると、効力としては法律が優位することになる。特に、自治体の組織・運営・事務の基本について定める法律との関係では、それに基づいて条例を定めることになるほか、法律において、条例で定めるべき事項と

コラム❺　憲法による地方自治の保障と規律密度

　地方自治については、憲法が一章を設けてこれを保障しているが、その規定については、簡潔かつ抽象的なものにとどまっており、自治関係者の間では、その不十分さを指摘する声も少なくない。ただし、中には、長と議会の議員の直接選挙について定める93条2項のように、画一的に二元代表制の採用を求めることの問題性が指摘されている規定もある。

　地方自治制度の具体化が法律によらざるを得ないところがある以上、憲法による地方自治の保障の意義は、立法者に対して指示し、これを枠付けるところにあり、また、95条の地方自治特別法の住民投票のように地方自治体の側の防御的な手続を定めるものもある。その場合に、法律で、いわば国会の自己拘束として、立法を枠付けたり、制限したり、防御的手続について規定することも可能であるが、後の法律でそれを破ったとしても、違法・無効とすることは困難である。これに対し、憲法で規定する場合には、それに反する法律の違憲性を問題とすることができる。

　もっとも、そのためには、それを実効的に保障するシステムが必要となり、現行憲法の下で、司法的な統制・救済を受けることが可能かどうかということが問題になる。この点、現行の憲法の規定については、裁判所が地方自治の保障に違反すると判断することを期待しうるものは少なく、特に92条の「地方自治の本旨」については抽象性が高い。

　これに関しては、訴訟制度の問題も絡んでくることになる。すなわち、国の行政機関による関与については機関訴訟として関与の訴えが認められているが、法律による関与等の是非となると、私人の権利の救済や保護を基本的な任務とする司法裁判所にそのような役割を担わせることの妥当性や、付随的審査制と解されている違憲審査権との整合性などが問題となりうる。

　このようなことから、憲法の地方自治の保障の規定の充実や裁判的保護の導入なども提案されているが、内容や実効性の面などから検討すべき点が少なくない。

したり、条例に委任したりすることも少なくない。

　しかしながら、法律による関与については抑制的なものとし、条例で定める余地をできるだけ広く認めるようにすることが求められるのであり、他方、法

律が定めていない地域に関わる事務については、法律が条例の上位法として存在しない領域となる。さらに、地方自治法14条1項は、条例の制定につき法令に違反しない限りにおいてとしているが、これは政省令などの命令が条例よりも上位に位置することを直ちに意味するものではなく、法律と基本的にその委任を受けて制定される命令とを一体のものととらえた規定とみるべきだろう。

　その意味では、自治体法の段階構造は、複線的になるところがある。

　また、地方自治体として市町村と都道府県は独立対等の存在であり、その事務については相互に競合しないようにしなければならないものとされているが、市町村条例と都道府県条例の関係についてもみておく必要がある。この点、地方自治法が定める事務配分の領域にそれぞれがとどまる限りは、市町村条例と都道府県条例とが競合することはあまりなく、その場合には市町村条例と都道府県条例は何ら上下関係に立つものではないといえる。もっとも、市町村条例と都道府県条例との間で調整が必要となった場合について、地方自治法は、市町村は、当該都道府県の条例に違反して事務を処理してはならず、これに違反して行った市町村の行為は無効としている（2条16・17項）。ただ、両者の競合が想定されるのは規制条例などの場合にとどまり、また、都道府県が市町村の行政事務に関し条例を定めた場合に市町村の条例がこれに違反するときは無効とするとした「統制条例」の制度は既に廃止されている。いずれにしても、基礎的な自治体である市町村の意思はできるだけ尊重されるべきであり、都道府県が条例により市町村の行政をみだりに制約することのないよう、両者の間で適切な役割分担が図られる必要がある。

　他方、自治体の自主法である条例と規則との関係については、規則の専管事項はあるものの、条例が上位法であり、両者が競合した場合には、条例が優位することになるのであり、行政委員会規則については、条例や長の規則に劣位することになる。条例と規則の関係については、廃止された機関委任事務については長の規則の所管となることが多かったことなどもあって、条例と規則が並立するような二元的な立法体制ととらえられてきたところもあるが、条例は、自治体においては最も民主的正統性が高い法形式であり、自治体の最上位法であるだけでなく、自治立法の中心とされるべきものであって、一元的な立法体制観に立ち、条例事項を広くとらえていくことが必要である。

　以上のような制定法とともに留意しておく必要があるのは、判例、さらには行政規則の存在である。すなわち、制定法の文言は抽象的・多義的であったり、不完全であったりすることが少なくなく、そこでは解釈などを通じて具体的な規範が形成されたり、基準が設けられたりすることになる。したがって、自治体法の全体像や実際をとらえるためには、不文法である判例が重要な意味をもつほか、法ではないとされる行政規則などにも目を向ける必要がある。

　裁判所は、判決を通じて、法の解釈の選択や欠缺補充（法の継続形成）などの機能を果たしているが、行政法の関係では、行政法典といったものが存在しないことなどもあって、判例の果たす役割は特に大きいとされる。また、それだけでなく、社会のニーズや変化に応じた立法的対応の不十分性や、社会と法との乖離といった状況を生じる中で、抽象性の高い法律の規定の解釈や一般条項（一般原則）などを通じて、法の形成や変更を行い、これに対応してきたところもある。その意味では、判例は、制定法と並んで、大きな意味をもつといえる。

　また、行政規則は、行政機関が策定する一般的な規範であって、外部的な効果をもたないものとされる。行政組織に関する規則のほか、解釈基準、裁量基準、給付規則、指導要綱などがそれに該当し、それらについては、内規、要綱、通達等の形式で定められることが多い。最近は「行政基準」と呼ばれることもある。これらは、基本的に法的な拘束力をもたないものであるが、実際上その存在を軽視することはできない。たとえば、租税法の分野では国税庁の通達が重要な意味をもっているのがその例であり、関係法令について理解する上では、これらの存在も見逃すことができない。また、行政指導を行うための要綱、指針（ガイドライン）などが、自治行政を行っていく上で重要な役割を果たすこともある。そして、そればかりではなく、それらの行政規則が、公表されたり、平等原則や相手方の信頼保護などが問題となったりすることで、外部的効果が認められることもあり、そのような傾向が強まっているといえる。

　なお、近年、法をソフトローとハードローに区分し、ソフトローの役割に注目する議論が盛んである。その場合、「ハードロー」は、法的拘束力があり、最終的に裁判所で履行が義務付けられる社会的規範をいい、主に制定法を指すのに対し、「ソフトロー」は、制定法ではなく、最終的に裁判所による強制的実行が保証されていないにもかかわらず、現実の経済社会において国・自治体や企

業などの関係者が何らかの拘束感をもちながら従っている規範を指すものである。ソフトローの形態については、国や自治体の側から発出されるもののほか、企業あるいは市場の側で作成されるもの、一定の団体において自治的に作成されるものなどさまざまなものがあるとされるが、以上のような議論からすれば、行政規則は、ソフトローに該当するものとみることもできるだろう。

　法によらない対応については、法治主義との関係や不透明さなどの問題も指摘されているところではあるが、行政規則は、専門的・実務的な規範として、あるいは柔軟・機動的な対応を可能とするものとして、重要な役割等を果たすようになっており、現代行政において、その必要性・有用性を否定することはできない。

コラム❻　自治基本条例と議会基本条例

　この２基本条例は、各自治体の自治立法・自主条例の最上位に位置づき、今日的な自治体法らしさを示すであろう。

　「自治基本条例」は、2000年北海道ニセコ町・02年杉並区以来"自治体の憲法"条例として広まり（2015年・329）、「議会基本条例」は、2006年北海道栗山町にはじまり、スピーディーに普及している（15年・701）。

　自治基本条例も自主条例の一つだが、「最高規範」条例として各自治体の地域自治原則を定め、その原則内容効果として他の条例等の立法・解釈を規律する建て前で、公選首長の交代を長期にこえている。住民協働の手続で制定され、多く住民投票による改正が予定されている。

　「住民主権・住民協働」原則、長・議会の自治遂行責任、情報公開・会議公開、審議会住民委員、パブリック・コメント、住民投票、まちづくり住民参加、が特記される例が多い。

　議会基本条例の方は、自治基本条例の直下に位置づくが、議員提案が原則で、時に両基本条例間の調整が強く問われる事例も存した。

　議会基本条例が書く議会改革は、「住民に開かれた議会」という主旨で、議会報告会の地域出張や議会モニター制などが定められている（両基本条例の各論として、兼子仁『地域自治の行政法』（2017年、北樹出版）126〜129、152〜155頁参考）。

⑶　自治体法の類型等

　以上のような自治体法は、おおまかには、組織法、作用法、救済法などに区分することができる。

　このうち、組織法は、自治体にその存立の根拠を与えるとともに、自治体の機関の名称、権限、機関相互の関係など自治体の内部関係について定めるものであるが、自治体と国の関係を定めるものもこれに含まれることになる。

　憲法92条は、地方自治体の組織及び運営に関する事項は、地方自治の本旨に基づいて、法律で定めるものとしており、この規定に基づき、地方自治制度について全般的・中心的に定めるものとして地方自治法が制定されているほか、地方税財政制度に関するものとして、地方財政法、地方財政健全化法、地方交付税法など、地方公務員制度に関するものとして、地方公務員法、教育公務員特例法、地方公営企業労働関係法など、選挙制度に関するものとして、公職選挙法など、住民の記録に関するものとして、住民基本台帳法など、自治体の特定の行政部門に関するものとして、地方教育行政の組織及び運営に関する法律、警察法、消防法、消防組織法、農業委員会等に関する法律、漁業法、建築基準法、地域保健法、児童福祉法など、そのほかに地方独立行政法人法、地方公営企業法などがある。

　自治基本条例、議会基本条例をはじめ自治体の組織・運営について定める条例も組織法に分類される。

【図表5】　自治体法の基本類型

組織法	国や地方自治体の組織などについて定めるもの
作用法	行政活動に関するルールを定めるもので、①行政実体法・②行政手続法・③行政執行法などが含まれる
救済法	行政活動により違法に権利侵害を受けた者がその是正や金銭補填を裁判所などに求める際のルールや手続について定めるもの

　また、作用法は、自治体の活動、特に行うべき行政の内容について定めるものであり、自治体と住民などとの関係について規定するものである。

　自治行政ということでは、都市計画法、河川法、道路法、港湾法、公営住宅法、感染症予防法、医療法、国民健康保険法、高齢者医療確保法、食品衛生法、

水道法、児童福祉法、老人福祉法、介護保険法、労働施策総合推進法、小売商業調整特別措置法、農地法、環境影響評価法、大気汚染防止法、水質汚濁防止法、廃棄物の処理及び清掃に関する法律、自然環境保全法、学校教育法、社会教育法、文化財保護法、風俗営業等規制法、道路交通法、災害対策基本法、災害救助法など、非常に多くの法令が自治体の事務などについて規定している。自治体と住民との関係について規定する条例も作用法ということになる。作用法には、地方税法や地方税条例なども含まれる。

　そして、このようなことから、自治体法は、個別行政分野に対応して、まちづくり法、公衆衛生・医療法、福祉法、産業法、環境法、教育法、警察法、災害対策法、税法などに分類される。

　それぞれの分野や法律において自治体がどのような役割・作用を担うかは、市町村と都道府県の別、また、大都市等であるかどうかそれが都道府県の区域内に存在するかどうかによって異なってくるが、それは基本的にそれぞれの法律の定めるところによることになる。地方分権改革では、基礎自治体重視の方向が打ち出され、条例による事務処理特例制度などを活用して都道府県の権限に属する事務を市町村に移譲するところもみられたが、人口減少が進行する中では、自治体間の広域連携や都道府県による補完が打ち出されている。その点では、あまり固定的にとらえるべきではないところもあるといえるだろう。

　さらに、救済法は、自治体の活動により不利益を受けた者が救済を求める手続等について定めるものであり、住民などの側からみれば、自治体に対する対抗手段を定めたものといえる。行政不服審査法、行政事件訴訟法、国家賠償法などがこれに該当する。

　行政手続法や行政手続条例は、基本的には作用法に該当するものであるが、事前に救済を図るといった意味もある。また、情報公開条例や個人情報保護法・条例は、組織法に含まれるが、情報公開条例については住民に対する説明責任を果たしその権利救済に資する面、個人情報保護法・条例については個人情報の適正な取扱いを確保し個人の権利利益を保護する面もある。

　このほか、自治体の活動については、一般私人と同様の立場での活動も多く、その場合には、私人と同じ立場で、民法をはじめ、民事法の適用を受けることになる。また、それだけでなく、自治体が契約などの形式を用いて、行政を展

開することもあり、この場合には、契約は、法律に特別の定めがある場合を除き、民事法の規定に基づき、当事者を拘束することになる。

(4)　条例と法令との関係

　自治体法は、自治体の組織・運営・事務について定める国の法令（国法）と、自治体の自主法（条例・規則等）によって構成されるが、前者が大きな比重を占めているのが現状である。このため、条例の制定や改正を行おうとする場合には、国の法令との関係について検討することが余儀なくされることになる。

　国の法令との関係は、条例にかかわる問題のうちでも最も厄介なものの1つであり、議論の多いところでもある。

　条例は、憲法により法律の範囲内で制定することができるものとされているのであり、このことは、いかに自治体の自主性や自治立法の拡大・活性化の必要が強調されようとも、前提とせざるを得ない。

　しかし、それゆえに、謙抑的になったり、国に依存したり、国の法令を言い訳の道具としたりするようなことが許されるものではない。特に現実に目を向ければ、国の法令が地域の判断に委ねるべき事項にまで規律を及ぼしているだけでなく、地域的な問題に十分に対応できていないようなことなども少なからず見受けられる。そのような場合に、国の法令があるからといって、自治体として、何らの工夫や対応も行わず、手をこまねいているわけにはいかないはずである。少なくとも、かつて強い影響力をもっていた、国の法律が定めた事項について条例の制定の余地を否定する「法律先占論」は、既に克服されているといえるだろう。同一の対象について法令による規制を上回る厳しい規制をする「上乗せ条例」、法令の対象外の地域・事項を規制する「横出し条例」、法令が定める制度を前提に規範の追加や変更を行う「法定事務条例」なども一定の場合には認められるようになっている。

　条例と国の法令との関係については、「条例が国の法令に違反するかどうかは、両者の対象事項と規定文言を対比するのみではなく、それぞれの趣旨、目的、内容及び効果を比較し、両者の間に矛盾抵触があるかどうかによってこれを決しなければならない」とする徳島市公安条例事件判決（最大判昭50年9月10日刑集29巻8号489頁）が示した考え方がこの問題を判断する場合の基本的な枠組みとなっており、第1次・第2次の分権改革を経た後も、神奈川県臨時特例

企業税事件・最判平成25年3月21日民集67巻3号438頁がこれを引用・確認している。徳島市公安条例事件判決では、国の法令を規制限度法律（規制事項の性質と人権保障とに照らして当面における立法的規制の最大限までを規定していると解される法律）と最低基準法律（全国的な規制を最低基準として定めていると解される法律）のどちらに区分されるかによって、条例による上乗せ等の是非を判断するという考え方にも言及されている。

　もっとも、これらの判決によって示された基準は、あくまでも基本的な考え方であって、それがそのまま国の法令との関係について具体的に判断する基準となりうるものではなく、結局は、それを基本としつつ、個々具体的なケースごとに、全国を通じて画一的・統一的に規制する必要性と、地域的規制の必要性と許容性を比較衡量しつつ、妥当な線や対応を模索していかざるを得ないといえる。

　また、条例の制定について検討するにあたり、関係する国の法令については、自治体自身が、合理的な解釈を行い、それに基づいて条例の制定について判断するようにすべきであり、そこでは、条例と国の法令とを柔軟かつ調和的にとらえ、実効的・整合的な自治体法を形成していくことが肝要である。

　他方、条例による対応は国の法令の規定に左右されざるを得ない面をもっている以上、国においても、法律を制定するにあたっては、自治体との役割分担の観点から、自治体の側の選択・裁量、ないし条例による対応について一定の配慮をすることが当然求められることになる。その意味では、地方に対する過度の立法的な関与を改め、国の法令のあり方自体を変えていくことが必要不可欠といえる。

④　自治体法の効力はどのように及ぶか

(1)　自治体法の時間的効力

　制定法としての自治体法については、いずれも公布され、かつ、施行されることにより、その効力を生じることになる。施行期日については、それぞれの附則において規定するのが一般的であるが、規定されないときには、法の適用に関する通則法や地方自治法の規定が適用されることになる。

　ちなみに、条例の公布については、地方自治法16条が、条例の制定の議決が

あったときは、その日から 3 日以内に議長から長に送付し、送付を受けた長は
これを20日以内に公布するものとしており、また、条例に施行期日の規定がな
い場合には、公布の日から起算して10日を経過した日から施行されるものとし
ている。

　自治体法の効力は、一般的には、その廃止によって消滅するが、中には法律
や条例の規定中にいつまで効力を有するといったことを規定している場合があ
り（限時法）、このような場合にはその終期の到来に伴って、法律や条例はその
効力を失うことになる。また、法律や条例の附則に検討条項が置かれ、一定の
期間経過後に見直しが予定されているものもある。

　なお、法令や条例・規則が現行法といえるためには、その内容が効力を失っ
ていないことや実効性を喪失していないことが必要であり、上位法に違反する
ものや既に適用の余地のないものは、その形式は存在しているものの、その効
力を生じることはなく、実質上は法としては存在しないものとされることにな
る。

(2)　自治体法の地域的効力

　自治体法の地域的な効力については、国の法令に関しては、日本国の領土で
あれば、どこにでも及ぶことになる。

　ただし、特定地域の環境等の保全や振興のための法律など、特定の地域のみ
対象として、規制を行ったり、措置を講じたりすることで、地域限定的に適用
される法律も少なからず存在する。この点、特に、一の自治体にのみ適用され
る特別法の場合には、地方自治特別法として、その自治体の住民投票で過半数
の同意が必要とされている。地方自治特別法に該当するものとして実際に住民
投票が行われたのは、広島平和記念都市建設法など15件であるが、その対象を
特定の自治体の組織・権能・運営、あるいはその住民の権利義務につき一般法
とは異なる例外を定める法律と限定的に解されていることもあって、1953年以
降は地方自治特別法として住民投票に付されたものはない。

　このほか、近年はさまざまな特区制度を定める法律[4]が制定されているが、
それらにおいては、特別区域に限り、規定された規制等の特例措置の適用が認

4　構造改革特別区域法、総合特別区域法、国家戦略特別区域法などが制定されている。

められることになる。

　なお、自治体が、自治体法として国の法令を執行し、あるいは適用する場合においては、その区域を対象とすることなるのであり、そこから、法律の趣旨・内容等に応じて、地域の特性や状況を考慮する余地も生まれることになる。

　他方、条例は、自治体の法である以上、その効力が及ぶ範囲は当然のことながら、その自治体の区域内に限られることが基本となる。ただし、例外的に、条例が自治体の区域外においてその住民以外の者に対しても適用されることがあり、公の施設をその区域外に設置する場合、地方自治法252条の14の規定による事務の委託の場合などがその例である。その一方で、その区域内であるならば、地域内にある人すべてが対象となり、住民だけでなく滞在者や通過者に対しても条例が適用される（属地的効力）。もっとも、たとえば条例の対象となるものを自治体の区域内で所有などしていればその区域外に住所のある者であってもその条例が適用されたり、その区域以外で勤務する職員に対しても勤務条件に関する条例が適用されたりするように、例外的に地域を超え属人的に適用される場合もある。

⑤　各自治体で自治体法を再定位する

　自治体の自主法である条例・規則については、それぞれの自治体において、それらを体系的に整理した例規集が作成され、自治体のウェブページなどを通じて、その情報が一般に提供されるようになっている。

　それはそれで重要なことではあるが、自治体が実際に事務を処理したり、問題に対応したりする場合に、例規集に掲載されている条例や規則の規定だけで、対応できることは、それほど多くはないだろう。むしろ、その事務について定めたり、問題に関係する国の法令の規定を踏まえることが多いのが現実である。

　その場合に、国の法令は、国が一方的に定めたもので、自分たちの法ではないと見方がなされることが少なくないのではないだろうか。

　確かに、国の法令の中には、自治体の事務に過度な関与をしたり、地域の状況に即していなかったりするものもある。そして、国の立法のあり方などをみると、それらが、上から押し付けられたものといったイメージをもつのは、無理からぬところがある。それらの点については、引き続き改善していく必要が

あるとしても、見方を変えれば、自治体にとっては国の法令も1つのツールであるとみることも可能である。

　特に、自治体は、その事務にかかわる国の法令に関する解釈権を有している。しかも、憲法が定める「地方自治の本旨」と地方自治法が定める「国と地方の役割分担の原則」は、自治体法の基本原理となり、自治体に関する法令の規定は、これらを踏まえたものであり、かつ、これらを踏まえて解釈・運用するようにしなければならないものとされているのである（地方自治法2条11項）。

　もちろん、その場合でも、何でも自由に都合よく解釈してよいというものではなく、当然のことながら、法の解釈の作法にのっとる必要がある。しかし、法の解釈は、事実に即して行われるところもあるのであり、また、文理だけにとらわれるのではなく論理的・創造的な展開していくとも認められているところである。

　以上のようなことからは、自治体が地域の状況に応じてその適切な解釈を行うことは望ましいことであって、限界はあるにしても、それを通じ、あるいはそれを踏まえた条例の制定により、自治体において国の法令の規定が実質的にカスタマイズされるようなこともありうると考えるべきである。

　そして、それらによって、それぞれの自治体において、国の法令が自治体法として再定位されることになるのであり、自治体にはそのような発想の転換と対応も期待されているといえるだろう。

第2　自治体法の形成

① 自治体法の形成のあり方を考える

　自治体法においては、国の法律がある程度地方自治体の組織・運営や事務について規定することは認めざるを得ないとしても、それはできるだけ大枠にとどめ、自治体が地域の状況に応じて自治立法を行う余地を確保・拡充していくことが必要である。

　地方自治の本旨や国と地方の役割分担の原則は、国の立法においても基本原則となり、これを枠付けるものであり、先にも述べたように、地方自治法2条においてこれを確認するが、とりわけ、2条13項では、法律またはこれに基づく政令により地方自治体が処理することとされる事務が自治事務である場合には、国は、自治体が地域の特性に応じて当該事務を処理することができるよう特に配慮しなければならないとして、自治体の裁量や選択の幅について特別の配慮を求めているところである。

　第2次分権改革以降は、国の立法的な関与の縮減による条例の制定権の拡大ということが課題となり、国の法令による義務付け・枠付けの見直しが進められてきている。また、そこでは、条例に委任するという方法も採用された[5]。

　これまでのところ、見直されたのは義務付け・枠付けの一部にとどまっており、条例への委任の対象となったものも細目的・形式的なものにとどまった感

---

[5]　ただし、その場合でも、施設・公物設置管理の基準については、国が「従うべき基準」、「標準」、「参酌すべき基準」のいずれかを提示できることとされた。これらのうち、「従うべき基準」は必ず適合しなければならない基準であり、条例の内容は法令の「従うべき基準」に従わなければならないとされ、それと異なる内容を定めることは許容されないが、当該基準に従う範囲内で地域の実情に応じた内容を定めることは許容される。他方、「標準」は通常よるべき基準であり、条例の内容は、法令の「標準」を標準とする範囲内でなければならないとされ、「参酌すべき基準」は十分参照しなければならない基準であり、条例の制定にあっては法令の「参酌すべき基準」を十分参照した上で判断することが要請されるものである。「標準」の場合は、合理的な理由がある範囲内で地域の実情に応じた「標準」と異なる内容を定めることが許容され、「参酌すべき基準」についても、それを十分参照した結果としてであれば、地域の実情に応じて異なる内容を定めることは許容される。福祉分野を中心として「従うべき基準」がなお多用されており、地方の自由度を実質的に高めるために、その見直しが議論となっている。

は否めない[6]。国の法令のあり方を自治体の地域的な対応や条例の制定に配慮したものへと変える作業が今後とも続けられ、できるだけ法令の規律密度を下げていくことが必要である。

そのためにも、自治体の事務にかかわる法令の制定改廃に際し、自治体側の意見を反映すること（自治体の国政参加）なども重要となってくる。自治体の国政参加は、自治権を実効的なものとするための手続的な保障となるものであり、これには、自治への国の侵害に対する防禦的な参加と、国と地方に関係する国の意思決定への共同的な参加などがあるとされる。

自治体の参加のための制度としては、1993年の地方自治法の改正により、全国知事会・全国都道府県議長会・全国市長会・全国市議会議長会・全国町村会、全国町村議会議長会のいわゆる地方6団体が地方自治に影響を及ぼす法律・政令その他の事項に関し、総務大臣を経由して内閣に意見を申し出たり、国会に意見書を提出することができるとする制度が整備され（263条の3）、その後の改正で、その場合には、内閣には遅滞なく回答するよう努めるものとされ、特にその意見が地方自治体に対し新たに事務・負担を義務付けると認められる国の施策に関するものであるときは遅滞なく回答する義務があるものとされた。また、2006年の改正では、各大臣は、その担任する事務に関し地方自治体に対し新たに事務又は負担を義務付けると認められる施策の立案をしようとする場合には、内閣に対して意見を申し出ることができるよう、地方6団体に当該施策の内容となるべき事項を知らせるために適切な措置を講ずることとされている。

さらに、2010年には、国と地方の協議の場に関する法律が制定されるに至った。国と地方の協議の場は、地方自治に影響を及ぼす国の政策の企画立案や実施について、国と地方が協議するもので、協議の対象となるのは、①国と地方との役割分担に関する事項、②自治行政、地方財政、地方税制その他の地方自治に関する事項、③経済財政政策、社会保障・教育・社会資本整備に関する政策その他の国の政策に関する事項で地方自治に影響を及ぼすと考えられるもののうち、重要なものとされている。協議の場の終了後は、遅滞なく、協議の概

---

[6] このほか、国の法令による新たな義務付け・枠付けについては、2012年に閣議決定された「地域主権推進大綱」において、これを必要最小限のものとするとともに、総務省は、その新設について厳格なチェックを行うものとされているが、やや形骸化しているような状況もみられる。

要を記載した報告書を作成し、国会に提出しなければならず、また、協議が調った事項については、議員・臨時の議員は、協議結果を尊重することが義務付けられている。

　このほか、個別の法律で、関係自治体の意見の聴取や提案を認める例も増えてきている。

　これらについては、必ずしも十分な効果を発揮しているとは言い難いところもあるが、地方の側も、それらの制度を有効に活用するようにしていくことが大事だろう。

コラム❼　条例による上書き

　法令による義務付け・枠付けの見直しにあったっては、法令の規定の内容を条例によって変更・補正する「上書権」も議論となった。その自治体への付与については、結局、義務付け・枠付けの見直しでは積極的に踏み込むことはなかったが、これを認めるべきとの議論もくすぶり続けている。

　もっとも、その場合に、一部で主張されている通則的な規定により一般的な上書権を自治体に認めることについては、国会を唯一の立法機関とし法律の範囲内で条例制定権を認める日本国憲法の下では困難であり、個別の法律で上書きを認める方法によらざるを得ないとする考え方が有力である。法律による条例への委任は、その主な方法の１つである。ただし、条例への委任といっても、それは命令への委任（委任立法）とは異なるものであることが理解されるべきであり、個別の法律の授権による場合でも、地域や場合、対象範囲を特定するにとどめ、広く条例による上書きを認めることなども考えられる。

　上書権は特区制度の関係でも議論となり、総合特区法・震災復興特区法では、特区における政令・省令の条例による上書きを施行令・施行規則で定めることで認められることとなった。

　他方、自治立法の中心となる条例の制定にあたっては、住民の意見の反映や参加が求められるのであり、その点からは、住民の代表機関である議会がその審議を通じて、住民への情報提供、多様な住民の意見の反映・調整・集約、住民の納得の調達などの機能を果たしつつ、決定することが重要となる。そして

そのことからは、条例の制定については長による専決処分が認められ、専決処分条例が少なからず見受けられるものの、安易に専決処分条例によるのではなく、できるだけ抑制・限定していくことが必要だろう。

② 自治立法をどのように展開するか

　自治体法の現状やあり方を踏まえ、それぞれの自治体において自治立法権をどのように行使していくかが問われることになる。

　その場合に、自治立法の活用にあたっては、その意義や特質について理解しておくことも必要だろう。

(1) 自治立法の特質を理解する

　自治立法権は、国の立法権とは別に、憲法94条によって直接かつ包括的に保障されているもので、その中心をなす条例は、地方自治体がその独自の権能に基づき、国の法令とは独立別個に制定するものである。また、条例は、自治体の自主法の中で、最も民主性・透明性が高く、公正かつ民主的な行政の実現や住民の意思の統合の手段となるものとされており、自治体の活動の根拠や政策実現の手段となるものといえる。そして、条例に基づいて行政を展開していくことは、「条例による行政」を確立することにもなるのであり、法律と並ぶ自治体における「法源」として、行政に授権をし、これを規律するなど、法による行政の一端を形成することになる。

　条例の法としての特性ということでは、国の法律との比較などから、次のようなものが挙げられるだろう。ただし、それは、あくまでも相対的なものであって、基礎自治体と広域自治体、自治体の規模などによっても異なりうる。また、そこで挙げられるメリットはデメリットと裏返しの関係にあることにも留意しておく必要がある。

　その第1は、地域性である。すなわち、条例は、適用範囲が限定的で比較的小回りが利くことがその特徴であり、そのことは、制度の簡潔性や柔軟性ということにも結び付くことになるが、その一方で、適用対象について個別性を帯びやすくなる。条例については、その地域の実情を踏まえ、その地域的特性に対応したものとなっていることが要請されることになる。

　第2は、近接性である。自治体は、住民に身近な存在として、問題や状況を

探知しやすい立場にあり、条例の特性とし、応答性の高さや、効果の見えやすさといったことも指摘することができる。その一方で、対象となる住民との距離の近さは、人権保障に必要となる距離の不足につながることになり、狙い撃ちといったことも生じやすくなる。

第3は、機動性である。このことは、条例による迅速かつ弾力的な対応に結び付くことになるが、機動性や柔軟性は、その裏返しとして、アドホックな対応や制度としての非完結性・不安定性をもたらすことにもなりかねない。

第4は、先行性である。新たな問題や行政需要の多くはまず地域で起こるのであり、自治体として国に先んじて対応を迫られることが少なくない。そして、そこでは、自治体による実験的・冒険的対応といったものも行われることにもなる。ただし、先行性や実験性ということからは、制度が暫定的で不完全なものとなりがちとなり、他との整合性を欠くようなことも少なくない。

このほかにも、国の法令・行政の縦割りを条例により総合化することも可能という意味で、総合性が挙げられることもあるが、実際には、自治体の行政も縦割りとなっており、条例も縦割りのものとなりがちである。

【図表6】条例の特性・役割

```
＊地域性　⇒　限定性　⇔　個別性
＊近接性　⇒　応答性　⇔　人権保障のための距離の不足
＊機動性　⇒　弾力性　⇔　不安定性・非一貫性
＊先行性　⇒　発展性　⇔　不完全性・非整合性
＊総合性　⇒　国の法令・行政の縦割りの総合化　⇔　条例の縦割り
＊実験的・冒険的対応　⇒　各地に広がり、国の法令に取り入れられることも
```

なお、条例の場合には、自治体の規模が小さくなればなるほど、住民との距離が近くなり、対応を求める住民からの圧力が直接に作用することなどもあって、特定性を帯びやすく、具体的に生じている個別の問題を念頭に置いた問題対処型条例の場合には、しばしば措置法的・処分法的なものとなり、狙い撃ち的・後出し的な状況を生じやすいところがある。狙い撃ちや後出しの条例を自治立法の宿命として許容する議論もあるが、狙い撃ち的となる条例をそれゆえに否定することは困難だとしても、それを簡単に認めてしまうのも、法的な議

論としてはナイーブすぎるだろう。

　法規範の対象となる人や場合（事件）が不特定多数であることを求める一般性は、法の基本的な性質の1つとされてきたものであり、それは、予測可能性ないし法的な安定性・合理性の保障につながるものである。国家の役割が拡大し、人々の生存や生活、安全、社会秩序の均衡等の維持などに配慮し、社会経済や生活関係に対して直接介入せざるを得なくなっていることからは、その例外を認めざるを得なくなっているが、その場合でも、十分な必要性・合理性があり、対象となる者とそうでない者との平等やバランス、普遍化可能性などが問われるのであり、特に、遡及的・後出し的なものとなる場合には、法的安定性や信頼の保護（信義則）を考慮することが重要である[7]。

　なお、自治体に条例制定権を認める結果、条例の規制内容が自治体ごとでバラバラになることがあり、これが憲法14条の「法の下の平等」との関係で問題とされることもないわけではない。しかしながら、自治立法権が憲法によって認められるものである以上、地域によって相違ができることは当然予想されることであって、地域差が生じたからといって直ちに違憲となるものではないことは、いうまでもない。最高裁も、最大判昭和33年10月15日刑集12巻14号3305頁で、このことを確認している。ただし、実際上は、合理的な理由もないのに同一の事項について自治体ごとで極端に規制内容が異なるというのもあまり好ましいものではなく、立法の際には国や他の自治体の動向も参考にするなどして、その点についても十分に配慮することも必要となるといえる。

コラム❽　立法事実の意義と限界

　立法を行うに際しては、その必要性や合理性を支える社会的・経済的・政治的・科学的な事実が存在していることが必要となり、このように法を制定する場合の基礎を形成しその合理性を支える一般的な事実を「立法事実」という。この立法事実の有無は、立法者が立法を行う場合に当然に考慮しなければならないものであり、

---

[7]　狙い撃ち・後出し条例に関する紀伊長島町水道水源保護条例事件・最判平成16年12月24日民集58巻9号2536頁は、新たな制度の導入や制度の変更を行う場合には、適法に存在する権利利益や法状況に配慮することを求めたものであり、条例そのものを違法としたものではないが、その根底には、条例による狙い撃ち的・後出し的な対応への疑問・批判的な見方があったといえるだろう。

また、それは立法の内容（法的合理性）について評価が行われるにあたっての基礎・前提をなすものとなる。

　もっとも、立法の現場では、立法事実というと、現に社会に生じている問題状況などの事実を把握することと理解されがちである。確かに、立法にかかわる社会状況や社会的な要求・意識などを把握することは必要となるが、そのような生の事実の調査や資料の収集だけでは十分とはいえず、ましてや都合のよいデータのみを考慮することは許されない。立法事実としては、現在の事実はもちろんのこと、将来生じるであろう事実まで当然に視野に入れられなければならず、また、立法事実の検証は、できるだけ客観的なデータに基づき、因果的な思考により行われることが必要である。すなわち、そこでは、立法の背景となる社会的・経済的・政治的な事情・事実ができるだけ精確に認識されるとともに、社会的要求や規律の対象となる社会的な現象・問題、問題の今後の動向、立法を行った場合の効果等について十分に調査・分析することが求められ、その上で、立法を行うことによって生じるメリットとデメリットに関する事実について注意深く比較衡量することが求められることになる。

　しかしその一方で、立法事実の限界にも目を向ける必要がある。現実の社会は、複雑かつ流動的で、不確実性が高まっており、立法事実を完全に把握することは容易なことではない。しかも、実際には、限られた時間と情報の中で検討が行われざるを得ず、人間の能力の限界ということもある。予防的対応や条例による実験的な対応ということから、弾力的に考えることが必要となる場合もありうる。したがって、立法事実の存在やそれにかかわる因果関係は常に科学的に証明されなければならないものではなく、事柄に応じて一定程度の蓋然性で足りる場合もあるとみるべきである。

　その意味では、立法事実の問題は、「根拠」に基づいた立法を目指すものではあるが、合理的な説明とその論拠を問うものでもあり、一定の事実の裏付けにより、思い付きや思い込み、世論に対する無条件反射、恣意、感情などの要素を排除することになるものといえる。立法事実については、立法の必要性・合理性を根拠付ける理由として積極的に提示され、説明されなければならず、議論や審議の過程を通じて認定されていくものであり、とりわけ、その判断には不完全性や不確実性などを伴い、主観や恣意が入り込みやすいことからすると、そのプロセスが重要な意味を

もつ。そして、そこで大事となるのは、立法の必要性・合理性とともにその根拠とされた事実や資料ができる限り明らかにされ議論・論証されること、その透明性が確保され住民の前に明らかにされることである。

　なお、この立法事実については、立法の際だけでなく、後に条例の規定の適否が争われた際には裁判所によって問題とされることにもなる。

(2)　自治立法権を駆使する

　自治立法については、長らく謙抑的な状況が続いてきたといえるが、分権の進展により自治立法の余地の拡大することで、条例を基軸とした自治や行政の展開に対する期待が高まり、実際にそのような取組もみられるようになっている。特に、条例は、自治体における最も効果的な問題解決手段、地域の活性化や独自性発揮のための手段であり、また、民主的な法形式として、政策決定過程や行政の透明性、住民の参加という面でもこれらを促進する有力な手段と位置付けることができる。その意味では、条例は、それぞれの自治体の自治力を測る1つのバロメーターともなっているといえるだろう。

　条例で規定される内容も広範にわたり、住民の権利義務や住民サービスにかかわることのほか、自治体の内部的な組織・運営にかかわるものなども含まれ、自治体の機能の拡大に伴い、その役割も多様なものとなってきている。そして、行政需要の多様化とともに、条例が自治の手段として果たすべき役割は高まるばかりであり、①住民本位、②先導性、③地域的な問題の地域的な解決、④地域の独自性の発揮、⑤行政の総合的な展開などの面でその機能を果たすことが期待されるようになっている。また、自治体の役割・比重が高まるとともに、公正で透明な行政を確保するためにも、法律のほか、条例で行政活動の基本的な部分が定められることが強く求められている。

　もっとも、自治立法が活性化しつつあるといっても、それは一部の自治体にとどまっており、また、その取組はなかなか持続可能なものとはなっていないところもある。

　そもそも、条例の制定の拡大・活性化の必要性があるといっても、何でもかんでも条例で定めればよいというものではない。あくまでも、問題状況に応じた適切な行為形式・手法が選択されるべきであり、はじめに条例ありきではな

い。決して法は万能ではなく、法によらない対応の方が妥当なこともある。また、条例の積極的な活用を目指すところからは、条例を政策の実現の手段として、道具的にとらえる傾向が強いが、その結果、条例が法の形式の1つであるという意識が薄れがちとなっているような状況も見受けられる。

　条例を政策の実現や意思の決定・表明の手段、あるいは行政の統制手段として活用していくことなど当然に認められるところである。とはいっても、条例も法の形式である以上、その形式を用いるに足る適格性をある程度備えたものであることも求められるのであり、その点からは、願い、思い、理想、姿勢、理念などを語るばかりで、規範性がほとんどない条例はやはり問題があるといわざるを得ず、また、条例による個人的な領域への介入の限界についても認識されるべきである。条例の制定自体が目的化されたりすることもあるが、条例はあくまでも手段であり、必要性や意味があり機能する条例を目指すことが肝要である。自治体における法治主義の不足や条例回避の傾向などが指摘されているが、だからといって、必要性や意味の希薄な条例の制定が正当化されるわけではない。

　自治の現場においては、必要性や住民の要求が重視される傾向が強いが、それらがすべてを正当化するわけではなく、法的に「できないこと」や「してはならないこと」があることを理解しておく必要がある。

　いずれにしても、条例の制定にあたっては、問題状況や地域の状況について、事実に基づいて十分な検討を行った上で、妥当な目的を設定し、適切な手段を選択し、合理性をもった内容を目指すことが重要であり、その必要性・合理性について十分に説明可能なものであるとともに、それを公開の場で説明・論証していく必要がある。また、その際には、政策手法を駆使し、それらを上手く使い分け、組み合わせ、かつ、その運用や手続にも配慮しつつ、制度設計的な視点に立って、政策・制度を構想・構築していくことも重要である。

　また、条例を制定・改正する場合には、白地に絵を描くように自由にその内容を定められるわけではない。現代社会では、既に多くの法が存在し、それらによってさまざまな制度ができあがっており、それら現行法秩序との調和を考えながら条例の内容を検討していくことが必要となるのであり、そこでは、法の体系が全体として統一のとれた論理的な体系・有機的な総合体となるように、

制度間の調整を図り、それらの関係を整合的なものとしておくことが必要不可欠となる。特に、条例の場合には、その地域の自主法との関係だけでなく、憲法や法律と適合的なものである必要があり、自治体法としてできるだけ整合性や調和のとれた制度となるようにしていくことが求められる。

【図表7】問題への法的対応・自治立法のプロセス（理念型）

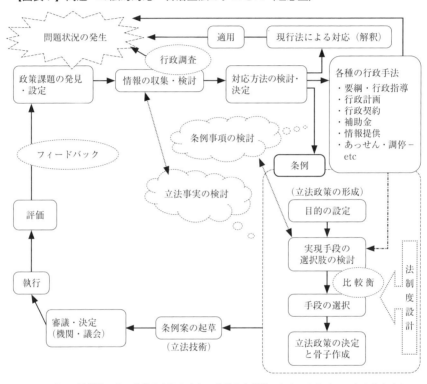

※限られた時間・情報等の中で作業が行われたり、作業が何段階にわたったりすることも少なくない。

ただし、その一方で、既存の制度や理論にとらわれすぎることで、社会状況の変化に対応した先進的・弾力的な条例を抑制することにつながることは避けるようにすべきだろう。

なお、条例を制定する場合には、慎重な検討が必要となるとしても、それは、限られた時間・情報・能力の中で行われるものであることは否定できず、まし

てや、それが、唯一絶対のものではなく、また、所期の効果を発揮するとも限らない（不確実性）。制定後の社会状況の変化などもある。条例は、それを制定すればそれで終わりというわけではなく、条例に関する企画立案（plan）→制定・実施（do）→評価（check）→見直し（action）のPDCAサイクルを構築し、定着させていくことも必要である。

コラム❾　実験的条例

　新たな問題や行政需要はまず地域で生じることが多く、地方自治体は、それらに対応していくことが求められることになるが、その場合に、条例の制定が必要となることも多い。

　他方、社会は、ますます多様化・複雑化するとともに、不確実性が高まっており、そのような中で、住民の生活や安全の確保、環境の保全などのために、機動的・予防的な対応を求められることも少なくない。

　この点、条例は、地域性・限定性といった性質をもつと同時に、制度の容易性や柔軟性、応答性の高さや機動性などの機能をもつといえる。

　そして、これらのことは、条例による先行的・実験的な対応ということの意義を認めることにもつながってくる。国の法令が、自治体の事務に過剰に関与する一方で、地域の問題に十分には対応し得ていないという状況もある中で、条例による先行的・実験的対応は、地域の実情に根差した自治体の意欲的な取組として評価されるべきである。そして、それが各地に広がり、あるいは、問題提起や議論の喚起となり、国の法律の制定や改正にもつながってくることになるのである。

　ただし、その一方で、実験的条例については、制度的に不完全なものとなったり、不安定なものとなったりする可能性があるだけでなく、時に、基本的人権との関係で問題を生じるようなこともないわけではない。その点からは、あくまでも暫定的なものとして、その効果や問題に関する検討を怠らないことが必要であり、条例を育てていくといった視点をもち、一定期経過後の見直しについて定める検討条項などを設けるとともに、PDCAサイクルを積極的に取り入れていくことなども必要となるといえる。

第③ 自治体法の運用

① 自治行政に関する法原則

　自治行政は、第1で概観した自治体法に基づいて、展開されることになる。

　そこで、自治体法の運用ということから、自治行政に関する法原則について、改めて確認しておくこととしたい。

(1)　法による行政の原理

　行政活動が恣意や専断によって行われる場合には、人々の権利利益を侵害したり、その生活を圧迫したりすることになりかねないことから、行政権の行使は、国民・住民の代表である議会が制定する法律や条例に基づいて行われることが要求されることになり、これを「法治主義」ないし「法による行政」の原理などと呼ぶことは既に述べたところである。

　法による行政は、「法律の優位」と「法律の留保」の2つの原則からなる（自治体においては、その場合の「法律」には条例も含まれることになる）。

　このうち、法律の優位は、行政作用は法律・条例に違反するものであってはならないとするもので、法律・条例に違反する行政活動は違法となる（法適合原則ないし合法性の原則）。その場合の行政活動には、国の場合においては政省令等の制定、自治体の場合においては規則の制定が含まれる[8]。地方自治法では、自治体は法令に違反してその事務を処理してはならないものとするとともに（2条16項）、法令に違反した自治体の行為は無効と規定しているが（2条17項）、これは、法適合原則を確認的に規定したものとされる。そして、在ブラジル被爆者健康管理手当等請求事件・最判平成19年2月6日民集61巻1号122頁は、それが定める法令遵守義務は、自治体の事務処理に当たっての最も基本的な原則ないし指針であると強調したほか、その事務の履行は「信義に従い、誠実に行う必要がある」として、信義則の適用があることも認めている。

---

[8]　ただし、自治体の長が定める規則の場合には、限定的ながら専管事項があり、そこでは条例の優位は貫徹し得ないことになる。

　また、法律の留保は、行政作用は法律・条例の根拠に基づかなければならないとするものであるが、一切の行政作用がそれによる根拠がなくてはできないというのは現実的ではないことから、どのような範囲の行政作用にまで法律・条例の根拠を必要とするかが問題となってくる。そして、その場合には、ある一定の行政活動を行う場合に、組織規範が存在するだけでなく、それに加えてその行為を行うに際して根拠規範がなければならない範囲は何かが問われることになってくる[9]。

　この点については、学説上、いろいろな考え方が出されるようになっており、定説といえるようなものはないような状況にある。それらのうち、伝統的な考え方である侵害留保は、国民の権利自由を制限したり、新たに義務を課すような行政については法律・条例の根拠を必要とするものであり、地方自治法14条2項などのようにこの考え方を前提としたと思われるような法律の規定もみられる。ただ、給付行政の発達など、行政の役割が拡大・多様化している現代国家においては狭すぎることは否めない。

　他方、一切の行政活動について法律・条例の根拠を必要とする全部留保説、社会給付活動についても法律・条例の根拠を必要とする社会留保説は、それらについてすべて法律・条例の根拠を必要とするのは現実的とはいえない面がある。このほか、行政活動のうち、国民の権利義務を一方的に変動させる権力的作用については法律・条例の根拠を必要とする権力作用留保説、国民の基本権にかかわる重要事項や政治的重要事項については法律・条例の根拠を必要とする重要事項留保説（本質性理論）なども主張されているが、何が権力的作用であり、何が重要事項であるかは必ずしも明確とはいい難い。

　法律の留保は、歴史的には、君主と議会の権能の配分の問題として形成されてきたものであり、自由主義的な観点から、その範囲が論じられてきたものである。現代でも、法律の留保において、国民の権利自由の保障のための行政権

9　行政法の世界では、法律の留保との関連から、法律やその規定を組織規範、根拠規範、規制規範の3つに分けられることが多い。これらのうち、組織規範は、行政組織やその任務に関する定めを内容とするもの、根拠規範は、行政活動の実施の要件やその効果を定めたもの、規制規範は、手続規範など行政活動の実施の適正化を図るための手続・方法等について定めたものとされる。組織規範は、組織法として内部法と位置付けられるのに対し、根拠規範と規制規範は、作用法として外部法と位置付けられてきた。

の制約といった自由主義的な要請は重要な意義をもち、その点で、侵害留保が法律の留保の中心となるとみるべきだろう。問題は、それを、どのような観点から、何に着目して、拡大するかということである。

　この点、議会による授権といったことからは民主的正統性といった観点・要素が含まれているとしても、自由主義とともに民主主義が統治の基本的な原理とされる中で、法律の留保に、国民や住民の代表機関である議会による行政の民主的な統制といったことを持ち込むべきかどうかということが 1 つの分岐点となる[10]。全部留保、重要事項留保は、この点を重視するものである。しかし、全部留保では、概括的な授権規範や組織規範も根拠として認めざるを得ないことになるほか、重要事項留保では、法律・条例の根拠がなければ行うことができないとする行政に対する活動の禁止を焦点とするのではなく、議会の規律責務が重視され、中心的な名宛人が議会へと変換されるなど[11]、行政活動に法律の授権を必要とする法律の留保の意義を変質させ、あるいはその枠に収まらないものとなりうる。そもそも、法律の留保の範囲について、自由主義の観点からは、国民の権利義務や権利利益の規律については法律の根拠が必要ということでその範囲がある程度明確になるのに対し、民主主義からは、どこまでを法律の根拠を求めるかについて一義的な答えが出てこないという問題がある。

　他方、侵害留保が、行政活動の内容・性質に着目するものであるのに対し、権力留保は、行政行為などの権力行使の形式に着目するものであるが、そうなると、その根拠規範となりうるのは要件や効果を規定する作用規範にとどまらないことになり、コアとなるべき侵害留保の空洞化を招くとともに、法律の授権ということから当該行政活動を行うことができるかどうかの明確な解答をもたらさない可能性がある。

　なお、法律の留保については、本質性理論の影響などもあって、法律や条例の根拠というだけでなく、その規律密度が問題とされるようになっていることにも、留意する必要がある。この場合、規律密度が薄ければ、それだけ行政の

---

[10]　これらの問題については、議会の役割の問題や法律事項・条例事項の問題として論じることも可能である。

[11]　重要事項留保説の中にも、民主主義の観点を重視し、政治的重要事項まで取り込む考え方もあれば、あくまでも間接的なものも含め国民の基本権に関係するものに限定する考え方もある。

裁量が認められることになり、議会の側の授権のあり方としては不十分ということになるが、事柄に応じた規律密度の程度が問題となる。

　ちなみに、行政実務は、伝統的に侵害留保の立場に立っているといわれるが[12]、それによる場合でも、利益等も含め広く権利義務にかかわるものとすることなどにより、できるだけその射程を広げることが必要だろう。これに対し。自治体の中には、横須賀市のように、重要事項留保の考え方を自治立法の方針として打ち出しているところもみられる。議会が制定する条例による決定の拡大ということは、一般論としては支持できるとしても、法律の留保をめぐる議論や問題をどこまで念頭に置いたものか定かではなく、また、そのことは、議会の側に自覚と主体的にその役割を果たすこと（議会強化の取組）を求めるものであることが理解されるべきだろう。

(2)　法の一般原則

　自治行政を制約する法の一般原則としては、次のようなものが挙げられる。

　これらの原則は、制定法の規定が規範内容を特定していない場合にこれを具体化し補充したり、制定法の規定の文言どおりに解釈・適用すると事案の解決に不適切な場合に制定法の文言を事案に即して修正したり、正義衡平に反する行為を違法とするために用いられることが多い。

　なお、その場合、法による行政の原理との衝突が生じ、両者の間での調整が問題となることも少なくない。

①　平等原則

　すべて国民は法の下に平等であるとし、不合理な差別を禁止する憲法14条1項の平等原則は、すべての国家作用に適用されるものであり、法を執行する行政機関は、合理的な理由なく、人々を差別的に取り扱うことはできない。この点、判例も、たとえ行政庁の裁量に委ねられている場合でも、「行政庁は、何らのいわれなく特定の個人を差別的に取扱い、これに不利益を及ぼす自由を有するものではなく、その裁量権には一定の限界がある」とする（最判昭和30年6月24日民集9巻7号930頁）。

---

[12]　内閣法11条、内閣府設置法7条4項、国家行政組織法12条3項・13条2項、地方自治法14条2項などが、そのことを表しているとされる。

　また、地方自治法244条 3 項は、自治体は住民が公の施設を利用することについて不当な差別的取扱いをしてはならないとするが、高根町簡易水道事業給水条例事件・最判平成18年 7 月14日民集60巻 6 号2369頁は、同項は憲法14条 1 項が保障する法の下の平等の原則を公の施設の利用関係につき具体的に規定したものであることを考えれば、その区域内に事務所、家屋敷、寮等を有し、地方税を納付する義務を負う者など住民に準ずる地位にある者の公の施設の利用について、その施設の性質やこれらの者と自治体との結び付きの程度等に照らし合理的な理由なく差別的取扱いをすることは、これに違反するとした上で、別荘の給水契約者の水道基本料金の大きな格差を正当化するに足りる合理性がないとして、これを違法とした。

　なお、平等原則については、法による行政の原理との衝突・調整の問題を生じることがあり、その場合には、基本的に、平等ということから違法な措置を拡大することは認められないものと解されているが、その例外が全く認められないわけではない。

　②　比例原則

　比例原則は、ある政策目的に対してそれを達成するための手段がバランスのとれたものであることを要請するもので、不必要あるいは過剰な規制が禁止される。この比例原則は、社会公共の秩序を維持するために私人の自由や財産を制限する権力的活動である警察活動を限界づけるものとして発達してきたが、それに限らず行政活動一般に妥当する原則として解されるようになっている。

　もっとも、環境規制や安全規制などの場面においては、規制により利益を受ける者との関係で、規制を受ける者に対して比例原則をどこまで適用すべきか（規制への消極的姿勢や規制の過少さ）が問題となりうることもある。

　比例原則という言葉を用いるかどうかは別として、その考え方を取り入れた裁判例は少なくなく、たとえば、公立学校の教職員の国旗国歌訴訟で、最判平成24年 1 月16日判時2147号127頁は、国旗に向かい起立して国歌斉唱を命ずる職務命令に従わなかったことを理由とする減給処分について、学校の規律や秩序の保持等の必要性と処分による不利益の内容との権衡の観点からなお減給処分を選択することの相当性を基礎付ける具体的な事情があったとまでは認め難いとした上で、過去の戒告 1 回の処分歴のみを理由に減給処分を選択した都教育

委員会の判断は、減給の期間の長短及び割合の多寡にかかわらず、処分の選択が重きに失するものとして社会観念上著しく妥当を欠き、懲戒権者としての裁量権の範囲を超えるとして違法とした。

③　信義則（信頼保護の原則）

民法1条2項は、「権利の行使及び義務の履行は、信義に従い誠実に行わなければならない」としているが、この信義則は民法の一般条項というだけでなく、法の一般原則とされ、行政法の分野でも重要な意味をもつ。すなわち、従前の行政活動に対する私人の信頼は尊重され、保護されなければならない。もっとも、現実には、違法な行政活動を信頼した私人が存在する場合に、法による行政の原理（租税の場合は租税法律主義）による違法な行政活動の是正と、私人の信頼の重視＝違法な行政活動の維持のどちらを優先すべきかなど、その適用については難しい問題を生じることも少なくない。

この点、判例は、租税法律主義が基本とされる租税法関係における信義則の適用について、納税者の平等・公平という要請を犠牲にしてもなお、課税を免れしめて納税者の信頼を保護しなければ正義に反するというような特別の事情が必要であるとした上で、そのためには少なくとも、①税務官庁が納税者に対し信頼の対象となる公的見解を表示したこと、②納税者がその表示を信頼しこれに基づいて行動したこと、③のちに公的見解に反する課税処分が行われて納税者が経済的不利益を被ったこと、④納税者が公的見解を信頼し行動したことについて納税者の帰責事由がないことを要するとしている（八幡税務署青色申告事件・最判昭和62年10月30日判時1262号91頁）。

なお、自治体の施策の変更について、信義衡平の原則に照らし密接な交渉をもつ関係にあった者の信頼の法的保護を認めた判例として、宜野座村工場誘致事件・最判昭和56年1月27日民集35巻1号35頁などもある。

④　権利濫用禁止原則

「権利の濫用は、これを許さない」とする民法1条3項も法の一般原則となりうるもので、権利濫用禁止原則は、行政権の濫用を制限するものである。これにより、たとえば、政策目的と手段とが対応していることが要求され（目的拘束原則）、目的が異なる権限・手段が他の目的に転用され、結び付けられることが禁止される。

　権利濫用禁止原則を踏まえた判例としては、余目町個室付浴場事件・最判昭和53年6月16日刑集32巻4号605頁があり、本来、児童遊園は、児童に健全な遊びを与えてその健康を増進し情操をゆたかにすることを目的とする施設であるから、トルコぶろ営業の規制を主たる動機・目的とする児童遊園設置の認可申請を容れた本件認可処分は、行政権の濫用に相当する違法性があると判示した。

(3)　透明性の原則・説明責任の原則

　行政の民主的な運営ということからは、透明性の原則や説明責任の原則といったことが挙げられるようになっている。

　そのうち、透明性の原則は、行政の過程が国民などに明らかとなっていることを求めるものである。たとえば、行政手続法は行政運営における公正の確保と透明性の向上をその目的として規定しているところであり、透明性の確保は、民主的な運営ということだけではなく、住民の権利擁護にもつながることになる。

　また、説明責任の原則は、行政の諸活動について国民に対する責任がまっとうされるように求めるもので、行政機関情報公開法1条、政策評価法（行政機関が行う政策の評価に関する法律）1条などにもその趣旨が規定されている。

(4)　効率性の原則

　効率性の原則は、政策効果とその政策活動に要する費用（コスト・パフォーマンス）を問うものである。

　特に、自治体は、その事務処理にあたり、最小の経費で最大の効果をあげるようにしなければならないものとされており（地方自治法2条14項）、また、そのために、常にその組織および運営の合理化に努めるとともに、他の地方自治体に協力を求めてその規模の適正化が図られなければならないものとされている（同条15項）。地方自治が住民の責任と負担によって運営されるものである以上、常に能率的・効率的に処理されなければならず、その前提として、その組織および運営が合理化されるほか、その規模の適正化を図り、地方自治体としての基盤を強化確立することが求められる。

　他方、政策や行政を評価する場合の基本的な視点となるものとして、必要性・

効率性・有効性[13]などが問われることになり、政策評価法や自治体の政策評価条例では、政策評価のあり方として、その政策効果を把握し、これを基礎として、必要性、効率性又は有効性の観点その他当該政策の特性に応じて必要な観点から評価するものとされている。とりわけ、政策の基礎となる社会的な資源や財が限られており、稀少なものである以上、効率性が重視されるようになっており、政策について検討する際には、経済学的な思考・手法を取り入れた費用と便益との比較衡量が不可欠となっている。

　もっとも、政策の評価において、政策的・経済的な視点と法的な視点は、重なりあったり、相互に影響を及ぼしたりするが、しばしば対立し、トレードオフの関係に立つこともあり、そのような場合に、両者をどのように調整し、どのような判断・決定をするかが問題となりうる。その場合に、経済的な面から重視される効率性については、考慮すべき価値をすべて費用と便益という形で金銭的に数量化して比較する手法は万能ではなく、効率性と公正性・公平性が衝突する場合には後者が優先されるべきであり、また、価値の中には金銭的に評価することが困難なものがあることにも留意する必要がある。

(5)　個別の行政分野の基本的な理念・原則

　自治行政は、広範に及び、まちづくり、保健衛生・医療、福祉、環境、教育、警察、消防、災害、商工・観光、農林水産業、租税などに分類されるが、個別の行政分野は、多くの法令や条例によって規定されるとともに、それぞれの分野ごとに基本的な理念や原則が形成され、それを基に体系化・統一化が図られており、それぞれの行政を行うにあたっては、法に基づくだけでなく、それらの基本的な理念や原則に適合することが求められることになる。

---

[13]　政策評価法を受けて、「政策評価に関する基本方針」（平成13年12月28日閣議決定）は、「必要性」の観点からの評価は、政策効果からみて、対象とする政策に係る行政目的が国民や社会のニーズ又はより上位の行政目的に照らして妥当性を有しているか、行政関与の在り方からみて当該政策を行政が担う必要があるかなどを明らかにすること、「効率性」の観点からの評価は、政策効果と当該政策に基づく活動の費用等との関係を明らかにすること、「有効性」の観点からの評価は、得ようとする政策効果と当該政策に基づく活動により実際に得られている、又は得られると見込まれる政策効果との関係を明らかにすることにより、行うものとしている。

② 自治体法の解釈と運用

　自治体法に基づき自治行政を展開し、あるいは地域の問題に対処していくためには、その適切な解釈が必要となることが少なくない。新たな問題が生じた場合でも、すぐに立法的対応となるわけではなく、まずは現行法による対応が基本となる。

　その場合に、地方自治体の事務について国の法令が広範に規定していることから、その規定をどのように解釈し適用していくかといった問題にしばしば直面することになる。

　この点、従来においては、法令を所管する中央省庁から出された通達・通知や行政実例などに基づいたり、所管省庁に照会をして解釈を示してもらったりするなどして、対応してきたのが実情といえるだろう。確かに、法令を立案するなどした所管省庁の解釈にならうというのは合理的なようにもみえなくもない。

　しかしながら、そもそも、法令を解釈する権限は、法令を執行する権限に伴うものと考えるべきであり、地方自治体が法令の執行権限をもっている場合には、法令に関する第1次的・自主的な解釈権を有しているはずである。自治体の事務等について定める法令の解釈権が自治体にあることは、第1次分権改革によって、機関委任事務が廃止され、自治体の事務が自治事務と法定受託事務に再編成されるとともに、国の行政的な関与が縮減・ルール化されたことにより、明確となった。しかも、その際には、地方自治法に、地方自治の本旨や国と地方の役割分担の原則を踏まえた法令の解釈・運用原則がうたわれ、それに即して解釈することが求められることにもなったのである。

　もっとも、法定受託事務の場合には、中央省庁が処理基準を示すことが認められているなどいろいろと関与する道が認められていることから、自治体が自主的に法令を解釈する余地は小さいように思われがちである。しかし、法定受託事務の場合についても、解釈権が執行権に伴うものと考えるならば、自主的な解釈が認められる余地は少なからず存在し、また、法定受託事務も多種多様であることからすれば、それぞれの性格に応じて自主的な解釈が認められる余地も異なってくるはずである。

　少なくとも、自治事務に関する法令については、中央省庁が示した解釈があったとしても、それは技術的な助言にすぎず、有力な参考資料ではあっても、必要があればそれにとらわれるべきではないだろう。しかし、残念ながら、自治体の現場では、中央省庁の解釈が積み重なった行政実例をひたすら墨守しようとする傾向がいまだにみられ、中には、法律の制定から長い年月が経過し、考え方や仕組みも大きく変わってきているのに、行政実例であれば、それに従おうとしたり、判例よりも行政実例の方を重視したりするようなことなどもいまだにあると聞く。

　これからの自治においては、まずは行政実例の偏重など中央省庁の行政解釈依存の状況から脱却していくことが必要であり、自治体自身で、十分な検討を行った上で、具体的な問題や地域の状況に即しつつ適切な解釈を行っていくことが求められているといえる。その前提として、解釈の作法と創造性について理解しておくことも必要である。

　そして、そのような現行法の適切な解釈が行われることが、有効かつ適切な自治立法を行うことにもつながっていくのである。

　政策法務は、まさにこの解釈と立法を通じて、創造的な作業を行うためのものということができる。

　他方、自治体法を運用していく上では、その統一性や透明性を確保するため、解釈基準や裁量基準などを策定し、これを公開していくことなども求められる。特に、行政手続法や行政手続条例は、申請に対する処分についての裁量基準である審査基準を作成し、原則として公にすることを行政庁に義務付けるとともに、不利益処分についての審査基準である処分基準を作成し公にする努力義務を課しているところであり、各自治体においては、その趣旨を踏まえ、透明性の高い自治行政を展開してくべきだろう。

③　判例を踏まえ、判例から学ぶ

　法令だけでなく、条例・規則についても、最終的に、有権解釈を行うのは裁判所である。ところが、行政の現場では、法というと、国の法令や条例・規則などの制定法だけが念頭に置かれ、裁判所はそれらを具体的な事件に当てはめるだけとの見方がなされがちである。しかし、制定法は具体的な事件に対して

適用されることによって具体的な規範として機能するのであり、裁判において
は、制定法の抽象的・多義的な概念や文言が解釈され、あるいは制定法が予想
していなかった場合や存在しない場合、ないし制定法と現実との間にギャップ
がある場合にはその埋め合わせるなどしつつ、問題の解決を図ることで、法の
形成・創造といったことも行われているのである。

　とりわけ、自治体をめぐる訴訟の増加などに伴い、自治体法において判例の
もつ意味は、格段に大きくなってきており、今後とも重みを増していくことだ
ろう。

　加えて、最近は、裁判において、行政解釈が否定される例も少なからず見受
けられるようになっていることにも注意が必要である。たとえば、在外被爆者
健康管理手当等請求事件・最判平成19年2月6日民集61巻1号122頁は、法令遵
守義務が自治体の事務処理に当たっての最も基本的な原則・指針であることを
強調した上で、厚生省の通達は法律の解釈を誤る違法なものだとし、違法な通
達に従い違法な事務処理をしていた自治体が消滅時効を主張して未支給の健康
管理手当の支給義務を免れようとすることは、信義則に反し許されないとした。

　国の示す行政解釈に従ってさえおけば大丈夫という時代は過去のものとなっ
たともいえるのであり、また、自治体法を解釈する際には、合理的な解釈を心
掛けるとともに、判例に目を向け、法機関である裁判所においてどのように解
釈されるかといったことなども考慮することが必要となっているのである。

　「判例」という言葉は、さまざまな意味で用いられており、広く裁判例を指す
ものとして用いられることもあるが、法の世界で「判例」という場合には、裁
判で示されたすべての判決等や判決全体を指すわけではなく、判決の理由のう
ち、先例として機能する法律的判断のことを意味する。もっとも、判決の理由
のどの部分が判例といえるかは、必ずしも明確ではなく、評価が分かれること
も少なくない。したがって、判決を読む場合には、判例解説をはじめ学説など
の手助けも借りながら、法的な判断として何が重要であるかを理解していくこ
とが重要となる。

　判決の読み解きは、判決文で述べている認定事実と当事者の主張に拘束され
つつ展開される裁判官の判断から、結論に必然的に必要となる理由を取り出し、
それらを命題化したり、それをより具体化する作業などを通じて行われるもの

である。したがって、判決を理解するためには、まず前提となる判決の基本的な情報を整理した上で、事実関係と法的問題を把握し、理由の分析・評価などを行うことが必要となる。その場合に注意しなければならないのは、判旨だけでなく、事実関係も丁寧に読み、それとの関係で裁判所の法的な判断とその射程を理解することが必要なことである。裁判は、あくまでも具体的な事件をめぐる争いであって、事実の部分を切り離して結論に含まれる法的な判断だけを広く一般化して考えることは、思わぬ誤りを犯してしまうことにもなりかねない。

　なお、判例といえば、最高裁判決が思い浮かべられるが、下級審の裁判例にも目を配ることも必要である。下級審は、事実に基づいて行われる事実審であり、また、その判決の中には、弾力性や進取の気性に富み、時代に応じた新しい視点や判断を示すものがみられ、それが最高裁の判断や現実の政策にも影響を及ぼすことも少なくなく、下級審判決が、実際上、判例ともみるべきような重要な意義を有する場合もある。

　いずれにしても、判例は、生きた教材として、行政のあり方や対応を考える上で貴重な情報・資料を提供するものであり、責任ある公正で民主的な行政を実現していく上でさまざまな示唆を与えてくれるものである。そして、具体的な問題に関し法的な判断の過程とその解決について示した、多様な問題に関する判例を通じ、実感をもって生きた法の姿や、法的な思考・判断の方法について学ぶことができるはずである。

　これまで、自治の現場で、職員が、法的な問題や紛争にぶつかるようなことはそう多くはなく、特定のセクションにいる場合を除き、判例というものを意識することはあまりなかったかもしれないが、法的な問題や紛争に直面し、対応を迫られる場面は確実に増えてきている。それだけに、以上のことを認識し、普段から、判例に目を向けていく必要も強まっているといえるだろう。

第 3 章

自治体法による行政を展開する

　現代においては、福祉国家や積極国家といわれるように、国家の役割は拡大し、それなしには国民の生活や社会経済活動は成り立たないようになっている。

　そのような中で、地方自治体は、学校教育、福祉・衛生、警察・消防、道路・河川・上下水道等の整備などさまざまな行政分野について、中心的な担い手となっており、国民生活に密接に関連する行政は、そのほとんどが自治体の手で実施されているといっても過言ではない。

　そして、地方自治体は、住民に各種サービスを提供するだけでなく、統治主体として、人々の権利を制限したり義務を課したりする権力的な作用も担うとともに、それぞれの地域において住民福祉の向上と地域社会の発展を目指して各種行政を幅広く行う行政主体・自治の担い手という立場から、地域全般の問題を取り扱い、多様な活動を展開してきている。

　そのために、地方自治体には、憲法によって自治立法権や自治行政権が保障され、自治体は、自らが行う事務の範囲を定め、その事務を遂行する権能をもっているといえるが、実際には、自治体の事務については、国の法令によって規定されているものも多く、そこでは自治権は一定の制約を受け、それに基づいて行われることになる。

　また、現在の自治行政のあり様からすれば、自治体は、まさに地域における総合的な行政主体と呼ぶにふさわしいということになるのかもしれないが、その一方で、国家の役割が問われ官から民へといわれるように行政の民間化が進められているほか、人口減少が進む中、規模の小さい町村にまで総合行政主体としての役割を求めることの現実性・持続可能性も議論されるようになってきている。

自治行政の標準装備

　自治行政においては、公正で民主的な行政が確保されるよう、手続の適正化、住民に対する説明責任、住民の権利利益の擁護などの点から、さまざまな制度が整備されてきており、行政手続、パブリック・コメント、公文書管理、情報公開、個人情報保護、行政評価、行政不服審査などの制度については、自治行政のいわば標準装備ともなってきているといえる。とりわけ、そこでは、実体的な適正さを確保するためには手続が重要な意味をもつことが認識されるようになり、そのような視点は、単に行政手続に関する規範の整備という場面だけでなく、民主主義のあり方や、裁判所による法的統制の場面などでも問題とされるようになってきている。特に、民主的な決定が行われるためには、そのプロセスの透明性が確保されるとともに、必要な情報が提供・公開され、その必要性・合理性などにつき積極的に説明責任を果たしていくことが求められることになる。住民自治の観点からは、住民参加の拡充も必須といえる。

　他方、自治行政のあり方を考える上で、合法性、透明性、マネジメント、住民等との協働などを含むガバナンスの確立が重要な課題となっており、コンプライアンスの確保、内部統制、議会・監査委員・住民によるコントロールの強化などが進められてきている。最近は、リスクマネジメントの重要性とともに、問題を起こさないようにするための予防法務の必要なども指摘されている。

　なお、以下の標準装備については、法律で規定されているもの、自治体が条例で整備するもの、要綱や指針等で定めているものなどがあるが、制度をつくっただけでは十分とはいえず、そのための体制づくりとともに、その実際の運用のあり方が問われることになる。

（1）　行政手続制度

　法律による行政の実現のためには、実体法による規律と事後的な裁判等による救済といったシステムのみでは個人の権利利益の救済には限界があるため、その手続を適正なものにする必要がある。このような行政手続については、一般法として行政手続法、各自治体においては行政手続条例が制定されている。

自治体に関しては、法律に基づく行為については行政手続法が適用されるが、条例、規則等に基づく行為や行政指導については、行政手続条例が適用されることになる。

　行政手続法や行政手続条例では、①申請に対する処分に関する手続として審査基準や標準処理期間の設定・公表、申請に対する審査・応答、許認可等を拒否する場合の理由の提示など、②不利益処分に関する手続として処分基準の設定・公表、弁明の機会の付与として告知・聴聞の手続、理由の提示など、③行政指導の一般原則・方式・中止の求め等、④処分等の求め、⑤届出の効果、⑥命令等の策定手続として意見公募手続（パブリック・コメント）などが規定されている。この点については、本章第2の7でも説明する。

　なお、行政手続条例については、そのモデルとされる上記の内容の行政手続法はあくまでも標準的な手続を定めたものであり、適正手続の保障の観点などからそれぞれの自治体の条例で独自の内容を付け加えることなども行われている。

② 公文書管理制度

　公文書は、国や自治体の諸活動や歴史的事実の記録であり、国民共有の知的資源ということができ、このような公文書等を適切に管理し、その内容を後世に伝えることは国や自治体の重要な責務である。また、公文書管理の制度は、情報公開制度の前提ともなるものである。しかしながら、公文書の管理をめぐっては、不適切な事案が後を絶たない。

　そこで、公文書等の管理に関する基本的事項を定めること等により、行政が適正かつ効率的に運営されるとともに、国等の有する諸活動を現在および将来の国民に説明する責務が全うされるようにすることを目的として、2009年に「公文書等の管理に関する法律」（公文書管理法）が制定されるとともに、その中で、地方自治体に対して、その趣旨にのっとり、その保有する文書の適正な管理に関して必要な施策を策定し、実施するよう求めている。

　これを受け、各自治体で公文書管理制度の整備が進められているが、総務省の「地方公共団体における公文書管理条例等の制定状況（2017年10月1日現在）」によれば、都道府県47（100%）、指定都市20（100%）、指定都市以外の市区町村

1,605（93.3%）で制定済とされているが、条例ではなく規則、規程、要綱等で定めているところが多く、条例を制定しているのは都道府県で5、指定都市で4、市区町村で10にとどまる。

　公文書管理法では、公文書の統一的な管理ルール、歴史公文書等の利用の促進などが規定され、行政機関等における現用文書の管理と国立公文書館等における非現用文書の管理の両方を規律するとともに、公文書管理の具体的基準については政令とガイドラインで規定する形となっているが、特に、①レコードスケジュールの導入、②行政文書の管理状況に関する定期報告の義務付けと実地調査・勧告など文書管理のチェックの仕組み、③政令・ガイドラインでの具体的基準の規定、不服申立制度と、歴史公文書等の廃棄等につき調査審議する第三者機関「公文書管理委員会」の設置、④歴史資料として重要なすべての行政文書ファイル等の国立公文書館への移管、⑤特定歴史公文書等の利用請求権と不服申立制度の整備などを定めている。

　地方自治体においても、これを踏まえ、現用文書だけでなく非現用文書の管理についても定め、その適切なチェックの仕組みや公文書館等を設け歴史公文書等の保存・利用（権）について規定することなどが必要だろう。

　先に挙げた総務省の調査によれば、公文書館を設置しているのは、都道府県で33（70.2%）、指定都市で8（40.0%）、市区町村で97（5.6%）にとどまっている。

③　情報公開制度

　他方、情報公開は、住民が各種参政権を適切かつ効果的に行使していく上で不可欠のものであり、住民のいわゆる「知る権利」を実質的に保障することになるもので、行政の側が説明責任を果たし、住民の権利利益の救済にもつながるものである。情報公開制度については、国においては「行政機関の保有する情報の公開に関する法律」が制定されているが、それに先行する形で、あるいは同法がその趣旨にのっとり情報公開に関し必要な施策の策定・実施を地方自治体に求めていることを受けて、情報公開条例が各自治体で制定されている。

　情報公開制度では、条例によって多少の違いはあるものの、おおむね、職員が職務上作成し、又は取得した文書等で、職員が組織的に用いるものとして機関が保有しているもの（組織共有文書）を対象に、住民あるいは誰にでも開示請

求する権利を認めており、開示請求がなされたときは、①個人情報、②法人等事業情報、③国の安全等に関する情報、④公共の安全等に関する情報、⑤行政内部において審議・検討されている事項に関する情報で開示により率直な意見の交換や意思決定の中立性が不当に損なわれるおそれ等があるもの、⑥国や地方自治体が行う事務事業に関する情報で開示により事務事業の適正な遂行に支障を及ぼすおそれがあるものなどの、法定の不開示情報に当たらない限り、文書を開示する義務があるものとされている。なお、多くの自治体で、情報公開条例の対象に議会を加えたり、議会を情報公開の対象とした独自の条例を制定するなどしている。

　開示請求した行政文書について不開示決定がなされ、これに不服がある場合には、審査請求や訴訟を提起することも認められている。

④　個人情報保護制度

　昨今、個人情報が悪用されることなどによりプライバシーが侵害される例が増えていることなどを背景に、個人のプライバシーの保護の重要性が認識されるとともに、プライバシーの権利を自己情報のコントロール権ととらえる考え方が有力となっている。住基ネット差止大阪訴訟で、最判平成20年３月６日民集62巻３号665頁も、憲法13条に基づき、個人の私生活上の自由として、何人も、個人に関する情報をみだりに第三者に開示・公表されない自由を有するとしている。

　このようなことを背景に、地方自治体においては、個人データの保護や自己情報の開示・訂正請求権について定める個人情報保護に関する条例や要綱が制定されるようになり、とりわけ、2003年に個人情報保護法と行政機関個人情報保護法が制定されたことに伴い、個人情報保護条例の整備が進み、すべての自治体で制度が整備されている。それらにおいては、①行政機関における個人情報の保有に当たっての利用目的の特定、②保有する個人情報保護ファイルの公表、③自己個人情報の開示請求権、④自己個人情報の誤りの訂正請求権、⑤個人情報の違法取得や目的外の利用・提供がされている場合の利用・提供の停止請求権などが規定されている。

　もっとも、自治体の個人情報保護制度をめぐっては、団体ごとの個人情報保

護条例の規定・運用の相違がデータ流通の支障となりかねない、求められる保護水準を満たさないものがあるなどの指摘（いわゆる「2000個問題」）があり、国際的な制度への調和も求められようになってきていることから、全国的な共通ルールを法律で規定するとともに、国がガイドライン等を示すことにより自治体の的確な運用を確保する方向となり、そのための個人情報保護法の改正を含む「デジタル社会の形成を図るための関係法律の整備に関する法律」が2021年5月に制定された。具体的には、個人情報保護法、行政機関個人情報保護法、独立行政法人等個人情報保護法の3法を統合して1本の法律とするとともに、自治体等の個人情報保護制度についても統合後の法律の中で全国的な共通ルールを設定し、独立規制機関である個人情報保護委員会が、民間事業者、国の行政機関、独立行政法人等、地方自治体等の4者における個人情報の取扱いを一元的に監視監督するものとされている。官民共通のルールに、行政機関等の特性に応じた規律が追加される形となり、自治体等の個人情報保護制度に関する共通ルールの内容は、現行の行政機関個人情報保護法の内容をベースとしたものとなる。なお、自治体は、新しい法律の規定に反しない限り、条例で独自の措置・手続を規定することが認められるが、条例を定めたときはその旨と内容を個人情報保護委員会に届け出ることが義務付けられる（以上のうち地方自治体に関係する部分の施行は整備法公布から2年以内の予定）。

コラム❿　個人情報保護と災害

　個人情報保護法の制定以来、個人情報の重要性や保護に関する意識が高まる一方で、個人情報保護を理由に必要な情報が提供されなくなったり、各種名簿が作成されなくなったりする過剰反応なども生じることになった。ただ、個人情報保護制度は、個人情報の有用性に配慮しつつ個人の権利利益を保護することを目的とするもので、個人情報の適正な取扱いを確保しようとするものであり、個人情報保護制度を正しく理解し、個人情報を保護するとともに、上手に利用することが大事となる。特に、社会経済の進展に伴い、個人情報を利用したさまざまなサービスが提供され、人々の生活が便利なものとなるとともに、個人情報をお互いに共有することで社会の協力や連携が図られてきた面もあることに十分留意する必要がある。

　個人情報保護制度では、個人情報を第三者に提供する場合には、原則として本人

の同意を得るなど個人情報を適正に取扱うための義務を定めているほか、一定の場合には、本人の同意なしに、個人情報を第三者へ提供することを認めている。

　ところで、自然災害が全国的に多発する中で、災害時に自力で避難することが困難な災害時要援護者に対する支援が防災対策上の課題となり、災害時要援護者に関する情報の管理と防災関係部局や外部の自主防災組織等との共有が多くの自治体で問題となっている。

　この点、災害対策基本法は、2013年の改正により、避難行動要支援者名簿の作成について規定するとともに、名簿情報の利用の目的以外の目的のために市町村の内部で利用することができるとしたほか、災害発生時において避難行動要支援者の生命・身体を災害から保護するために特に必要があると認めるときは、避難支援等の実施に必要な限度で、避難支援等関係者等に名簿情報を提供することができるとしており、名簿情報を受けた者の秘密保持義務なども規定している。したがって、問題は、災害対策基本法が同意原則を維持している災害の発生前の要支援者情報の事前共有の取組となる。

　この点、要支援者の情報の収集・共有については、①個人情報保護条例で保有個人情報の目的外利用・第三者提供が可能とされている規定（たとえば、本人以外の者に保有個人情報を提供することが明らかに本人の利益になると認められるときなど）を活用して、要支援者本人から同意を得ずに平常時から福祉関係部局等が保有する情報等を防災関係部局、避難支援等関係者等の間で共有する「関係機関共有方式」、②要支援者登録制度の創設について広報・周知した後みずから要支援者名簿等への登録を希望した者の情報を収集する「手上げ方式」、③防災関係部局、福祉関係部局、避難支援等関係者等が要支援者本人に直接働きかけ、必要な情報を収集する「同意方式」などの方法があり、それぞれメリット・デメリットがあるとされるが、国の側からは、条例に特別の定めをすることにより要支援者の同意の有無にかかわらず必要な限度で提供することも可能としてその積極的な検討を促す考え方なども示されている。いずれにしても、各自治体において、それぞれの状況に応じて、それらの方式の効果的な組合せなども考慮しつつ情報収集や共有の方法・方針を定めておくことが求められる。

　このほか、災害時における安否情報、新型コロナウイルス感染症の感染情報の取扱いをめぐっても自治体による相違や混乱などが問題となっている。

個人情報保護制度については、今後一元化され、自治体の共通ルール化も図られることになるが、避難支援関係者における個人情報の取扱いについても個人情報保護委員会の監督の下に一本化され、そのような仕組みの下で、災害時要援護者の情報の共有、安否情報などに関しても、立法的対応、ガイドラインの整備などが進むことが期待されている。

⑤ 政策評価制度 （行政評価制度）

政策評価は、政策や事務事業の企画立案やそれらに基づく活動が的確に行われるよう、各行政機関が所掌する政策や事務事業について、事前事後などを問わず、その効果を把握し、一定の基準や指標によって、妥当性、達成度や効果などの評価を行うものである。国において「行政機関が行う政策の評価に関する法律」（政策評価法）が制定され、地方自治体でも行政評価条例などが制定されている。ただ、政策評価の制度を導入する自治体の数は、増えてきてはいるものの、いまだ導入していないところが少なくないようだ。

【図表 8】 政策評価の基本的観点

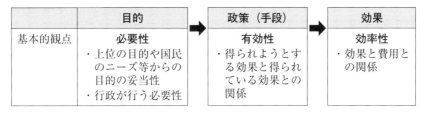

それらによる政策評価は、原則として、各行政機関が実施主体となり、所掌にかかわる政策や施策、事務事業について、適時、その効果を把握し、これを基礎として、①必要性、②効率性、③有効性などの観点から評価するとともに、その評価の結果をその政策に適切に反映させなければならないこととしている。また、政策評価の客観的かつ厳格な実施の確保を図るため、その効果の把握はその特性に応じた合理的な手法を用いてできるだけ定量的に行うこと、政策等の特性に応じて学識経験を有する者の知見の活用を図ることにより評価を行わ

なければならないことなども規定されている。

　政策評価には、事後の評価だけでなく、政策の影響評価や、公共事業における環境アセスメントなど、事前の評価も含み、さらに、政策だけでなく、経営、人事などについての評価も行われるようになってきている。個別の事務事業の評価・見直しについては、「事業評価」とも呼ばれるようになっている。

　地方自治体の中には、国に先駆けて、かなり前から積極的に行ってきているところもあり、さらにさまざまな試みが展開されてきている。たとえば、一時、注目を集めた事業仕分けもその1つであり、これは、一般に公開された場で、外部の評価者と事業の担当者が事業の必要性などについて議論を行い、事業の継続について判定を行うものである。事業・政策棚卸しも、プロジェクトチームなどをつくって、定期的に評価・点検を行い、無駄をなくそうとするものである。このほかに、時代の変化に伴い停滞する事業を再評価し見直す「時のアセスメント」といった手法もある。

⑥　内部統制制度

　内部統制は、決して新しいものではなく、地方自治法や地方公務員法などで関係する原則やルール、監査委員制度・外部監査制度などが規定され、自治体においては、さまざまな形で事務の適正な執行の確保の取組が行われてきたところであるが、地方自治法は、長が、財務をはじめその担任する事務の管理・執行が法令に適合し、かつ、適正に行われるための内部統制に関する方針を定め、これに基づいて必要な体制を整備することを規定しており（150条）、都道府県と指定都市は義務、その他の市町村は努力義務とされている。内部統制に関する方針については、公表されるほか、毎会計年度少なくとも1回以上、方針と体制に関する評価報告書を作成して、監査委員の審査に付し、その意見を付けて議会に提出するとともに、公表することが義務付けられている。

　内部統制は、組織内において業務を適切に進めるためのルール・手続を設けて、組織内のすべての人がそのルールに基づいて業務を遂行するプロセスや組織全体としての取組を意味するものであり、基本的に①業務の効率的かつ効果的な遂行、②財務報告等の信頼性の確保、③業務に関わる法令等の遵守、④資産の保全の4つが目的とされ、その目的が達成されないリスクを一定の水準以

下に抑えることを確保するものといえる。

　自治体において策定される内部統制に関する方針は、各自治体における内部統制についての組織的な取組の方向性等を示すものであり、また、内部統制体制の整備は、内部統制に関する方針に基づき、全庁的な体制を整備しつつ、組織内のすべての部署において、リスクに対応するために規則・規程・マニュアル等を策定し、それらを実際の業務に適用するものであり、内部統制を推進する部局・評価する部局の設置なども含むものとなっている。

⑦　行政不服審査制度

　行政不服審査制度は、行政庁の処分等によって不利益を受けた国民が不服を申し立て、これを行政庁が審査する手続であり、これについて定める行政不服審査法は、審理手続における公正性の向上等を目的として全部改正され、2016年4月から施行されている。

　行政庁の処分その他公権力の行使にあたる行為（不作為を含む）に関する不服申立てについては、原則として審査請求により処分庁等の上級行政庁に対して行われ、処分庁等に上級行政庁がない場合には処分庁等に審査請求が行われることになる。その審理については、処分に関する手続に関与していないなど一定の要件を満たす職員のうちから指名される審理員によって行われ、また、審査庁は、審理員から審理員意見書の提出を受けた上で、行政不服審査会等（自治体では附属機関として設置）に諮問を行い、その答申を踏まえて裁決を行うことになる。なお、教育委員会等の行政委員会が審査庁となる場合など、有識者からなる第三者機関が審査庁となる場合には、審理員制度の適用が除外されるほか、条例に基づく処分について条例で定めれば審理員制度の適用を除外することができる。また、執行機関の附属機関として設置される行政不服審査会等については、設置が困難である場合には、事件ごとに置くことも認められている。

　不服申立ての手続としては、そのほかに再調査の請求と再審査請求が規定されている。

コラム⓫　NPM

　NPM（ニューパブリック・マネイジメント、新公共経営）は、PPP（公私パートナーシップ）と並んで、事業者協働を重視する長の自治方針の一つとなっている。

　これは、2000年代に公共施設の民間委託先に、NPOをこえて営利事業者が参入してくるようになった状況を反映している。営利法人の「指定管理」も可と法定され（自治法244条の2第3項）、現にスポーツ・観光・文化施設、公園・駐車場などで実現している。

　加えて1988年のPFI法（略称、民間資金活用公共施設整備法）に基づく公共施設整備・運営への民間参入が、大規模施設・設備に資金と経営ノウハウを持つ民間企業によってなされてきた。

　その委託契約は、総合評価一般競争入札によるほか、公募提案評価のコンセッション契約（公共施設運営権実施契約）も法定され、上記法定物権を担保とする資金調達が行なわれている（PFI法8・10条、22〜25条）。経営リスクに陥らないようにする行政監督が肝要にちがいない。

⑧　住民参加制度

　地方自治は、住民自治と団体自治からなるが、中でも住民自治は、地方自治の中心をなすものである。自治体においても、住民が選挙によって選んだ代表者を通じて地方政治が行われる代表民主制が採用されているが、住民に身近な問題を処理することが多く、また、地方自治は民主主義の学校ともなることから、地方自治法では、直接参政の制度として、①直接請求、②住民投票、③住民監査請求と住民訴訟の3つについて定めている。請願も、住民参加の制度としての意義をもつ。

　そのほかにも、それぞれの自治体で、住民との協働なども掲げ、さまざまな住民参加の仕組みを整備し、活用するようになっている。とりわけ、行政の民主化の観点から、透明性や説明責任[1]などが重視され、そのためのプロセスを

---

[1]　説明責任については、最近は、国民・住民の参加・監視の場面で幅広く用いられ、政府や行政などが国民・住民に対し正当性・合理性について積極的に説明することを求めるものとして用いられるようになっている。詳しくは第4章第1の1参照。

踏むことが求められるようになっている。

(1)　パブリック・コメントの制度

　行政が政策形成を行うにあたって、民意を反映し、その政策形成過程の公正性・透明性を確保することが重要となっているが、そのためには、重要な政策の立案の際に、その目的や趣旨、内容その他必要な事項をあらかじめ公表し、利害関係人その他広く住民の意見を求め、それを考慮して決定を行うことが望ましいといえる。このような政策課題について事前に案を公表し意見を求めることは、パブリック・コメント（意見公募手続）と呼ばれている。

　パブリック・コメントの制度は、国では、行政手続法において命令等策定続として規定されており、政省令・規則等の命令のほか、行政手続上の審査基準・処分基準・行政指導指針等を策定・改廃しようとする場合に、その案と関連資料をホームページなどであらかじめ公示し、30日の意見提出期間中、広く一般の意見を求め、案の作成の際には十分に提出意見を考慮するとともに、それらを定めたときは提出意見、提出意見を考慮した結果とその理由を公表することなどを義務付けている。

　他方、地方自治体で制度化する際には、パブリック・コメントが民主主義の要素が強いものであることからは、行政手続条例に盛り込むのではなく、住民参加の観点から別途その整備のための条例（意見公募手続条例）を制定したり、対象を条例、行政計画などにも拡大したりするところもみられる。

(2)　公聴会

　公聴会は、国や自治体の機関がその権限に属する一定の事項を決定するにあたり、広く人々の意見を聴いて参考にするための仕組みであり、利害関係者の権利利益の擁護や決定の公正性の確保ということだけでなく、民意を政治や行政に反映させるための措置として開催されることが少なくない。公聴会は、多数の者の意見を聴く手続であり、行政と住民が一堂に会して質疑応答を交わしうる双方向的な手続として、情報の提供や意見の反映という点ではパブリック・コメントなどには代替できない機能をもつ。公聴会は、法令の規定により義務的あるいは任意的に行われるが、行政手続法では、申請につき申請者以外の者の利害を考慮して処分すべきこととされている場合には、公聴会の開催等によりそれら者の意見を聴くよう努めるべき旨が規定されている。

　もっとも、公聴会については、公述人の選任が開催する機関の裁量に委ねられていることが多く、その形式化などの問題が指摘されている。

(3)　審議会

　審議会は、合議制の諮問機関であり、行政の意思決定過程への住民の参加のほか、専門知識の導入や利害調整を行う仕組みであり、執行機関の附属機関として設置されるものである。地方自治法138条の4第3項では、自治体は、「法律又は条例の定めるところにより、執行機関の附属機関として……審査会、審議会、調査会その他の調停、審査、諮問又は調査のための機関を置くことができる」としており、長等の執行機関の求めに応じて、一定事項について調停、審査、調査等を行ったり、長等の執行機関に対して、答申、提言、報告等を行う役割を担っている。

　なお、そこでの「附属機関」については、行政実例では、職員以外の外部委員で構成する合議機関すべてを指すものとされ、それらについては条例で設置することが必要となるが、各自治体では、住民や学識経験者が参加する懇談会、協議会、研究会等を要綱により設置してきており、そのような懇談会等は、長などの私的諮問機関であって附属機関には当たらないとの説明がなされてきた。しかし、懇談会等の委員への報償費等の支出の違法性を追及する住民訴訟が相次いで提起され、下級審レベルではあるが、私的諮問機関との説明は受け入れられず、その設置を違法とする裁判例が相次いでいる。ただ、外部委員による会議組織はすべて条例設置とすることについては、執行機関の依頼に応えて臨時的・機動的に住民の意見や専門的意見を提示する懇談会等の実態に沿わないところもある。特定の事項について提言・報告を出して解散する臨時的会議は、行政機関には当たらず、住民参加手続等として要綱による設置も認められうるとの考え方もあるが、自治体では、判断や結論を示さず意見の聴取や意見交換の場とし、報告書も意見の集約は行わず意見交換の結果をとりまとめたものとするなどの工夫をすれば、懇談会等の要綱での設置も可能としているところが多いようだ。

　なお、審議会については、委員の選任の仕方や会議の公開性などの問題が指摘されてきたが、公募制を導入するところも見られるとともに、会議の公開を原則とし非公開とする場合の理由の公表の義務付けなどの取組も行われるよう

になっている。

(4)　ワークショップ

ワークショップは、作業場や仕事場を意味する言葉だが、行政からの諮問・提起案件について議論を行い、意見を取りまとめる仕組みとして用いられているものである。参加者全員によって合意形成に向けた自由闊達な意見が交わされることが特徴となっており、特に、参加者が自発的・主体的に作業や発言を行える環境が整った場において、ファシリテーターと呼ばれる司会進行役を中心として、参加者全員が体験する形で運営される方式を指すようになっている。広く住民の参加を求めて意見を聞くことに主眼が置かれ、住民の参加しやすさや学習機会としての参加といった意義をもつものともなっている。

(5)　住民投票

住民投票は、特定の問題について、住民が直接に意思を示す制度であり、憲法や法律で規定されている住民投票のほか、住民の利害に関連をもつ重要な事項を決定するにあたり、住民投票に付すとする住民投票条例を制定する自治体が少なくなく、実際に、原子力発電所、産業廃棄物処理施設、基地、公共事業、市町村合併などをめぐり、住民投票が行われてきている。また、個別の問題ではなく、住民投票について一般的に規定する常設型の条例を制定する自治体もあり、自治基本条例、住民参加条例、まちづくり条例などの中で住民投票について規定している例も見受けられる。なお、これらの条例による住民投票は、地方自治法との関係で法的な拘束力をもたせることはできないとの議論もあることから、法的な拘束力をもつものではなく、長に投票結果の尊重を義務付ける諮問型の住民投票として制度化され、実施されているものである。住民投票は、行政に住民の意思を直接反映させ、住民の意思と責任によりそのあり方を決めるという意味では望ましいもののようにも思われるが、その反面、それをめぐってはさまざまな問題も生じており、その活用の仕方が問われているといえる。

コラム⓬　住民との協働と地域コミュニティ

地域コミュニティについては、多義的でありいろいろなとらえ方がなされているが、共通の生活地域（通学地域や勤務地域を含む）を基礎とする集団・人々のつながり・社会などと定義することができる。地域コミュニティには、自治会・町内会

等の地域共同体だけでなく、まちづくり団体、地域福祉活動を行う団体、各種地域組織など、さまざまな地域の「公共」を担う団体や「共助」の担い手が含まれることになる。

　地域コミュニティは、個人や家族と、国や地方自治体などとの中間に位置付けられ、個人や家族のみでは対応できない事案に対処する相互扶助機能、文化や伝統といったソフト面の管理・継承を行う地域文化維持機能、まちづくりや防災など地域全体に関わり住民の協力が不可欠な課題の総合調整機能、行政側の要請の伝達や住民の意向の取りまとめなど行政と住民の連絡調整機能、行政に代わって簡単な道路補修、清掃、公的施設の管理等を行う行政補完機能などの役割を担ってきた。その活動内容は多岐にわたり、少子高齢化や安全意識の高まりなどを背景に、高齢者交流サービス、声かけ・見守りサービス、家事支援・給配食サービス、外出支援などの高齢者の暮らしを支える活動、保育サービス、防災・防犯の取組などにも及ぶようになっている。

　その中で、これまで中心的な役割を果たしてきたのが自治会、町内会などである。しかしながら、自治会等については、人口の減少と都市への集中などによって、都市・地方ともにその機能を低下させ、加入率の低下や担い手・活動参加者の減少などによる空洞化や形骸化が進行してきている。地方自治体では、自治会等を重視し、強化しようとする動きが見られ、中には、自治基本条例、コミュニティ条例、自治会条例などにおいて、コミュニティや自治会の位置付け・意義・役割のほか、それへの加入・参加の促進、助成等の支援などについて定めるところもある。ただ、自治会等に対しては、それが大政翼賛会や行政の末端組織としての役割を果たした歴史を引きずるものとして警戒感や批判もあり、行政主導による活性化には反発もみられる。また、自治会等をめぐるトラブルも少なくなく、自治会は強制加入団体ではないとして自治会からの退会の申入れを有効とした裁判例、自治会における募金等のための会費の値上げが公序良俗に反し無効とした裁判例などもあり、自治会等の側の意識・体質や自治会を安易に利用しがちな行政の姿勢が問われることとなった。

　他方、コミュニティということでは、地縁によるものだけではなく、特定の目的・テーマによる機能団体などが形成され、並存するとともに、多様化するようになっており、その中心的なものがNPO等のボランティア組織であり、これについては

1998年に特定非営利活動促進法（NPO法）が制定されるなどしている。比較的新しい動きとしては、コミュニティプラットフォームの形成に取り組む自治体が増えており、これは、地域における諸問題を地域自ら解決していくコミュニティ活動の活性化・連携を図るための仕組み・場であり、このプラットフォームを介して、自治会等、多様なテーマ型の団体、企業などが出会い、協働し、互いの活動を活性化し、これらの連携を図ろうとするものである。

　公共は官の独占物ではないとの考え方が一般化するとともに、公私協働なども進められる中で、地域の公共空間を支える主体としては、自治体、自治会等だけではなく、課題ごとの地域組織、NPO、企業など多様な主体が存在し、サービスの提供や課題解決の担い手として相互に連携しながら関わり、人々が安心して暮らすことのできる地域社会を形成していくことが求められているといえる。

自治体における行為形式と行政手法

① 行為形式

現代社会においては、福祉国家の要請により、執行部門である行政が、国家の意思決定に参与すると同時に、人々の日常生活のあらゆる分野に関係するようになってきているが、特に、自治体は、行政の主体であるとともに、地域にかかわる各種の問題を全般的に扱うようになっており、実に多種多様な活動を行っている。そして、そのような中で、行政目的を達成するためには、権力的な行為形式である行政処分だけでなく、さまざまな状況に適切に対応するための行為形式が必要となっている。

自治体は、多様な領域や分野において、さまざまな行為形式をもって活動したり、問題への対応を行っており、その代表的なものとしては自治立法、行政計画、要綱等、行政処分、行政契約、行政指導などがある。

なお、自治立法、行政計画、要綱等は、「準則設定」に分類されるのに対し、行政処分、行政契約、行政指導は、「行政執行活動」に分類されるものである。このほか、行政上の義務の強制執行として行政的執行もあるが、これについては実効性確保のところで述べることとしたい。

【図表9】自治体による行為形式の分類

		権力的	非権力的
法的行為	具体的	行政処分	行政契約
	抽象的	自治立法	行政計画
事実行為	具体的	行政的執行	行政指導
	抽象的		行政計画
			（要綱、解釈基準・裁量基準等）

⑴ 自治立法

条例は、憲法に根拠をもち、地方自治体において議会の審議・議決を経て制

定される法形式であり、また、政策や行政の透明性の向上、住民の参加の促進
などにもつながる手段と位置づけられる。そして、条例は、政策を実現する手
段として最も実効性をもちうるだけでなく、条例に基づいて行政を展開してい
くことは、法治主義にのっとりいわゆる「条例による行政」を確保することに
なる。

　条例は、自治体の活動の根拠となるものであり、その機能の拡大に伴い、そ
の役割も多様なものとなってきている。行政需要の多様化や分権の進展ととも
に、条例が自治行政や地方自治の手段として果たすべき役割が高まっており、
地域的な問題の地域的な解決や地域の独自性の発揮などの面でその機能を果た
すことが期待されている。とりわけ、自治体役割・比重が高まるとともに、透
明で公正な行政を確保するために、条例で住民との関係や自治体の活動の基本
的な部分が定められることが強く求められているといえる。

　法律の授権を受けて条例により地域の実情に即して制度や基準を具体化する
ような場合も徐々にではあるが増えてきている。

　なお、立法による対応としては、このほかに、長や委員会が制定する規則等
による対応も考えられるが、条例による行政を重視する考え方の下では、規則
等で規定しうる事項は限定されることになり、また、その実効性も条例より劣
ることになる。ただし、実際には、条例を執行するために長が規則で施行細則を
定めたり、条例自身が具体的な定めを規則に委任したりすることも少なくない。

(2)　行政計画

　行政計画は、行政上の目的を遂行するため行政機関によって作成された行政
目標とこれを達成するための手段・スケジュールを定め、それらを総合的に調
整する政策構想であり、行政活動の準則・基準ともなるものである。行政活動
が計画的に行われるべきことは当然であり、法律・条例や予算もそれを担保す
る機能を有してきたが、行政の科学化や行政管理理論の発達により、行政の計画
化が論じられるようになり、行政作用を行うにあたっては、いろいろな段階で
さまざまな行政計画が策定されるようになっている。

　計画は、政策や行政活動を総合化するだけでなく、将来的に行政活動を統制
するものとなるものであり、その策定を通じて利害調整が行われることにもな
るものであることから、ある政策を推進していくために、法律や条例において

行政計画について定め、それによって、各種施策を有機的に結び付け、総合的・計画的に推進させるといった手法が多用されている。また、計画は、一定の政策的な誘導や活動の促進などのために、私人の側に策定させ、その適合性を認定することで、一定の助成や優遇をするといった手段としても用いられている。

　行政計画の中には、外部効果をまったくもたない内部的なものから、法的拘束力を伴う外部効果をもつものまで多様なものが存在し、法的拘束力（規制的効果）をもつ拘束的計画の場合には、その策定について法的な根拠が必要とされることになるのに対し、その多くを占める非拘束的計画の場合には、その策定について法的な根拠は必ずしも要するものではない。もっとも、実際には、非拘束的計画であっても、重要性の高いものなど法律や条例にその根拠が定められているものが少なくない。行政計画については、法律や条例による行政を空洞化しかねないことなどから、法的な統制の強化やその策定手続の民主化などが課題となっている。

　行政計画については、行政組織内部でしか効力をもたないものは、行政争訟の対象とはならないが、国民の権利利益に一定の法的制限を加えるものについては、取消訴訟の対象となることがありうる。また、行政計画の内容が違法であるため損害が生じたような場合には国家賠償請求の対象となる。

⑶　その他の準則設定形式

　このほか、法の形式ではないが、行政機関の内部で拘束力をもつ内規、通達、要綱、基準などが定められ、準則としての意味をもつこともある。これらは、「行政規則」と呼ばれてきたものであるが、最近は行政立法（法規命令）とあわせて「行政基準」などとも呼ばれることもある。いずれにしても、行政機関が策定する一般的な規範であって、外部的な効果をもたないものとされ、行政組織に関する定め、特別の法律関係に関する定め、解釈基準、裁量基準、給付規則、行政指導の要綱・指針などがこれに当たるとされる。そして、これらのうち、解釈基準、裁量基準は、法律・条例がある場合にその解釈や判断基準を定めるものであるのに対し、給付規則（補助金等の支給基準）、行政指導の要綱・指針などは、法律・条例がない場合にその代わりに行政活動の準則を定めるものである。

　自治体では、要綱により行政活動の基準を定め、それにより行政活動を展開

していることが少なくないが、その行き過ぎは、法治主義の観点から問題となりうる。武蔵野市教育施設負担金事件・最判平成 5 年 2 月18日民集47巻 2 号574頁が、指導要綱に基づいて教育施設負担金の納付を求める行為が違法な公権力の行使にあたるとして、要綱の限界を指摘し、警鐘を鳴らしたことにも留意すべきだろう。

　また、解釈基準は、法令の解釈を統一するために、上級行政庁が下級行政庁に対して発する基準であり、国においては通達の形式で示されることが多く、裁量基準は、裁量権行使の際の恣意的判断や判断の不統一による不平等などを防ぐために、あらかじめ行政庁が定めた裁量権行使の基準である。これらについては、法令の規定の抽象性が強まるに伴い、行政機関の解釈・裁量の余地が大きくなることで、その意味が増大するとともに、法令により解釈基準・裁量基準等の策定や公表が求められ[2]、さらに、国民を平等に取り扱うことや信頼保護の問題が生じることで、それらが内部的な規則にとどまらず、外部的な効果をもつような状況もみられる。中には、行政庁を拘束する形で裁判基準とされる場合も生じている。

(4)　行政処分

　条例の制定や行政計画の策定がなされても、それらは基本的に住民との関係では抽象的なものにとどまり、行政機関の行為が必要となってくることになる。その際に、行政上の法律関係については、行政庁と国民との合意に基づいて作り出されるものも少なくないが、当事者の合意だけでは処理することができないものについてははじめから相手方である国民の意思にかかわらず行政庁の一方的判断で国民に義務を課し、あるいは権利を制限する行為形式により行われることになる。その代表的なものが、行政処分（行政行為）であり、これは、「行政庁が、行政目的を実現するために法律によって認められた権能に基づいて、一方的に国民の権利義務その他の法的地位を具体的に決定する行為」などと定義されており、行政指導などの事実行為、内部行為である通達や職務命令、国民との合意に基づく契約などとは区別される。

---

[2]　行政手続法・行政手続条例では、申請に関する審査基準の公表を原則として義務付け、また、不利益処分に関する処分基準と行政指導指針について公表を努力義務として規定している。

　行政処分は、行政の主要な行為形式となっており、その内容も多様である。これらについてはさまざまな分類が行われているが、これには、国民が本来有している活動の自由に対し制限を課し、一定の作為や不作為を命じたり、その義務を解除したりする命令的行為（下命・禁止、許可、免除）と、国民が本来有していない特殊な権利、能力その他の法的地位を与えたり奪ったりする形成的行為（認可、特許・剥権行為、代理）の区分があり、また、一定の法的効果を伴いうる確認、公証などもある。なお、民法の法律行為に準拠した伝統的な分類・類型については、法律の実際の用例と必ずしも合致していないだけでなく、理論的にも批判が多く、最近はこれによらない考え方が有力となりつつある。

　このほか、相手方に利益を与えるか不利益を与えるかによる侵害的行為と授益的行為の区別などもある。

　行政処分については、その内容に応じて行政庁と相手方を拘束するだけでなく、たとえ違法であっても取消し等の措置をとられない限りは一応有効に通用するとする公定力をはじめ、その内容や法律の規定により、執行力、不可争力、不可変更力などの特別の効力が認められることになる。

　法律（条例）による行政の原理からは、すべての行政処分が羈束行為であることが望ましいが、現実の行政活動をすべて予想し、あらかじめ明確に規定しておくことは不可能に近く、法律・条例の規定が不明瞭な場合に行政庁が独自の判断を加味して行う必要が出てくることになり、このような行政庁の判断の余地のことを「行政裁量」と呼んでいる。裁量には、法によって羈束され司法審査になじむものとそうでないものがあるが、いずれにしても、裁量権の行使が客観的にみて法律等で規定された裁量権の限界を超えていると認められるときや、不正な動機ないし目的で裁量判断しているようなときには、違法とされることになる。

　なお、行政処分には、その効果を制限し、又は義務を課すために行政庁の意思表示として附款が付されることがあるが、法令によって附款を付すことが可能であると明示され、あるいは裁量が与えられている場合に限り付すことが可能であり、法の目的達成に関係のない附款、目的達成のために必要な最小限度を超える制限や義務を課す附款は違法となる。附款には、条件、期限、負担、

撤回権の留保、法的効果の一部除外がある[3]。

コラム⓭　行政裁量とその限界

　法治主義の下でも、行政は、法律等の機械的・一律的な執行にとどまらず、個別的な事態に応じた弾力的な対応が許容されることも少なくなく、また、法令の規定には常に抽象性がつきまとい、その適用にあたっては行政庁の判断が働く余地がある。その場合に、複数ある選択肢の中からどれを選ぶかが行政庁の任意の判断に委ねられることを「裁量行為」（これに対し法律等の覊束の下に行われる行為は「覊束行為」）と呼ぶ。裁量行為については、行政庁の第一次判断権が尊重され、当該行為が裁量の範囲内である限りにおいて、行政庁の判断の適否について裁判所は介入できないこととなるが、行政裁量の問題は、裁判所の審査にかかわる問題であるとともに、行政のあり方を問うものでもある。

　従来においては、裁量行為を法規裁量と自由裁量とに区別し、前者については法律問題として裁判所の審査が可能であるが、後者については行政庁の政策判断の問題として審査ができないとされるとともに、行政庁の裁量権はもっぱら法律要件の認定において認められるとの考え方（要件裁量説）と、行政処分の決定ないし選択といった効果面においてのみ認められるとの考え方（効果裁量説）とが対立してきた。しかし、最近は、要件の認定にせよ、効果の決定にせよ、一般人の通常判断能力をもってできる判断を法規裁量、行政庁の高度な専門技術的判断や政策的判断を自由裁量などととらえ、自由裁量についてもその踰越濫用がある場合には違法と判断されるようになっている。一方で、法規裁量の解釈において、裁判所が行政庁の判断を尊重せざるを得ない一定の専門技術的判断や総合的政治的価値判断もありうるとされる。

　行政事件訴訟法30条は、「行政庁の裁量処分については、裁量権の範囲をこえ又はその濫用があつた場合に限り、裁判所は、その処分を取り消すことができる」と

3　その場合、「条件」は行政処分の効果を発生するかどうか不確かな将来の事実にかからしめるもの、「期限」は将来発生することが確実な事実について行政処分の効果をかからしめるもの、「負担」は相手方に法令では定められていない特別の義務を命ずるもの、「撤回権の留保」は撤回しうることをあらかじめ宣言しておくもの、「法的効果の一部除外」は法によって認められた効果を一部制限するものである。

して行政裁量の限界について定めているが、裁判所が行政裁量の適否を審査するにあたっては、行政庁と同一の立場に立って判断し、行政庁の判断と比較する方式（判断代置型審査）ではなく、社会観念審査、判断過程審査、判断過程の過誤欠落審査などが行われる。その場合に、行政裁量の踰越・濫用の基準としては、①事実誤認、②目的違反・動機の不正・他事考慮、③比例原則違反、④平等原則違反などがあるとされる。なお、行政手続法等の制定後、行政庁が審査基準・処分基準を設定しこれを公にすることによって、当該基準が不合理でないか、審査基準適合性の判断に不合理な点はないか、当該基準を適用しなかったことに合理性があるかなどについても、裁判所の審査が及ぶようになっている。

　他方、裁量権の問題は、行政機関が行うべき行為を行わない（不作為）の場合にも生ずるものである。法令によって当該行為を行うべきことが明らかな場合には不作為の違法が認定され、行政庁に当該行為を行うかどうかについて効果裁量が与えられている場合には不作為は義務違反とならないことが多いと考えられるが、その場合でも作為義務が認められるべきこともありうる。この点、効果裁量の範囲は状況に応じて変化し、ある種の状況下では裁量権の幅がゼロに収縮することで作為義務が発生するとの考え方（裁量権収縮論）、不作為が著しく不合理な場合にも裁量権の限界を逸脱しており違法になるとの考え方（裁量権消極的濫用論）などがあり、判例も、効果裁量が認められる場合であっても不作為が違法になることがあるとしている（最判平成元年11月24日民集43巻10号1169頁など）。

⑸　行政契約

　行政目的の達成のためには、行政処分のような権力的な行為形式によるばかりではなく、契約のような非権力的な手法を用いるのが適当な場合がある。契約は、当事者間の合意に基づいて締結され、それにより当事者間を拘束し、その内容の実現を図るものであり、給付行政において主要な行為形式となっているだけでなく、行政手法のソフト化や行政の民間化などに伴い、行政活動において重きをなすようになってきている。特に、契約による場合には、相手方の意思が尊重され、選択の余地が生じることになり、また、行政の一部を民間に委ねることになれば、民間事業者との間で契約が結ばれ、それを通じてその実施や適正さなどが確保されることにもなってくる。事業者等に一定の基準を遵

守させたり、一定の活動を行わせたりするなど規制行政においても、契約の手法が用いられるようになっている。

　行政が行政目的実現の手段として締結する契約のことを「行政契約」と呼び、行政主体と私人の間の契約を意味することが多いが、広くは行政主体相互間の契約をも含むとされている。一方的・権力的に行われる行政処分と異なり、当事者間の合意に基づいて行われるが、個別具体的な権利義務関係に法的効果を生じさせる点では共通する。行政契約は、①公共施設や公共交通機関の利用、補助金等の交付といった行政サービスの提供にかかわるもの、②物品の購入、公共工事の請負契約など行政手段の調達にかかわるもの、③国有財産・公有財産の売却や貸付など財産管理にかかわるもの、④行政目的を達成するための私人の活動規制にかかわるもの、などさまざまな領域で見受けられる。このほか、国有財産の自治体への売払い、自治体の事務の共同処理のための事務の委託など行政主体相互間で締結される契約もある。

　行政契約は、原則として民法などの適用を受けるが、行政における契約という性質にかんがみ、行政法の一般原則などの拘束を受け、法律や条例で特別の定めがある場合にはそれによって規律されることになる。

　なお、自治体が締結する契約の中には、民法などの私法によるものと、個別の法令によるものとがみられるが、民法上の契約については、その方法などについて地方自治法が規定している。民法上の契約については、基本的に契約自由の原則が適用されるが、契約事業の公正の確保や公金の効率的運用を図るとともに、財政における民主主義を担保するために、特別の規律がなされているものである。そして、そこでは、自治体が行う売買、貸借、請負その他の契約は、原則として一般競争入札の方法によるものとされ、政令で定める場合には、指名競争入札、随意契約又はせり売りの方法によることができるとされている。

　行政を取り巻く状況の変化などに伴い、行政活動における契約の比重は、今後ともますます高まっていくことになるといえる。

(6)　行政指導

　新しい事態が発生し行政上の措置が必要とされているのに、これに対応する適切な法律や条例の定めがない場合、根拠規定があってもそれらの規定を一律に執行するだけでは新たに発生してきた行政需要に的確に対処することができ

ない場合などにおいて、行政指導の形式が用いられている。行政指導は、「行政機関がその任務又は所掌事務の範囲内において一定の行政目的を実現するため特定の者に一定の作為又は不作為を求める指導、勧告、助言その他の行為であって処分に該当しないもの」とされており、相手方の任意の協力を求めて行う事実行為とされる。

　行政指導は、相手方の同意・協力があってはじめて意味をもつものであるが、法の不備を補い、機動的・弾力的な対応が可能なことなどから、広く活用されており、その機能面からみると、国民の活動を規制する目的で行うもので法律の正式の規制権限の発動の前段階として用いられることの多い規制的行政指導、国民に情報を提供することでその活動を助成しようとする助成的行政指導、私人間の紛争の解決のために用いられる調整的行政指導などがみられる。いずれも法律上の根拠は要しないが、法律や条例に根拠が規定されるものもあるほか、これを統一的に行うために内部的なものとして要綱などが策定され、これに基づいて行われることが多い。行政指導については、法的な根拠は不要であっても、組織法上の所掌事務の範囲であることは当然必要とされる。

　なお、行政指導については、行政手続法や行政手続条例の規定するところとなっており、それらにおいては、行政機関の任務又は所掌事務の範囲を逸脱してはならないこと、行政指導の内容があくまでも相手方の任意の協力によってのみ実現されるものであること、相手方が行政指導に従わなかったことを理由として不利益な取扱いをしてはならないこと、許認可等をする権限等を有する行政機関が当該権限を行使することができない場合又は行使する意思がない場合においてする行政指導にあっては当該権限を行使しうる旨を殊更に示すことにより相手方に当該行政指導に従うことを余儀なくさせるようなことをしてはならないことなど、実体面での限界を定めるとともに、手続面では、行政指導の相手方に対し指導の趣旨、内容、責任者等を明確に示すとともに、当該事項を記載した書面の交付を求められたときの交付義務などが規定されている。

　もっとも、行政指導は、行政機関の監督権限・助成権限等を背景として行われるため、相手方に心理的圧力を与え、事実上、大きな拘束力をもつほか、行政指導の多くは具体的な法的根拠なしに行われており、必要以上の規制を私人が甘受することになりかねず、救済が困難になるおそれもないわけではなく、

その恣意性や不透明性の問題なども指摘されている。他方、行政指導について
は、その性格上、実効性の面では当然大きな制約があることになり、その指導
の内容についても、法令の明文規定や平等原則、比例原則といった法の一般原
則に抵触することは許されないことは当然である。

　この点、最高裁は、行政指導はあくまでも任意措置であるから、それに従わ
ないことを理由に不利益な扱いをすることは違法としている。たとえば、品川
マンション事件・最判昭和60年7月16日民集39巻5号989頁は、建築確認の留保
について、行政指導に応じられないとの意思を相手方が明確に表明している場
合には、その意思に反してその受忍を強いることは許されず、当該相手方が受
ける不利益と行政指導の目的とする公益上の必要性とを比較衡量して、行政指
導に対する相手方の不協力が社会通念上正義の観念に反するものといえるよう
な特段の事情がない限り、行政指導が行われているとの理由だけで確認処分を
留保することは違法であると判示している。

　なお、違法な行政指導によって損害が生じた場合は、国家賠償の対象となり
うるのに対し、抗告訴訟については一般的に事実行為である行政指導には処分
性がないことからその対象とはなり得ないとされているが、医療法に基づく病
院開設中止勧告などのように処分性を認められたものもある（病院開設中止勧告
事件・最判平成17年7月15日民集59巻6号1661頁）。

(7)　各種の事実行為

　自治体の行政活動が多岐にわたるものである以上、その行為形式も上記のも
のに限られるわけではない。特に、自治体は、それらの行為も組み合わせつつ、
金銭・物・サービスの給付、情報の収集と提供、各種調整、相談、あっせんな
どの活動を行っており、自治体の日常の活動はむしろそのよう多様な事実行為
によって行われているといえる。

　これらの中には、法律や条例において規定されるものもあるが、そのような
規定の有無にかかわらず、自治体の任務・職責の範囲内で適切に行われる必要
があり、自治や自治行政の基本原則に反するものであってはならない。

(8)　行政の民間化

　公共性の空間は、官の独占物ではなく、民も公共性を担っていくようにする
必要があるとの考え方が一般化し、また、「官から民へ」という言葉に象徴され

るように、官の役割の見直しが求められる中で、自治体業務の民間への委託・委任、民営化など行政の民間化が進められてきているが、これに伴い、私人が公的な事務事業を担うようになり、そこでは、私人が公共サービスを提供するだけでなく、一定の行政処分などを行うこともある。そして、それとともに、そのような私人による公的な事務事業の提供や私人による行政処分について、公共性や公正性の確保などの点から、どのように統制し、権利救済を図り、あるいは限界づけていくのかも問われるようになっている。

　その場合、自治体は、行政を民間化しても、適正な事業者の選定・確保、事業者が適切に事務事業を行っているかどうかの管理・監督、不適切な事業者への対応や不十分なサービスの補完、住民の権利利益の擁護などにつき、責任を負い続けることになるのであり、そこでの自治体の役割・責任は、サービスの直接の提供ではなく、その事業全体にわたる制度設計を適切に行うことや、いかなる事業主体であっても適切な行政サービスが安定的に提供され、私人の権利が実効的に保障されるような仕組みを整備し、運営することに重点が移行することになる。

コラム⑭　地方公社・第三セクター・地方独立行政法人

　地方自治体が、地域において公共的な役割を果たすにあたっては、みずから事務事業を行うだけではなく、独立の法人を設立したり、民間と共同して法人に出資したりして、公共的な事務を処理する手法なども採用されている。そのような自治体の活動を支える関係団体として、地方公社、第三セクター、地方独立行政法人などがある。

　これらのうち、地方公社は、自治体が、その事務事業を代行・補完させるなどの目的で、出資・設立した法人で、財政的・人的援助も与えることから、その経営について強い影響力をもつものである。中でも、地方住宅供給公社、地方道路公社、土地開発公社は、法律の根拠に基づいて自治体によって設置されているもので、実務上、「地方三公社」などと呼ばれている。そのほかの地方公社については、財団法人・社団法人や会社法による株式会社などの形態がとられ、最近は、「第三セクター」と呼ばれている。

　第三セクターは、公共部門（第一セクター）と民間企業（第二セクター）が共同

して出資・設立する法人は、行政でも民間でもないということから、そのように呼ばれているものであるが、それには、財団法人・社団法人の形態をとるものと会社の形態をとるものがあり、前者は、一般社団法人及び一般財団法人に関する法律等、後者は会社法の規定によって設立されることになる。なお、第三セクターには、地方公社も含まれるが、株式会社形態をとるものを指す意味で用いられることもあり、この場合には民間企業が設立当初から資本参加している点がその特徴となる。株式会社形態の第三セクターは、原則として市場原理に従うことになるものの、公共出資の会社であることから、公益に資する企業活動をすることが求められることになる。

　第三セクターは、その性格や行政主体性をめぐって問題となることがしばしばみられ、また、不必要に事業規模を拡大させ、経営破綻した第三セクターも少なくなく、その乱設やあり方が問題とされるようになっている。

　他方、地方独立行政法人は、2003年に制定された地方独立行政法人法により制度化されたもので、住民の生活、地域社会及び地域経済の安定等の公共上の見地からその地域で確実に実施されることが必要のある事務事業のうち、自治体自身が直接に実施する必要がないものの、民間に委ねた場合には必ずしも実施されないおそれがあるものを、効率的・効果的に行わせるため、自治体が設立する法人である。具体的には、試験研究、大学の設置・管理、水道・工業用水道事業、軌道事業、自動車運送事業、鉄道事業、病院事業、社会福祉事業の経営、公共施設の設置・管理などを行うことが想定されたものであるが、転入届や住民票の写しの交付請求の受理をはじめ、市町村長等に対する申請等の受理・それらに対する処分などの申請等関係事務（窓口関連業務）も行うことができるようになった。なお、地方独立行政法人は、役職員の身分との関係で役職員が地方公務員の身分を有する特定地方独立行政法人とそれ以外の一般地方独立行政法人に区分される。

② 行政手法

　最近では、国や自治体による対応について、行為形式とは別に、行政手法や

政策手法という点からも論じられるようになってきている[4]。

　政策手法については、行政需要の増大・多様化、社会状況の変化などに伴って、新しい手法が次々に開発されているほか、近年は、伝統的な許認可、基準の設定、命令、行政強制、刑罰などの規制的・強制的な手法（ハードな手法）だけでなく、補助金、税の優遇、情報提供、契約、市場原理を組み込んだ各種措置などさまざまな経済的・誘導的な手法（ソフトな手法）が用いられる傾向がみられる[5]。すなわち、近年は、国家の役割の拡大に伴い、従来の手法だけでは多種多様な行政需要に対応しきれないことから、さまざまな非権力的手法が登場し、発展してきており、その重要性が増してきているといえる。とりわけ、政策に必要な資源が限られていることなどからすれば、関係者にいかにインセンティブを与えて誘導していくかという視点が重要となっており、それらの点では、情報というものがもつ意味が大きくなってきていることに留意が必要だ。

　一方、そこでは、政策の内容そのものだけでなく、住民の権利保障・透明性の確保・住民参加の観点から、決定や処分に至るまでの手続について法定化・適正化・民主化することが重視されるようになっている。

　ここでは、問題に対処し、あるいは行政を展開するため、重要となる行政手法として、規制的手法、給付的手法、誘導的手法、契約的手法、調整的手法の5つについて概説をする。実効性確保についても、実効性確保手法として行政手法に挙げられることもあるが、次の3で別途取り上げることとしたい。

(1)　規制的手法

　規制的手法は、私人の権利自由の制限などを通じてその目的を達成する手法であり、これには、①事業・行為規制、②資格付与、③規制基準の設定などの方法がある。これらの手法については、基本的に法律や条例の根拠が必要となる。

---

[4]　政策手法は、制度形成や立法における政策という点に着目し一定の目的を実現するための手段・方法について論じるものであるのに対し、行政手法は、公共的な課題（行政課題）を解決・処理するための国や自治体が行う活動の手段・方法をいうものとされている。ここでは、特に立法も念頭に置いた場合には政策手法という概念を用い、それ以外の場合には行政手法を用いることとしたい。

[5]　もっとも、その一方で、そのことは強制的な手法が直ちに主役の座から退くことまで意味するものではなく、また、ソフトな手法だからといって強制的な要素が薄いとは限らず、ソフトな手法の中にはハードな手法に優るとも劣らぬ強制的な性格をもつものもあることにも留意する必要がある。

　これらのうち、①事業・行為規制は、国民の生命・健康・財産をはじめ公共の安全と秩序の維持を確保するため、あるいは経済秩序の維持、社会的・経済的な弱者保護など一定の政策的目的を実現するために、人が一定の事業・行為をする場合に、行政機関の許認可等の行政処分を受けなければならないこととするものである。一定の事業・行為をなすことについて、許可、免許、特許、認可、登録、届出、確認などを要することとするのが典型的なパターンである。

　また、②の資格付与は、ある職業・職務に従事する場合に法律上一定の知識・技能・技術を要するとして、その資格の取得要件、取得手続などを定めるとともに、業務内容についての規制・監督を定めるものである。

　他方、③の規制基準の設定は、国民生活の安全確保、環境の保全、社会生活の秩序維持等のため、法令において国・自治体等がそれらにかかわる一定の物、行為等について基準や規格を設定し、それにより規制を行うものである。

　このほか、法律や条例において一律に、又は行政機関が法に基づき個別具体的に、社会的な妥当性を欠く行為を禁止し、あるいは一定の行為を命ずるなどの義務を課し、それに違反をする場合には勧告したり、命令をしたり、その違反や命令に従わない場合に罰則を科したりする方法も一般的に採用されているものである。

【図表10】規制的手法の主な類型

義務制	法律・条例や行政庁の行為（下命）によって一定の作為を命ずるもの
禁止制	法律・条例や行政庁の行為（禁止）によって一定の行為をしてはならないこと（不作為）を命ずるもの
許可制	法律・条例による特定の行為の一般的禁止を行政庁が特定の場合に解除し、適法にこれをすることができるようにするもの
特許制	特別の能力や権利を私人に与えるもの
認可制	ある人の法律上の行為が行政庁の同意を得なければ有効に成立することができない場合に、その効力を完成させるため、行政庁が同意を与えるもの
登録制	特定の事実や行為があらかじめ定められた基準等を満たしているか否かを審査・判定し、これを公に証明するもの
届出制	一定の事柄を行政庁に知らせることを求めるもの

(2)　給付的手法

　国家の機能が拡大し、国民の生存・生活を保障するために国家が国民の生活に積極的にかかわるようになるに伴い、国民に対して多種多様な給付が行われるようになっており、このような国家の経済力をもってする授益的活動・利益供与作用は、「給付行政」と呼ばれ、私人の権利自由を制限する「規制行政」と区分される。現代において国や自治体による給付は、サービスの提供、社会保障の給付、補助金等の金銭の給付など極めて多岐にわたり、自治体の行政活動ではこの給付行政が主要なものとなっているといえる。特に、国の行政機関や自治体の事務事業として行われる国民や住民に対するサービスの提供その他の公共の利益の増進に資する業務は「公共サービス」と呼ばれるが、その多くが住民に身近な行政主体である市町村によって担われている。自治体における公共サービスは、自治体が直接提供を行うこともあれば、地方独立行政法人、地方公社や第三セクターによって行われたり、さらには民間に委託をして提供されることもあり、また、公共施設である公の施設、地方公営企業など、さまざまな形態・方法により提供されている。

　なお、給付行政の分野においては、その利用等に関して契約の方式が基本とされることになるが、その給付の決定、利用の許可など行政処分として行われるものもある。

コラム⑮　自治体による企業活動と地方公営企業の制度

　国や自治体などが直接にサービスを供給する方法として、みずから行う場合と「公企業」を用いる場合があるが、自治体が直接住民の福祉の増進を目的として経営するのが「地方公営企業」である。

　具体的に何が地方公営企業であるかは、法律によって異なっており、たとえば、地方財政法では「交通事業、ガス事業、水道事業その他地方公共団体の行う企業」を公営企業とし、政令で定める①水道事業、②工業用水道事業、③交通事業、④電気事業、⑤ガス事業、⑥簡易水道事業、⑦埋立事業などの港湾整備事業、⑧病院事業、⑨市場事業、⑩と畜場事業、⑪観光施設事業、⑫宅地造成事業、⑬公共下水道事業については、その経理は特別会計を設けて行い、その経費には原則としてその企業の経営に伴う収入をもって充てなければならないとしている。

　他方、地方公営企業の基本的な法律である地方公営企業法では、地方公営企業として、水道事業、工業用水道事業、軌道事業、自動車運送事業、鉄道事業、電気事業、ガス事業の7つを挙げるほか、病院事業にもその規定の一部が適用され、さらに条例で定めることでその経営する企業につきその規定の全部又は一部を適用できるとしている。その結果、自治体の公営企業・公営事業の中には、地方公営企業法が全面適用されるもの、一部適用されるもの、適用されないものがあることになるが、実際、自治体は、ホテル、レストラン、温泉、特産物販売所、ゴルフ場等のスポーツ施設など、多様な企業活動を行っている。ただ、自治体も収益活動を行うことが認められるとしても、官の役割や民間事業者との関係、「政府の失敗」の可能性などから、どこまで自治体の企業活動が認められるべきなのか議論もあり、近年は、その民営化なども進められてきている。

　なお、地方公営企業は、自治体の組織の一部であるものの、その経済性が発揮されるよう、地方公営企業法により、ある程度の独立した運営が認められており、その会計については企業会計原則で処理される。

　①　社会的給付

　社会的給付は、国民の生活を保障するために、保障を必要とする個人に対して金銭・物品の支給、サービスの提供を行うものであり、それらは、貧困の救済・予防にとどまらず、健やかで安心できる生活を保障するといった普遍的なものへと展開してきている。なお、社会的給付に要する財源については、拠出制（社会保険方式）と無拠出制（税方式）とがあるが、拠出制の場合にも、国や自治体によって財政負担が行われることが多い。

　福祉的支援として、金銭、サービス等の給付だけでなく、助言、相談なども含め幅広い支援が行われることもある。

　②　金銭給付

　社会的給付以外にも補助金などの金銭の給付が国や自治体によって行われている。もっとも、国や地方自治体については、一般の私人と同様に無償の譲渡・給付を自由に行う立場にはなく、補助金等の交付は、公益性がある場合に限られることは当然である。そして、その趣旨から、地方自治法232条の2では、自治体は、「その公益上の必要がある場合においては、寄附又は補助をすることが

できる」と規定しているところである。この規定は、「公益上の必要」といった不確定な概念を用いてはいるものの、補助金交付の公益性を統制する法的な規範と解されており、その裁量的な判断に逸脱・濫用があった場合には、裁判所は、それに基づいて違法性を判断しうるものと解されている[6]。また、その際には、必要性、有効性、公平性、相当性（比例性）などといったことも、補助金の適法性・妥当性を考える上で重要な要素・原則となってくる。

　さらに、補助金の交付については、憲法14条1項の平等原則等に反してはならないほか、公金その他の公の財産の支出・利用を制限する憲法89条に反することとならないよう留意することが必要となり、これらに違反するものは違憲ともなりうる[7]。

　補助金については、その法的な根拠が必要であるとの議論もあるが、必ずしも要しないとするのが多数説であり、実際にも、法律や条例に根拠をもたない予算補助が大きなウェートを占めている。

---

[6] 補助金の公益性については、住民訴訟などを通じてその有無が争われる例が増えており、たとえば、下関市日韓高速船事件では、広島高判平成13年5月29日判時1756号66頁が「公益上の必要性に関する判断に裁量権の逸脱又は濫用があったか否かは、当該補助金交付の目的、趣旨、効用及び経緯、補助の対象となる事業の目的、性質及び状況、当該地方公共団体の財政の規模及び状況、議会の対応、地方財政に係る諸規範等の諸般の事情を総合的に考慮した上で検討することが必要」とした上で、一部補助金に裁量権の逸脱があるとしたのに対し、最判平成17年11月10日裁判集民218号346頁は、裁量権の逸脱・濫用を認めず、違法性を否定した。他方、静岡県元議員会補助金交付事件・最判平成18年1月19日判時1925号79頁は、補助金の対象となった事業は、「元議員会の会員を対象とした内部的な行事等であって、住民の福祉に直接役立つものではなく、その事業それ自体に公益性を認めることはできない」として、裁量権の逸脱を認め、補助金の支出を違法とした。

[7] 憲法89条は、宗教上の組織・団体のため又は公の支配に属しない慈善・教育・博愛の事業に対し、公金を支出し、又は公の財産をその利用に供してはならないものとしており、また、政教分離原則との関係では、宗教にかかわる支出が宗教的意義をもち宗教に対する援助、助長、干渉等となる効果をもつ場合には、憲法20条3項が禁止する宗教的活動に当たり違法とされる可能性もある。たとえば、愛媛玉串料事件・最大判平成9年4月2日民集51巻4号1673頁は、県による靖国神社と護国神社への玉串料の奉納が憲法20条3項と憲法89条に違反するとしたほか、砂川神社訴訟・最大判平成22年1月20日民集64巻1号1頁は、市による神社への敷地の無償提供行為を憲法89条等に違反するとした。
　他方、公の支配に属しない慈善・教育・博愛の事業に対する公金の支出等の禁止については、その趣旨が明らかとはいえず、その解釈をめぐり議論の対立もみられるが、日本の現状にそぐわないなどとして、「公の支配」について、その会計、人事等につき国や自治体の特別の監督関係のもとに置かれている場合には公の支配に属するとしたり、制度的工夫をしたりすることで、概して経営基盤の強くないそれらの公共的・公益的事業に対し、補助等の支援が行われてきている。

③　公物の使用

　地方自治体が行政を進めていくためには、さまざまな物的手段が必要となり、その主要なものが「公物」と呼ばれているものである。もっとも、「公物」という言葉は学問上のものであり、法令上の用語ではなく、行政法学上の概念にとどまるとともに、統一的な法典も存在せず、個別に設置・管理に関する法律や規定が定められているにとどまる。公物は、私物に対する概念であり、国や自治体が直接に公の目的のために供用する有体物をいい、国有財産法や地方自治法における収益などを目的とする普通財産は公物には含まれない。

　公物には、公園や道路のように、公衆の利用に供されるものから、庁舎や事務用品など、もっぱら行政内部で使用されるものまでさまざまなものがあるが、公物は、直接、公の目的に供されるため、その目的を達成させる必要上、私物と異なった法律上の扱いがなされることが多い。公物は、供用される目的によって公用物と公共用物、成立過程によって自然公物と人工公物、所有権の帰属主体によって国有公物・公有公物・私有公物、公物の管理権の主体と所有権の帰属主体との関係によって自有公物と他有公物などにそれぞれ分類される。

　公物の成立については、公共用物の場合、一般公衆の利用に供されるべき形式的要素を備え、公用開始行為が必要になるが、公用物の場合、内部的規律でよく、事実上使用開始で足りる。消滅についても、公共用物の場合、その旨の意思表示（公用廃止行為）が必要なのに対し、公用物は単にその使用を廃止するだけで足りるとされる。また、公共用物の使用関係については、一般使用（自由使用）を基本としつつ、許可使用や特許使用がとられることもある。

　なお、地方自治法上の概念として、「公の施設」があり、これは住民の福祉を増進する目的をもってその利用に供するための施設のことをいい、公共用物にほぼ該当するものである。公の施設は、自治体が住民に対して提供するサービスの中心的なものとなっているもので、公園、運動場、道路、学校、図書館、公民館、博物館、公会堂、病院、公営住宅、保育所、墓地、給水事業、下水道事業などがその主な例である。公の施設は、住民生活の多様化に伴いその種類・数ともに著しく増加しており、自治体における主要なサービス提供手段ともなっている。

　公の施設の設置およびその管理に関する事項は条例で定めなければならない

ものとされている。公の施設は、住民の利害に深い関係をもつことから、その設置だけでなく、利用の許可やその取消し、使用料の額とその徴収方法などの管理に関する事項も、条例で定めるべきとしているものである。また、公の施設の管理については、指定管理者の制度が設けられ、民間団体に行わせることもできるようになっている。

コラム⓰　公の施設の利用と管理

　公の施設は、自治体が住民に対して提供するサービスの中心的なものとなっているが、公の施設については、正当な理由がない限り住民の利用を拒んではならず、住民の利用について不当な差別的取扱いをしてはならないものとされている。自治体は、利用者が予定人員を超える場合、他の利用者に著しい迷惑を及ぼすことが明白な場合など正当な理由がある場合には施設の利用を拒否することも可能であり、また、不当な差別的取扱いとはならない限りは住民とそれ以外の利用者を区別することなども認められるが、その裁量を超えた利用の拒否や合理的な理由のない差別については、違法とされることになる。

　他方、自治体は、公の施設の設置の目的を効果的に達成するために必要があると認めるときは、条例の定めるところにより、法人その他の団体で自治体が指定する指定管理者に公の施設の管理を行わせることができる。指定管理者による公の施設の管理は、指定という行政処分によりその権限が生じるものであるが、その指定の手続、指定管理者が行う管理の基準・業務の範囲などは条例で定められるほか、管理業務の詳細については、別途協議により協定を結ぶことが適当とされている。指定管理者は、使用の許可などの行政処分も行うことができ、その範囲は、原則として管理的事務に限られ、使用料の強制徴収、過料の賦課徴収、審査請求などのような権力的色彩の強い事務を行わせることはできないとされる一方、指定管理者があらかじめ自治体の承認を得て利用料金を定め、その収入として収受することが認められている。指定管理者が行った処分に対する抗告訴訟については、指定管理者が被告となるが、その一方で、指定管理者の違法行為やその管理する施設が安全性を欠くことにより利用者に損害が生じた場合には、国家賠償法により、自治体が賠償責任を負うものと解されており、自治体の責任は依然として残る。

　なお、市民会館のような集会の用に供する公の施設については、パブリック・フ

ォーラムなどとも位置づけられ、住民はその施設の設置目的に反しない限り原則的にその利用が認められ、管理者は憲法の保障する集会の自由を不当に制限しないようにすることが求められる。その場合に、公の施設での集会については集会の目的や主催者の思想・信条等に反対する第三者による妨害（敵意ある聴衆）が予測されることもあるが、この点、泉佐野市民会館事件・最判平成7年3月7日民集49巻3号687頁は、そのような場合に利用を制限するには、会館における集会の自由を保障する重要性よりも、集会が開かれることによって人の生命・身体・財産が侵害され、公共の安全が損なわれる危険の回避・防止の必要性が優越することが必要であり、その危険性の程度としては、単に危険な事態を生ずる蓋然性があるだけでは足りず、明らかな差し迫った危険の発生が具体的に予見されることが必要であり、そのような事態の発生が客観的な事実に照らして具体的に明らかに予測されなければならないとしている。

　また、公の施設は、行政財産のうち主に公共用財産に該当することになるものであり、公の施設が学校施設などのように行政財産である場合にはその目的外使用が問題となることもあるが、その許可について、呉市学校施設不許可事件・最判平成18年2月7日民集60巻2号401頁は、原則として管理者の裁量に委ねられるとしつつ、その裁量権の行使の逸脱濫用の審査では判断要素の選択や判断過程の合理性を検討し、教職員組合の教育研究集会のための学校施設の使用の不許可処分を裁量権の範囲を逸脱したものとして違法としている。

(3)　誘導的手法

　誘導的手法は、行政が望む方向に私人を誘導する手法であり、私人に対する規制や給付がなされる場合でも、それ自体を目的とするものではなく、それらを通じて間接的に私人を誘導することを目的とするものもある。その点では、他の行政手法と重なり合うところもあるものである。

①　認定・指定等の制度

　民間の活動については、公共の福祉の観点から規制などの必要がない限り、国や地方自治体は関与しないことが基本となるが、その自主性だけに委ねていたのではその事業や活動が進むことが期待できないような場合にそれを促進し、あるいは国や自治体が直接行うよりも民間に行わせることが妥当な場合に民間

の活動を活用するために、国や自治体が、事業を行う者あるいはその事業等に関し一定の要件や基準を満たし適格であることについて認定、指定等を行うことによりお墨付き、権威付け等を行うことで、インセンティブを与える手法である。

②　経済的誘導

国民、事業者等に対し経済的インセンティブを与えて一定の行動を誘導したり、経済的ディスインセンティブを与えることとすることで一定の行動を回避するよう促したりする手法である。経済的インセンティブを与える方法として代表的なものに、①補助、②資金の融資等の助成、③税制上の優遇措置などがある。他方、経済的ディスインセンティブを与える方法として代表的なものには、①規制税、②租税の重課措置、③課徴金、④料金の徴収などがある。

これらのうち、補助は、特定の事業等を育成・助長するために、それらを行う者に対し金銭を交付するものであり、そのような趣旨で交付される金銭については、補助金のほか、交付金、助成金、補給金などの名称が用いられている。補助金については、その態様に応じて、直接補助と間接補助、定額補助と定率補助、法律補助と予算補助、渡切補助と決算補助、一般補助と特定補助などに分類される。

どのような者にどの程度補助を行うこととするかについては、補助金等が国民から徴収された税金その他貴重な財源でまかなわれるものであることを踏まえ、できる限り効率的・効果的なものとするとともに、それがあくまでも補完的なものにとどまるようにすることが必要である。

補助金については、法律や条例により交付されるものと、予算により交付されるものとがあるが、その交付に関しては、交付対象、交付基準、交付を受ける手続、公正な使用を確保するための監督措置、違法・不正があったときの交付停止・返還などの規律が必要となる。この点、国の補助金については、原則として「補助金等に係る予算の執行の適正化に関する法律」が適用され、この補助金適正化法では、補助金等の交付の申請及び決定の手続、交付に当たって付する条件、補助事業等の遂行義務、補助事業者等の報告、補助事業者等に対する命令、補助金等の返還などについて詳細な規定を置いている。これに対し、自治体においては、個別の補助金に関する交付条例のほかは、一般的な補助金

交付条例などを制定しているところも一部にはみられるが、多くの自治体では規則や要綱の形式でこれを規定している。自治体における補助金等の交付をめぐっては、個別の条例や、補助金適正化法に相当する条例に基づいて交付される補助金の場合には、行政処分としての性格が認められるのに対し、それ以外の場合には、個別に判断されることになり、たとえば、内部規則により行われるようなものについては、行政処分性が否定され、一種の負担付き贈与契約などと解されることが多い[8]。

このほか、経済的なものではないが、特定の要件を満たす場合に規制を緩和する手法や、公的な主体が直接に販売者や購入者として市場に登場し、需給や価格などを誘導する手法などがとられることもある。

③　情報提供

現代社会において国家や人々がさまざまな活動を行っていく上で情報が極めて重要な意味をもつことから、行政機関が情報を提供することで、一般の国民や事業者を一定の方向に誘導しようとする手法が幅広く用いられるようになっている。情報提供の制度としては、①方針、指針等の公表と助言・指導、②個人、事業者等が行政上の義務を履行しない場合や行政機関の行政指導に従わない場合にその事実を公表する違反の公表制度、③消費者が合理的かつ適切な選択を行うことができるよう、一定の基準・規格を定め、行政機関又は行政機関の指定を受けた団体の認定を受けた者はその製品、施設等について一定の標章やマークなどの表示をできることとする適合表示制度、④事業者等に対し一定の表示を義務付けるとともに不適正な表示を排除する表示規制、⑤事故情報等の公表などがある。②は情報によるディスインセンティブ、③や④は情報によるインセンティブの手法ということができる。

④　行政指導

行政指導は、一定の行政目的を実現するために、特定の者に一定の作為や不作為を求める行為であるが、指導、助言、勧告等をすることによって対象とする者を一定の方向へ誘導する手法として活発に用いられている。ただし、行政

---

[8]　したがって、条例等の委任もなく規則や要綱で規定している場合には、交付決定、交付決定の取消し、返還命令等が規定されていても、それらはあくまでも職員に向けられた内部的な規範と解されることになってくる可能性が高いといえる。

指導は、あくまでも、相手方の協力を求めるものであり、それに従うかどうか
は任意であることが忘れられてはならない。

⑷　契約的手法

　契約的手法とは、関係者の明示的同意である契約の締結と当該契約の履行の
確保により、一定の行政目的を実現しようとする手法であり、非権力的な任意
の手法として多用されるようになっている。

　とりわけ、目に付くのが協定の仕組みである。協定は、複数当事者間におい
て成立する一定の事項についての合意の取決めや取決め文書を指すものであり、
行政主体と私人、行政主体間あるいは行政機関同士だけでなく、私人間、国家
間で結ばれている。その中には、宅地開発協定、公害防止協定などのように、
規制行政の中でその目的を達成するために協定の手法が用いられる場合もある。
自治体が、工場、廃棄物処理施設等を設置する事業者や開発事業者と結ぶもの
だ（中には自治体と住民との間で結ばれるものもある）が、法令の規制の不備を補
い、地域の実情に即した柔軟できめ細かな規制を可能とするだけでなく、事業
者の側にとっても、予測可能性が高まり、行政の協力や住民の理解を得られや
すくなるなどとして、活用されてきている。それらの協定の性格・拘束力につ
いては、それぞれの協定ごとに個別具体的に判断される必要があるが、大別す
れば、紳士協定であるとして拘束力を否定する考え方と、協定を契約であると
して拘束力を認める考え方があり、福津市産廃最終処分場使用停止事件・最判
平成21年7月10日判時2058号53頁は、公害防止協定が法的拘束力をもち、司法
的な執行が可能な場合があることを認めている。

　なお、それらの協定の中には、関係法律よりも厳しい規制を行うだけでなく、
立入調査権、計画書等の提出義務、中止命令、損害賠償などの定めを置くもの
も見受けられるが、相手方が同意をしたものである限りは関係法律よりも厳し
い内容となっていることが直ちに関係法律に違反するわけではないとしても、
契約によって強制的な権限を創出することは、本来、法律や条例の留保を逸脱
するものであり、法治主義に照らして許されないというべきである。また、行
政の側は、法律の拘束を逃れるために契約の方式を採用するようなこともある
といわれ、私人である相手方は行政との力関係から同意・締結を余儀なくされ
ることもある。協定が契約として法的拘束力が認められる場合があるとしても、

それは相手方の任意性が確保され、相手方の義務の負担が協定の目的との関係で比例原則・平等原則等に反しないことなどが必要となる。

また、協定の中には、私人間で協定を結び、行政庁から認可を受けることで、その協定に関与しない第三者に対しても法的効力をもつものなどもある。その代表例が、建築基準法による建築協定[9]や景観法による景観協定等であり、都市緑地法による自治体と緑地保全地域内の土地の所有者等の間で締結される管理協定等にも第三者効が認められている。

このほか、まちづくりにおいては、拘束力をもたない自治体と住民、住民同士の「まちづくり協定」なども活発に用いられており、契約的な手法は、住民の主体的・自律的な取組のツールとして、重要な役割を果たすようになっているといえるだろう。

他方、国や自治体では、購入や発注を通じた政策誘導といったことも行われており、「国等による環境物品等の調達の推進等に関する法律」（グリーン購入法）などの法律も制定されている。これは、環境に負荷の少ない製品、障害者の雇用、税の滞納がないことなどを契約の締結の要件とすることで、公共調達を通じて、一定の施策を推進しようとするものだ。ワーキングプアが社会問題となる中、2009年に千葉県野田市が、同市が発注する請負契約の受注者・下請負者等に市長が定める最低額以上の賃金を支払うことを義務付けた公契約条例を制定し、注目された。

(5)　調整的手法

調整的手法は、利害関係者の間や、対象者と行政との間に紛争が生じた場合に、できるだけ迅速かつ公平に紛争の解決を図るための手法である。相談、あっせん、調停、苦情処理などがあり、紛争処理手法と呼ばれることもある。

調整的手法は、私人間における紛争について、行政が中立的・第三者的な立場から、当事者間の合意を図るために、柔軟かつきめ細やかに関与・対応する

---

[9] 建築協定については、市町村が条例で認めた場合には、建築物の利用の増進かつ土地の環境の改善のため必要と認められる一定の区域の土地の権利者が、区域内の建築物の敷地、位置、構造、用途、形態、意匠等に関する基準について協定を締結し、建築協定書を作成して行政庁の認可を受けると、その協定が、その公告のあった日以後に土地の権利者となった者に対しても効力をもつとされている。

ことになるものであるが、自治体で選択できる紛争処理手法の多くは法的効果や拘束力が期待できず、解決手段として限界があるのが現実である。このため、調整等が困難な場合に問題行為を行った者の氏名・住所等を公表する仕組みを設けることなども行われている。

③　実効性確保

⑴　行政的執行

　現行法では、行政庁が行政処分や行政契約などによって国民に義務を課し、その義務を国民が自発的に履行することによってその行政目的が達成されることが期待されているが、その義務の履行の確保が期待できないときに、人権の保護や社会秩序の保持などの観点から、行政庁が国民の身体や自由に制限を加えたり、財産を没収したりといった実力行使をしなければならない場合がある。私人間においては、自力救済が禁止され、権利の強制的実現は、司法的執行によるのが原則であるが、行政上の義務については、行政庁みずからが相手方の義務の履行を強制する仕組みが採用されている場合があり、このように行政庁が行政目的の達成のためにする国民の身体や財産に有形力を行使する作用を行政的執行（行政上の強制執行）という。

　戦前においては、金銭債権については国税徴収法、それ以外については行政執行法が存在していたが、戦後においては、行政執行法は廃止され、一般法としての性格をもつのは行政代執行法にとどまる。また、行政代執行法１条は、義務履行強制については法律で定めると規定していることから、法律によってしか義務の強制的な実現手段を定めることはできず、条例で定めることは認められないとされている。その場合に、行政処分の内容の強制的実現については、行政処分の根拠規範とは別の法的根拠が必要とされ、行政代執行以外の行政上の義務の履行確保の手段については、個別の法律の定めが必要となる。

　行政的執行には、①行政代執行、②強制徴収、③執行罰、④直接強制などがある。

　これらのうち、①の行政代執行は、義務者が行政上の義務を履行しない場合に、行政庁が、自ら義務者のなすべき行為をなし、又は第三者をしてこれをなさしめ、その費用を義務者から徴収するものである。行政代執行の対象となる

のは、代替的作為義務の不履行がある場合であり、代替的作為義務については、自主条例に基づくものも認められるとするのが一般的な解釈となっている。また、非代替的作為義務であっても、その不作為に対し是正命令・除却命令等を行うことにより代替的作為義務へと転換した上で、代執行を行うようなことも認められうるとされる。行政代執行の手続については行政代執行法で規定されており、義務者に対し、相当の履行期限を定め代執行につきあらかじめ文書で戒告した上で、義務者が、指定の期限までにその義務を履行しないときは、行政庁は、代執行令書をもって、代執行をなすべき時期、代執行のために派遣する執行責任者の氏名と代執行に要する費用の概算による見積額を義務者に通知することが必要とされている。なお、過失なく措置を命ぜられる者を確知できず、かつ、その違反を放置することが著しく公益に反すると認められる場合には、一定の公告をした上で代執行を行いうること（簡易代執行）が個別の法律で認められている[10]。

　また、②の強制徴収は、租税債権など、大量に発生し、しかも迅速に効率的に権利を満足させる必要があるものにつき行政独自の徴収制度を設けるもので、行政機関によって強制的に金銭を徴収するものである。国における強制徴収の手続としては、国税の場合の一般法として国税徴収法の滞納処分の手続があり、それ以外の国の金銭上の債権で、特別の徴収手続を必要とするものについても、個別法で国税徴収法に規定する滞納処分の例によるものとするのが一般的である。また、地方自治体における強制徴収としては、地方税法が、税目ごとに規定し、「国税滞納処分の例による」こととしているほか、分担金、加入金、過料等の歳入については、地方自治法231条の３が、長が、期限を指定して督促し、督促を受けた者が期限までに納付しないときには、地方税の滞納処分の例により強制徴収することができるとしている。

　他方、③の執行罰は、他人が代わって履行できない非代替的作為義務や不作為義務の不履行に対して過料や強制金を課すことにより履行を促すものであり、現在ではこれを規定するものはほとんどないが、現実に履行がなされるまで何

---

[10]　屋外広告物法７条２項、河川法75条３項、都市計画法81条２項、土地区画整理法76条５項、廃棄物処理法19条の７第１項、空家対策推進特別措置法14条10項など。

度もかけることができ、額の点でも罰金との均衡を図る要請もないことから、効果的な義務履行確保の手段になりうるとの見方もある。さらに、④の直接強制は、義務者の身体や財産に直接強制力を加えて、義務の履行があった状態を実現するものであり、作為・不作為義務のいずれの義務かも問わないが、人権侵害にわたったという過去の経験や、義務履行の確保は行政罰といった間接的な手法により裁判所を介入させるのが合理的という考え方などもあって、これを定める個別法の例も極めて少ない。

　なお、行政上の義務を前提とするものではないが、相手方の義務の存在を前提とせずに、行政機関が直接に身体や財産に実力を行使して行政上望ましい状態を実現するものとして、即時強制があり、実効性の確保がこれによってなされている面もある[11]。義務賦課行為を介在させないので、行政上の義務履行強制手段には含まれず、条例でも創設可能とされている。ただし、義務賦課の段階を経ずにいきなり行政の実力行使がなされるものであるから、法的根拠を必要とし、立法に際しては、例外的・緊急的な手法としての正当化が求められ、その目的・要件や限界が定められる必要がある。

　行政的執行については、たとえば、手続・訴訟リスク・強権イメージ・費用徴収の困難性等による行政代執行に対する躊躇、ノウハウ・マンパワーの不足等による強制徴収の困難性などその機能不全が指摘されてきたが、空家対策における代執行・略式代執行の取組、一部事務組合・広域連合としての租税債権管理機構等による滞納処分の実施など、これを改めて活用する動きも見られる。

コラム⓱　公的債務の滞納整理

　昨今では、減免適格者でない住民が反税感情や行政不信感から、地方税をはじめ各種の公的債務を滞納する例が少なくなく、そのままでは公負担平等の原則に沿わない。また、滞納者の家族に行政サービスを拒否しにくい公的債務が多いこともあり、特別チームを組んで「滞納整理」指導に取り組む自治体が増えている（延滞金

---

[11]　警察官職務執行法による酔っ払いや行き倒れ人の保護、精神保健精神障害者福祉法の強制入院、屋外広告物法による張り紙や立て看板の撤去、道路法による違法放置物件の除去、道路交通法による違反駐車のレッカー移動、消防法による破壊消防、食品衛生法による不衛生食品の破棄などがその例である。

査定をふくむ公権力行使はアウトソーシングできがたい）。

　ただし、個人情報保護を踏まえる必要があり、税滞納整理の行政指導はおおよそ、次のプロセスとなる。

　　①　本人への連絡メール・直接面談（減免余地・滞納理由を確かめる）。

　　②　納税勧奨して分納計画等を誓約してもらう。

　　③　納付状況の確認（再滞納防止）。

　こうした滞納行政指導には行政手続法の適用なく（地方税法18条の４第２項）、強制徴収法条は間接的なので、税条例や債権管理条例に根拠を定める立法論が出ている（市税滞納特別措置条例で氏名公表制を書く例もある）。

　さらに、滞納関係者に行政サービスを拒否しがたい公的債務が普通税をはじめとして多く（学校給食費・保育料・介護保険料・公営住宅家賃など）、その滞納対策の自治立法化には大いに工夫を要しよう（市税等滞納特別措置条例におけるサービス拒否根拠条項の書き方は問題はらみである）。

　いずれにせよ、「自治体法」上の難題にちがいない（詳論として、兼子仁『地域自治の行政法』（北樹出版、2017年）87～90頁参考）。

⑵　行政上の義務の民事執行（司法的執行）

　行政的執行に関する特別の規定がある場合には、民事執行によることは認められておらず、行政上の強制徴収ができる場合にはそれによるべきとするのが判例である[12]。それでは、行政的執行が認められない場合に、民事訴訟・民事執行の方法によることは可能だろうか。

　この点、行政上の義務の履行に関する民事訴訟・民事執行について、最高裁（宝塚市パチンコ店規制条例事件・最判平成14年７月９日民集56巻６号1134頁）は、国又は公共団体がもっぱら行政権の主体として国民に対して行政上の義務の履行を求める訴訟は、国や自治体が財産権の主体として提起したのでなく、法規

---

[12]　農業共済保険料強制徴収事件・最大判昭和41年２月23日民集20巻２号320頁は、農業共済組合が、法律上独自の強制徴収の手段を与えられながら、この手段によることなく、一般私法上の債権と同様、訴えを提起し、民訴法上の強制執行の手段によってこれら債権の実現を図ることは、当該立法の趣旨に反し、公共性の強い農業共済組合の権能行使の適性を欠くものとして、許されないところといわなければならないとした。

の適用の適正ないし一般公益の保護を目的とするものであって、自己の権利利益の保護救済を目的とするものということはできないから、裁判所の審判の対象となる「法律上の争訟」[13]に該当せず、法律に特別の規定がある場合に限り提起することが許されるとした。「法律上の争訟」をこのように限定的に解することには批判もあるが、現在はそのような法律上の特別の規定はなく、行政上の義務の履行を訴訟によって実現するには、立法的な手当が必要となる。

　他方、強制徴収の根拠規定がない金銭債権については、給付判決を得た上での民事執行によることになる。また、行政契約上の義務の履行についても、同様に司法的執行が認められている。

(3)　制裁

　制裁は、行政上の義務違反を理由として違反者に不利益な効果を及ぼすものである。これに対し、サンクションという概念が用いられることもあるが、その場合には、義務違反を理由としない不利益な取扱いも含むことが多い。

　制裁の措置として最も典型的なのは罰則（行政罰）であるが、そのほかにも一定行為の命令、地位の剥奪や許認可の取消し、氏名・事実の公表、授益的処分の撤回、課徴金、給付の拒否、契約関係からの排除など、実にさまざまな手法がとられるようになってきている。

①　行政罰

　行政罰は、行政上の目的を達成するために課した義務に違反する行為に対する罰則であり、これには、制裁として刑罰を用いる行政刑罰と、行政上の秩序を乱す程度の行為に対する制裁である行政上の秩序罰とがある。行政刑罰については、刑法の規定が適用され、その手続は刑事訴訟手続によるのに対し、行政上の秩序罰は過料とされ、法令で定める過料の場合には非訟事件手続、条例で定める過料の場合には地方自治体の長の行政処分として科される。

　罰則の中心となる刑罰については、刑法が、主刑として①死刑、②懲役、③

---

[13]　裁判所が担う司法権は、具体的な争訟について法を適用し宣言することによってこれを裁定する国家の作用をいうものとされ、そこにおける具体的な争訟は「具体的事件性」とも呼ばれ、裁判所法にいう裁判所が裁判すべき「法律上の争訟」と同じ意味とされている。そして、判例（板まんだら事件・最判昭和56年4月7日民集35巻3号443頁）によれば、「法律上の争訟」とは、当事者間の具体的な権利義務ないし法律関係の存否に関する紛争であって、かつ、それが法律を適用することによって終局的に解決することができるものをいうとされている。

禁錮、④罰金、⑤拘留、⑥科料、付加刑として没収を定めている[14]。条例においては、法令に特別の定めがあるものを除くほか、条例に違反した者に対し、2年以下の懲役・禁錮、100万円以下の罰金、拘留、科料、没収の刑又は5万円以下の過料を科する旨の規定を設けることができるものとされており、規則でも5万円以下の過料を定めることができる。

　もっとも、制裁手段として最もポピュラーな行政刑罰については、その機能不全も指摘されている。すなわち、行政上の義務を課す機関と行政刑罰を科す機関が分かれ、両者の関係が密接ではないこと、刑罰の威嚇力不足、刑事手続に膨大な時間と労力を有すること、組織に余裕がなく行政刑罰まで手が回らないことなどから、十分に機能し得ていないといわれ、その改善・活性化が課題となっている。

　このようなことなどもあって、行政刑罰ではあるものの、刑事的な手続をとらずに行政が処理を行い、それに応じない者のみに公訴提起をする方法である反則金の制度が導入されたり、違反することで得られた利益を取り上げ、利得行為を無意味（「やり得は許さない」）にする課徴金の制度が導入されるようになっている[15]。この点、課徴金を条例で課すことについては見解が分かれており、課徴金は伝統的な行政上の強制執行手段ではないから、これを条例で課しても行政代執行法1条に反することはないとの見方がある一方、地方自治法の収入に関する規定（223条以下）が課徴金というカテゴリーを設けていないことなどから条例で課すことの疑義も指摘されており、仮に課徴金を課しうるとしても行政上の強制徴収の対象とはならない可能性が高く、その実効性は限られたものとなる。自治体による課徴金に関する法制度の整備の検討が必要といえる。

　他方、自治体においては過料を活用する動きもみられる。たとえば、路上喫煙やごみ問題などの行政上の課題に対して強制力を伴う形で適用・対処し、住民の生活環境の向上に役立てている例などがある。自治体においては、長が賦

---

[14] 懲役と禁錮については、両刑を一元化して「拘禁刑」を創設するための刑法等の改正が2022年6月に成立・公布され、公布から3年以内に施行されることになっている。条例で定める懲役・禁錮についてもそれまでに改正する必要がある。

[15] たとえば、独占禁止法、金融商品取引法、公認会計士法、景品表示法などで課徴金の制度が導入されている。

課を通知し、弁明の機会を与えた上で、過料処分を行い、不払いに対しては督促後に地方税滞納処分の例によることとなる。もっとも、過料の額は低額で義務違反に対する実効性は弱く、刑罰と異なり換刑処分がないことなどから支払義務を果たさせる実効性も弱いことにも留意する必要がある。

② 公表制度

公表は、情報を公開するものであり、必要な情報を提供するものであるが、義務の不履行あるいは行政指導に対する不服従があった場合に、その事実を一般に公表する仕組みが採用されており、違反行為の是正勧告等と結合させることで実効性確保の機能を有するものとなっている。

公表については、法的根拠を必要とするものではないが、情報提供目的ではなく制裁の目的である公表には、法治主義の観点から、法律・条例の根拠が必要とされる。制裁としての公表の場合には、勧告等をした場合において、それを受けた者がその勧告等に従わないときは、その氏名・名称とその事実等を公表することなどが規定されることが多い。また、公表により自己の権利利益を侵害された場合には損害賠償請求が可能であるが、公表後の救済には困難な面もあることから、場合によっては事前手続が重要となり、公表の前に意見陳述の機会を与えることなどを定める例もある。

公表は、社会的信用を重んじ、社会的信用の失墜が多額の経済的損害にもつながるような事業者に対しては効果的で、違法行為を抑止する効果も大きいといわれるが、次々と法人をつくり問題行為を繰り返すような者にとっては十分な制裁として機能しないところがあり、その機能と限界についても留意が必要である。

③ 行政サービス等の拒否

義務違反に対して、上下水道・ゴミの収集等のサービスの停止や、違反事業者に対する工業用水・事業用の水道等の供給停止の要請など、行政サービス等の提供の停止や拒否を行うことで、その実効性を確保しようとするものである。

義務違反者に対する公共サービスの供給の停止については、条例で明確な基準の下にそのような措置を定めることが可能な場合もないわけではないが、内容によっては個人の生活等に重大な影響を与えかねず、仮にそのような余地があるとしても、供給停止の措置を定めることの適法性は最終的には公共サービ

スの供給について規定する個別の法令に照らして考えていかざるを得ないことになる。この点、指導要綱に従わないでマンションを建設した業者への給水拒否が正当の事由も認められず給水義務について定める水道法15条の規定に違反するとされ、市長が罰金刑に処せられた武蔵野市給水拒否事件・最決平成元年11月8日判時1328号16頁や、給水拒否について「正当の理由」があるとされるには水道事業者の正常な企業努力の存在や水不足が確実に予見されることなどが前提となるとした上で給水拒否を認めた志免町給水拒否事件・最判平成11年1月21日民集53巻1号13頁の趣旨など十分に踏まえる必要があるだろう。

　また、行政サービス等の拒否については、別個の目的による制度を関連付けて運用するものであるため、比例原則や権利濫用禁止原則との関係でも限界が問題となる。

　④　契約関係からの排除

　義務違反を理由とする入札参加資格否認の仕組みなどであり、国や自治体との契約締結を希望する者にとって、契約関係からの排除は大きな経済的不利益となり、事実上制裁効果を有する。その法的性格（指名停止等）については、契約の準備段階における内部的行為であり、授益的処分の撤回等とは異なるとされる。

④　行政活動を行うための資源

　行政活動を行っていくためには、①法的権限、②人材・組織、③財源、④情報などの資源が必要であり、有限であるそれらの資源を有効に活用することが必要となることはいうまでもない。このほかに、物的資源が重要な意味をもつこともある。

⑴　法的資源

　まず、行政機関の活動は、法に基づいて行わなければならず、そのための法的権限が必要となる。合法性は、行政やその活動の正統性の根拠となるものといえる。すなわち、その活動は、行政機関の組織に関する規範が定める任務・所掌事務の範囲内のものであることが必要なことは当然であり、その上で、一定の行政作用を行うためにはそのための根拠規範が必要となるのであり、少なくとも、行政処分などの権力的な行為を行うには、その根拠規範に基づき、そ

れが定めるルールや手続に従ってその権限を行使することが必要となる。行政指導などの事実行為については、それに関する個別の法的根拠は必ずしも要しないものの、組織規範が定める任務・所掌事務の範囲内であることが必要となる。

　以上のような法的資源がない場合には、基本的に行政機関として活動を行うことはできないのであり、必要があれば新たに法的根拠を整備した上で対応することが必要である。このほか、政策推進のための法律・条例が、行政機関の法的な権限や根拠を定めるものではなくても、政策的・政治的な資源となることがある。

(2)　人材・組織

　そもそも、政策あるいは行政活動が実施されるためには、それを担当する組織が必要であり、一般的にはその事項や分野を所管する行政機関の担当課が担うことになるが、問題への対処や政策推進のために、新たな組織の設置その他の体制の整備が図られることもある。また、自治体組織では、分業体制が構築されており、担当が複数の課にまたがることがあるほか、担当課以外に法務課、財政課、総務課などのセクションも関わることになり、その協業の体制や行動手続、庁内での意思決定手続なども重要となる。

　他方、実際にそれを行うのは人であり、必要な知識、能力等を備えた職員が配置され、担当することが必要となることはいうまでもない。とりわけ、さまざまな課題に対応していくためには、プロフェッショナルとしての意識や法的知識をもち困難な課題に取り組んでいく政策人材が必要不可欠となる。従来においては、行政活動の主体は組織とされ、人的資源の重要性や活用・管理について目を向けられることは多くはなかったといえるが、政策の立案・実施のためには、専門的な知識、ノウハウを有する人的資源が不可欠となり、それを養成するためのトレーニングプログラムや意欲を引き出すインセンティブの仕組みが重要となる。自治体を取り巻く環境が厳しさを増し、人員なども限られる中で、限られた人的資源をいかに戦略的かつ有効に活用・管理をしていくかが問われるようになっているのであり、人的資源の計画的な育成や、限られた人的資源の能力・パフォーマンスを最大限発揮できるような環境整備などが求められている。

(3)　財源

　自治体のあらゆる活動には何らかの形で経費の支出が伴うのであり、自治体が各種行政活動を行っていくには財政的な裏付けが必要となる。そして、そのために資金の調達が行われることになるが、その財源には限りがあることから、政策や事業などについて優劣の決定や選択を行うことが必須となる。財源が適切に配分されるだけでなく、予算が適正かつ有効に執行されることも重要である。

　予算は、自治行政を、計画的・効率的・民主的に行っていくため、財源を確保するとともに、どのように支出するかを明確にするものであり、自治体の行政活動全体の内容をその財源と経費の見積りといった形で総合的・体系的に表示するものである。その意味では、予算の編成・決定過程は、政策形成過程の中心をなすものであり、自治体の活動は、予算の編成・決定・執行を通じて行われることになる。予算は、歳入・歳出の見積りであり、このうち、歳入については、予算とは別の法律、条例等の根拠に基づいて徴収されるもので、歳入予算は単なる収入の見積りにすぎないのに対し、歳出予算は、支出の予定の見積りであると同時に、長に対して予算で定める目的と金額の範囲内で支出する権限を付与し、支出の限度や内容を制限する拘束力をもち、法的性格を有するものである。予算の本体となる歳入歳出予算には、一会計年度における一切の収入と支出が編入されなければならず（総計予算主義）、その場合に、歳入についてはその性質に従って款に大別するとともに各款中においてはこれを項に区分し、歳出についてはその目的に従ってこれを款項に区分するものとされ、項はさらに目・節に区分される。

　他方、政策の実施あるいは行政活動のための資金の調達が国民に対して強制的に行われる場合には、法律ないし条例で定められていることが必要となる。その典型が、国家が、公共サービスを提供するための資金を調達する目的で、私人に対して賦課し徴収する金銭である租税である[16]。租税は、資金の調達を目

---

[16]　このほか、国家が強制徴収するものとして社会保険料があるが、税は、特定の使途にかかわらず充当が可能な一般財源であり、基本的に負担能力に応じて賦課されるものであるのに対して、社会保険料は、保険給付を前提とした特定財源であり、基本的には給付の受益に対する拠出という応益的性格をもつものである。

的とすることがその本来的な機能となるものであるが、資本主義などにより生じるさまざまな社会問題の解決のためには、国家が、租税と社会保障政策を通じて富の分配状態の是正＝再配分を行うことが必要不可欠となっていることから、このような再分配の機能も果たすものであり、さらに、景気調整の目的に貢献するほか、土地政策、環境政策、産業政策など、個別の社会的経済的政策目的の実現のために活用されることも少なくない。

　地方自治体は、憲法によって保障された自主課税権により、その経費に充てるために住民に地方税を課すことになるが、その場合、その大綱を定めた地方税法の定めに従って、地方税条例を定め、それに基づいて賦課徴収することになる。そこでは、住民の納税義務は、具体的にはそれぞれの自治体の地方税条例によって発生することになるが、実際には、自治体が課税の内容について自主的に定めることができる範囲はあまり広くはないのが現状であり、独自に課すことができるのは、総務大臣と協議し、その同意を得て定める法定外普通税と法定外目的税ということになる。

　また、国又は自治体が特定の事業を行う場合に、その事業の経費に充てるために、受益者・原因者などその事業に特別の関係がある者に対して金銭給付義務を課すものとして、負担金・徴収金の手法もあり、これは、特定の事業の経費に充てるためにその事業に特別の関係のある者に対し賦課する点で租税とは区別されるものである。なお、自治体が徴収する分担金は、数人又は自治体の一部に対し利益のある事件に関し、その必要な費用に充てるため、その事件により特に利益を受ける者から、その受益の限度において徴収するものであり、特定の事業に要する経費については受益者負担という形で財源の確保を認めているもので、財源の調達と住民相互間の負担の公平といった意義をもつものである。

　このほか、物又は権利の使用の対価として使用料、特定の事務又はサービスに対する対価として手数料が徴収されることも少なくない[17]。このうち、使用料

---

[17] 分担金・使用料・手数料に関する事項については、条例で定めなければならないが（地方自治法228条1項）、手数料については、全国的に統一して定めることが特に必要と認められる標準事務について手数料を徴収する場合には、政令（地方公共団体の手数料の標準に関する政令）により条例で規定する手数料の対象事務・金額の標準を定めることとされており、その場合には、自治体はそれを

は、行政財産の目的外使用について許可されたときの使用や公の施設の利用について、その反対給付として徴収されるものであり、それには地方公営企業法の適用を受ける水道、ガス、地方鉄道等の事業や公営住宅なども含まれる。他方、手数料は、自治体の事務で特定の者のためにするものについてその費用を償うため又は報償として徴収するものであり、その事務は一私人の利益又は行為のため必要となったものであることを要し、もっぱらその自治体自体の行政上の必要のためにする事務については手数料を徴収できない。

コラム⓲　自主課税権

　地方自治の土台である課税自治権は、憲法94条の自治体「行政執行機能」に含まれると解される（同旨、最判平成25年3月21日民集67巻3号438頁）。

　しかし同時に、地方税の課税は「法律の定める条件」（憲法84条）によるとの解釈に立つ地方税法等の国の税法律によって自治体の税収規模は制限され、国からの地方交付税・国庫支出金等によって財源補給されるという、垂直財政調整（垂直財調）下に置かれている。

　分権改革の国と地方の協議の場に関する法律（3条2号）によって、「地方税制」もその協議事項と法定されてはいるが、自治体の"自主課税権"が真に確立されるためには、税法制の抜本改革が「自治体法」としても大いに期待される。

　問題は第1に、その法原理的裏付けにあり、"応能"国税と"応益"地方税の区別論（応能税制では赤字事業は無税だが、行政受益住民は収入に応益地方税を課されうる）を、自治体課税権の憲法保障解釈にまで反映させたい。

　第2に、自治体間における税収措置の公平課税原則を踏まえた是正を目ざして、"広域応益税"論に立つ"水平財調"である広域連携の共同・配分税制も、一国多制度的に実現できるのでなくてはならないであろう（詳しくは、兼子仁『地域自治の行政法』（北樹出版、2017年）70頁以下、同「地方税の応益税的本質について」月刊税2015年1月号8頁以下、参考）。

標準として条例を定めることが必要である。

(4)　情報（情報の収集）

　国家の活動は、情報なくして成り立たない。行政活動を行うにあたっては、それに必要な情報の収集が行われ、その情報に基づいて対応が行われることになる。国家がその活動を行うに際し、必要な情報を収集する仕組みとしては、申請や届出の制度のほか、報告制度、通報制度、行政調査などの手法がある。なお、収集した情報をどのように管理するかも重要な問題となる。それらによって得られた事実については公表されることもあるが、それらを通じ知り得た個人、法人又はその他の団体の秘密に属する事項については、保護（守秘義務）の対象となり[18]、情報の管理等に関しては個人情報保護制度、公文書管理制度、情報公開制度などが規定している。

①　申請

　申請は、法令に基づき、行政庁の許可、認可、免許その他の自己に対し何らかの利益を付与する処分を求める行為であって、当該行為に対して行政庁が諾否の応答をすべきこととされているものである（行政手続法2条3号）。私人のイニシアティブにより行政過程を開始させる行為であり、この場合には、許認可等に必要な情報は、申請者によって行政庁に提出されることになる。このため、申請によってもたらされる情報の真実性の確保が重要となる。

②　届出

　届出は、行政機関が監督等を行うため必要な情報の収集を目的とするもので、行政庁に対し一定の事項の通知をする行為である。法律や条例により直接に当該通知が義務付けられているものであり、自己の期待する一定の法律上の効果を発生させるために当該通知をすべきこととされているものも含まれる（行政手続法2条7号）。届出義務の担保のために、義務違反に対する罰則が規定されるのが一般的である。

　届出については、届出が届出書の記載事項に不備がないこと、届出書に必要な書類が添付されていることその他の法令に定められた届出の形式上の要件に

---

[18] 地方公務員法34条1項は、職員は職務上知り得た秘密を漏らしてはならなず、その職を退いた後も同様としており、そこで、秘密とは、一般に了知されていない事実であってそれを一般に了知させることが一定の利益の侵害になると客観的に考えられるものをいい、実質的にも秘密として保護するに値するものをいうとされている（最決昭和52年12月19日刑集31巻7号1053頁）。

適合している場合は、当該届出が法令により当該届出の提出先とされている機関の事務所に到達したときに、当該届出をすべき手続上の義務が履行されたものとされる（行政手続法37条）。

③　報告

報告は、ある事実を知らせることをいい、法令や契約により個人又は法人に対し国や自治体の機関に報告することを義務付けている場合が少なくない。報告の実効性や正確性を担保するため、報告をせず、又は虚偽の報告をした者に対する罰則等が規定されることもある。

報告により得られた情報については、その行政活動に活かされることになるが、その目的外に使用することには慎重でなければならず、また、その情報については適切に管理されることが必要である。

④　行政調査

行政機関が何らかの行政目的を達成するために必要な情報を収集する活動については「行政調査」と呼ばれる。行政調査には、任意の調査から、罰則、給付拒否等で間接的に担保される調査、実力を行使して抵抗を排除してなしうる強制調査までさまざまなものがあり、法令上の表現や手法も、報告徴収、質問、検査、立入検査、臨検、収去、出頭命令・資料提出命令などいろいろである。行政調査のうち、相手方の抵抗を排して物理的な実力行使をする場合や刑罰をもって相手方の妨害を防止する場合には、法的根拠が必要となる一方、相手方の任意の協力により行われる行政調査については、法律や条例の根拠は必要ない。

行政調査については、個別的行政調査と一般的行政調査の区分があり、個別的行政調査は、法律や条例が定める個別具体の権限の行使のために行われる情報収集活動とされ、その手段として報告を求めたり、土地家屋に立ち入り、帳簿書類を検査したり、質問を行うなどの行為について定めておき、その実現が罰則などによって担保されているものである。他方、一般的な行政調査は、政策立案のための基礎資料を得るための情報収集活動とされ、具体的な法的根拠のあるものもあれば、組織法のみを根拠として事実行為として行われているものも多いといえる。

行政調査は、調査の相手方となる私人の権利自由との衝突が問題となるが、憲法31条以下の刑事手続の法定・適正の保障は一般論としては行政調査におけ

る強制にも及ぶとはされているものの、その一方で、所得税法上の税務調査については、その目的がもっぱら行政上の目的でなされること、罰則による間接強制にとどまっていること、検査制度の必要性と強制に合理性があることなどから、憲法35条の令状主義や憲法38条の自己に不利益な供述の強要の禁止は適用ないとされた（川崎民商事件・最大判昭和47年11月22日刑集26巻9号554頁）。また、荒川民商事件・最決昭和48年7月10日刑集27巻7号1205頁では、同じく税務調査について、質問・検査の範囲・程度・時間・場所等の実施の細目については、一定の限度で税務職員の合理的な選択に委ねられており、事前の告知などを要件とするものではないとされている。なお、行政調査は、所定の行政目的の達成のためにのみ認められるものであり、別の目的のためにその権限を利用することはできず、犯罪捜査のために行政調査を行うことは許されない。

コラム⑲　公的統計とEBPM

　統計は、一定の条件（時間・空間・標識）で定められた集団について調べ、あるいは集めた結果を集計・加工して得られた数値であり、公的統計は、人口、社会、経済等に関して世帯や事業所・企業等の一定のその集団の状態や傾向につき統計的手法を用いて正確に把握し、数量的に明らかにすることで、政策の企画・立案のための基礎的情報を提供するものである。近年は、政策効果の事前・事後の評価のための指標としての重要性も高まり、国や自治体の行政運営上の基盤として重要な役割を果たしているほか、社会・経済の状況が大きく変化する中で、学術研究や、個々の世帯・企業が的確な判断を行っていく上でも大事なものとなっている。

　統計には、一次統計と二次統計（加工統計）があり、前者は、統計調査の結果から直接得られる統計であり、一般的な統計表にみられる統計の大部分がこれにあたるが、これには調査統計と業務統計があり、調査統計は統計を作成することを目的として行われる統計調査から得られる統計、業務統計は登録・届出・業務記録など行政機関や民間団体が行政上・業務上の必要から集め、又は作成した業務記録を基に作成する統計である。これに対し、加工統計は、一次統計に何らかの加工処理を行って得られる統計をいう。

　統計調査の方法としては、全数調査（センサス）と標本調査があり、センサスは、調査対象のすべてを網羅的に調査する方法で、地域を細かく区分したり、産業や職

業を細かく分類したりして数字をみる場合や、詳細で正確な結果数字が要求される場合などに用いられるものであり、標本調査は、調査対象全体の中から一部を抽出し、この抽出した部分（標本）だけを調査し、その結果から全体についての値を推定しようとする方法である。

　国の行政機関、自治体、独立行政法人等が作成する公的統計については、統計法が規律しており、そこでは、公的統計は行政利用だけではなく社会全体で利用される情報基盤として位置付けられ、国民経済計算その他国の行政機関が作成する統計のうち特に重要な指定統計を「基幹統計」として位置付け、この基幹統計を中心として公的統計の体系的整備を図ることとしており、適切かつ合理的な方法による作成、中立性・信頼性の確保、容易に入手可能な提供、被調査者の秘密の保護などが基本理念・行政の責務とされている。

　他方、限られた資源を有効に活用し、国民が信頼できる行政を実現するためには、政策の企画をその場限りのエピソードに頼るのではなく、政策目的を明確化した上での根拠に基づく政策立案（EBPM、エビデンス・ベースド・ポリシー・メイキング）の必要性が強調されるようになり、さまざまな取組が進められているが、そのためにはその証拠となる統計データの整備や正確性の確保などが重要となる。EBPMと統計の拡充は車の両輪の関係にあるともいわれる。

　しかしながら、最近においても、公的統計の不正が相次いで発覚するなどその信頼性を揺るがしかねない状況がみられる。そもそも、1947年に制定された旧統計法では、戦前に政府の都合で統計が歪められたことへの反省から「統計の真実性」の確保が目的に掲げられていたのであり、その言葉が消えた現行法でも原点とされるべきものといえる。EBPMが掲げられながら、統計にさまざまな問題が生じている背景には、日本の統計行政の貧困さなどもあるといわれる。とりわけ、統計の信頼性の確保のためには、統計機関の専門的独立性が重要といわれるが、必ずしも十分とはいえず、統計担当部局をもつ府省庁では、統計に対する意識が低く、人事や人員削減による人材不足なども指摘されている。統計に対する国会の関心も高くはなく、その監視機能は十分とはいえない状況にある。

　公的統計については、体制の整備だけでなく、意識改革なども急務であり、それなくしてEBPMなどおぼつかないといわざるを得ないだろう。

⑤　行為形式や行政手法をどう選択し、組み合わせるか

　行政として対応を行う場合には、問題に応じてどのような行為形式や手法が適切であるのかを判断し、選択することになるが、その場合には、それらを適切に組み合わせることなども必要となる。法的資源、組織・人、財源等の資源をどう組み合わせ、適切な政策パッケージとするかといった視点も重要となる。

　とりわけ、立法により制度的な対応を行う場合には、政策としてどのような方法をとり、いかに実効性をもたせるかということについては、設定された目的の実現のために、どのような手段（政策手法）が有効・効率的であり、それをどう組み合わせてより機能的・効果的なものとするか、さらにそれをどう表現し、いかなる体制・組織・手続の下で実行し、作動させ、あるいは適正に運用させるようにするのか、他の制度とどのように連関させ、協働させ、調和させていくのか、憲法や法の一般原則、各法分野の法原則などといかに適合的なものとしていくかなどといった制度設計的な視点が必要不可欠となってくる。特に、実体的規定と手続的規定のコンビネーションが大事となってくるのであり、また、適正な手続だけでなく、権利利益の侵害が生じた場合の救済可能性の確保といったことも重要となる。

　なお、最近の法律や条例では、その規律対象の拡大なども相まって、制度上も、いきなり処分を行ったり処罰したりするのではなく、まずは行政指導を行い、それでも従わない場合には、命令等を行い、命令に従わない場合に制裁を加えるといった段階的なハイブリット式の手法が採用されることが少なくない。また、制裁についても、公表と罰則の両方が規定され、まずは緩やかな公表により対応する仕組みが採用されることもある。

　他方、行政の各種の行為形式などを時系列的・全体的に把握する「行政過程」といった視点からその全体像やそれぞれのあり方を考えることも重要となる。これは、行政の作用をマクロのプロセスからみるものであり、それによって、それぞれの行為形式などの位置づけ・関係を理解し、それらの連関や結合なども構想されることにもなるのである。

【図表11】行政過程の全体イメージ

準則決定	行政執行活動	行政上の義務履行確保	評価・見直し
法律・条例の制定 　→命令等の制定 行政規則の策定 　解釈基準・裁量基準 　要綱 行政計画	行政処分 行政契約 行政指導	行政的執行 制裁 民事訴訟・民事執行	政策評価

【政策・行政手法】
・規制的手法
・給付的手法
・誘導的手法
・契約的手法
・調整的手法

行政訴訟
行政不服審査　→　行政事件訴訟
国家賠償訴訟

⑥　権利自由への配慮と制限のあり方

　自治体の基本的な役割として、住民の安全や暮らしを守り、地域社会の秩序等を維持することがある。そのためには、権利自由の制限なども行われることになる。

　他方、自治体は、行政を行うにあたり、人権に配慮し、それを不当に侵害しないようにしなければならず、また、それにとどまらず、その確保や保障のために積極的に配慮したり、関与したりすることなども求められるようになっている。ただし、ある者の権利利益を確保するための措置が他の者の権利自由の制約となったり、社会的に弱い立場にある人の保護のためのパターナリスティックな介入が保護の対象となる者や保護する立場にある者の権利自由の制限につながったりすることもある。

　自治体の場合には、住民との距離が近く、住民からの要求等が直接に作用しやすく、その対象が個別性・具体性を帯びやすいことなどから、人権保障に必要となる距離の不足につながりかねないところがある。

　人権との関係は自治行政のさまざまな場面で問題となりうるが、特に、その

制約については法によらなければならないことから、まずは条例の制定の場面で議論となりうる。条例で人権を制約することについては、公共の福祉の観点から必要かつ合理的な最小限度のものにとどまる限りは、経済的自由だけでなく、精神的自由などにかかわるものであっても一応は可能と解されている。ただし、条例で人権にかかわる事項について規定する場合には、関係する権利自由の位置づけ・性格・保障の趣旨等を踏まえながら、その目的・手段の必要性・合理性やそれを支える立法事実について十分に吟味した上で、判例や学説によって形成されてきた理論や違憲審査の枠組み・基準なども考慮しつつ、その憲法適合性・適法性をしっかりと検討していくことが必要となる。法律や条例の執行、行政指導の場面でも個人の権利自由や平等などに配慮すべきことは当然である。

　自治行政においては、人権と人権の調整、個人の権利自由と住民全体の利益との調和といったことがしばしば問題となる。その場合に、現実的な必要性や住民の多数の声に重きが置かれすぎることになれば、自由主義的な視点や少数者の人権に対する配慮が希薄となり、法的な問題を生じることになりかねない。場合によっては、権利自由の制限の違憲性・違法性を問われたり、自治体の対応が行政としての中立性・公平性を欠き、フェアーではないとして、責任を問われたりすることもありうる[19]。

　特に、目的を実現するためにとられる手段は、その目的との関係で適合的であり、バランスのとれたものである必要があり、過度に広範な規制、比例性を欠いた規制などは違法なものとなりうる。目的の異なる手段を他の目的に転用することで権利自由を制限することも違法とされる可能性が高い。

　また、法によって形成された秩序は、安定的なものでなければならず、それ

---

[19] たとえば、国立マンション事件で、東京高判平成17年12月19日判時1927号27頁は、高層マンション建設をにらんで制定した建築基準法68条の2に基づく建築物制限条例の違法性を認めた第一審とは異なり、地区計画の決定と条例の制定それ自体をとらえて市の不法行為が成立すると解することは困難としつつも、市長の発言、都建築主事への働き掛けなども含め各行為を全体としてみれば、当該マンションの建築・販売の阻止を目的とする行為であり、かつ、その態様は自治体及びその首長に要請される中立性・公平性を逸脱し、急激かつ強引な行政施策の変更、異例かつ執拗な目的達成行為であって、社会通念上許容される限度を逸脱した違法な行為であるとして、請求を一部認容した（最高裁の上告棄却により確定）。

を前提に生活・活動を行う人々の信頼や予測を裏切るものであってはならず、新しい制度の導入や制度変更を行う場合には、それが円滑に、社会生活に急激な変化を与えることなく行われるよう配慮することが必要となる。この点、住民に身近な存在である自治体が、地域で生じた問題に対応していくためには、狙い撃ちや後出しの規制も認められるべきとの議論もみられる。それらが一切認められないというものではないが、狙い撃ちや後出し条例は、人権保障や、法的安定性、一般性、不遡及性などの法の理念・一般原則に照らせば、やはり問題があるといわざるを得ない。

　自治の現場では、必要性や民主主義的視点に偏りがちとなる傾向が見受けられるが、法の理念・価値や自由主義的な観点を軽視することなく、調和のとれた議論・対応が求められているといえる。

⑦　手続を重視する

　行政が、恣意的なものとなったり、国民の権利利益を侵害したりしないようにするためには、裁判所などによる事後的法統制だけでなく、事前の行政の意思決定過程において適正な手続が確保されることが重要である。行政活動のあり方として手続が重視されるようになっており、行政手続の基本的な原則としては、①告知聴聞原則、②文書閲覧原則、③理由提示原則、④基準設定（公表）原則、⑤迅速処理原則などがあるとされる。

　適正手続は憲法上の要請でもあり、法の適正手続（due process of law）について定めた憲法31条は、法定の手続が適正であること、すなわち公権力が国民に対して刑罰を科す場合には事前に告知と聴聞を行わなければならないこと、さらに手続だけでなく実体も法律で規定され（罪刑法定主義）、かつ、その内容も適正でなければならないことも含意するものと解されるとともに、刑事手続だけでなく、権利自由を制限する不利益処分を中心に行政手続にも妥当しうるものと解されている。成田新法事件・最大判平成 4 年 7 月 1 日民集46巻 5 号437頁も、憲法31条の定める法定手続の保障は行政手続にも及びうるとした上で、行政処分の相手方に事前の告知、弁解、防御の機会を与えるかどうかは、行政処分により制限を受ける権利利益の内容、性質、制限の程度、行政処分により達成しようとする公益の内容、程度、緊急性等を総合較量して決定されるべき

ものとしている。

　そして、これらを踏まえ、行政運営における公正の確保と透明性の向上を図り、国民の権利利益の保護に資することを目的として、行政手続法・行政手続条例といった行政手続に関する共通事項を定める一般法が制定されている。

　行政手続法・行政手続条例では、処分手続として、申請に対する処分について、審査基準の設定と公表が義務化されるとともに、標準処理期間の設定と公表にも努めるものとされているほか、拒否処分の場合の理由の提示義務、公聴会の開催等の努力義務などが規定されている。また、不利益処分については、許認可等を取り消す不利益処分など国民の権利に重大な影響を及ぼすものにつき聴聞手続、その他のものにつき弁明の機会の付与の義務、処分基準の設定と公表の努力義務、理由の提示義務などの規定がある。さらに、行政指導手続として行政指導の原則・方式、行政指導の中止等の求めなど、法令に違反する事実がある場合の是正のための処分・行政指導の求め、届出手続として届出に関する到達主義などが規定されているところである。

　なお、行政手続法・行政手続条例で定めるのは、あくまでも標準的な手続であり、特定の分野において、より慎重な手続などが求められたり、個別の法律や条例で規定されたりすることもある。たとえば、行政手続法等では、申請に対する処分に関し事前の意見聴取に関する規定は設けず、これを必要とする場合には個別法で対応することとされている。また、土地利用分野における行政手続では、ある土地の利用は他者の土地利用に密接にかかわることから、行政による土地利用決定においては関係者の間で何らかの形での利害調整を行うことが必要となるが、行政手続法等は基本的に行政機関と私人との二面関係を念頭に行政作用の名宛人の権利利益の保護を目的とするものであり、土地利用分野などにおいては、利害関係者も視野に入れた三面関係の利害調整手続なども必要となりうる。

　このほかの行政手続としては、専門知識の活用、利害調整、公正の確保、行政の民主化などの観点からする審議会等への諮問手続、権利利益の擁護、民意の反映、説明責任などの観点から行われる意見陳述の機会、公聴会などの手続がある。

　他方、行政手続に瑕疵があった場合の当該行政処分の効力をめぐっては、行

政手続を適正な行政作用を行うための手段とみるか、手続自体に意義・価値があるとみるかということも絡んで、①手続的瑕疵が結果に影響を及ぼす可能性がある限りにおいて取消事由に当たるとするもの、②重要な手続的瑕疵はそれだけで取消事由に当たるとするもの、③軽微な瑕疵で取消しに値しないような場合にのみ取消事由に当たらないとするものなどの考え方がみられる。

　判例は、①の場合と②の場合の両方がありうるとの立場に立っているといわれ、たとえば、行政手続法制定前ではあるが、個人タクシー事件・最判昭和46年10月28日民集25巻 7 号1037頁は、本件タクシー事業免許申請の却下処分の違法性を認めるにあたり、一定の事実を聴聞し、主張と証拠の提出の機会を与えその結果を斟酌したとすれば、異なる判断に到達する可能性がなかったとはいえないと述べており、①と同様の姿勢をにじませている。他方、最高裁は、理由の提示の不備については結果に影響を及ぼすかどうかを問わず取消事由にあたるとしているほか（一般旅券発給拒否処分事件・最判昭和60年 1 月22日民集39巻 1 号 1 頁、一級建築士免許取消処分等取消請求事件・最判平成23年 6 月 7 日民集65巻 4 号2081頁など）、聴聞・弁明の機会の付与を欠いた場合も取消事由とする裁判例が少なからずみられ、これは②の立場に近いといえる。また、行政手続法の規定する重要な手続を履践しないで行われた処分については、当該申請が不適法なものであることが一見して明白であるなどの特段の事情がある場合を除き、違法とする裁判例（中国人医師免許拒否事件・東京高判平成13年 6 月14日判時1757号51頁）などもみられるようになっている。

⑧　政策評価の推進とPDCAサイクル

　政策の形成・決定は、1 つの意思決定であるから、およそ①問題状況の認識・課題の設定→②達成されるべき目的・目標の発見とその定立→③それに必要な情報の収集→④達成をするのに可能な選択肢又は代替案の定立→⑤一定の規準に基づくそれらの評価→⑥それに基づく選択肢又は代替案の決定といったプロセスを経て行われることになる。ただし、これはあくまでも理念型であって、実際にはこの順序のとおりに進むとは限らず、また、何段階にもわたってこのような過程が繰り返されることもある。

　そして、その場合に、政策的な検討・評価において基本的な視点となるもの

として、必要性、有効性、効率性などがある。「必要性」は社会的なニーズ、問題への対応、国家の役割などとの関係で妥当かどうかを問うもの、「効率性」は要する費用と得られる効果を問うもの、「有効性」はどの程度の効果があり目的の実現にどこまで寄与するかを問うものとされる[20]。その際に、政策を実施するために投入する資金・人員等の資源を「インプット」、その結果生じる産物を「アウトプット」、アウトプットが生み出されたことにより対象や社会に生じた変化を「アウトカム」、施策がもたらした実質的な効果を「インパクト」と呼んで区別されることもあるが、有効性はアウトカムに関する基準、効率性はインプットとアウトプットの比を問うものとされる。

　また、立法の際に行われる政策的な評価は、予測に基づく事前評価となるが、根拠（証拠）に基づく政策立案（EBPM）の必要性などから、事前評価が重視されるようになっている[21]。他方、政策評価の基本的手法となってきた政策の決定後に行われる事後評価も、政策の効果に関し、実際の情報・データなどを用いて実証的に評価を行い、政策の改善・見直しや新たな政策の企画立案及びそれに基づく実施に反映させることができるものとして重要となる。

　日本でも、政策評価法により事前評価と事後評価が行われているが、政策評価を行う主な目的には①国民に対する行政の説明責任の徹底、②国民本位の効率的で質の高い行政の実現、③国民的視点に立った成果重視の行政への転換などがあるとされ、各行政機関がその所掌する政策について適時に政策効果を把握し、これを基礎として必要性、効率性、有効性等の観点から評価するとともに、その結果を当該政策に適切に反映させていくこととされている。

---

[20]　政策評価法も、政策評価の基本的な観点として必要性・効率性・有効性を規定し、それを受け2005年に閣議決定された「政策評価に関する基本方針」では、それぞれの観点からの評価の方法を示しているほか、政策の特性に応じて選択して用いる観点として、公平性や優先性を挙げている。この点については、第2章第3の1（4）の注も参照。

[21]　政策評価のシステムは、NPMやガバナンス論の浸透に伴って、欧米諸国をはじめ各国で整備が進められてきており、特に力を入れられるようになっているのが事前の影響評価である。規制影響分析（Regulatory Impact Analysis）又は規制影響評価（Regulatory Impact Assessment）の手法は、アメリカやイギリスなどで1980年代から規制改革の取組の一環として制度化されてきたもので、規制の新設や改廃に際し、実施にあたって想定されるコストや便益といった影響を客観的に分析し、公表することにより、規制制定過程における客観性と透明性の向上を目指す手法であり、その結果として国民や事業者への説明責任を果たすというものだ。

　なお、採用された政策は、複数の選択肢を検討・調整して得られた暫定的な結論であって、決して唯一絶対のものではなく、所期の効果を生じるとも限らない。政策は、観念的なものではなく、生きた社会を対象とするものであり、そこで発生する問題は複雑怪奇で、われわれ人間がそのすべてを把握し、その選択肢がもたらす結果を正確に予測することはおよそ困難であり、また、現実の作業は限られた時間と情報など一定の制約の中で行われることになる。たといかに優れた人間であっても一定の能力的な限界と歴史的な制約の中でしか判断できないのであり、政策に携わる者としてはそのことに謙虚であるべきだろう。

　そして、そのようなことからするならば、プロセスや他者によるチェック・批判などが重要となるほか、完全とは言い難い決定を補完するためにフォローアップを怠るべきではなく、その検証を通じてより良いものへと改善していく努力が求められることになる。このようなことからも、企画立案（Plan）−実施（Do）−評価（Check）−改善（Action）を主要な要素とする政策のマネジメントサイクル（PDCAサイクル）を構築していくことが必要である。すなわち、政策過程は、通常、課題設定→政策立案→政策決定→政策実施→政策評価といった段階により構成されることになるが、従来、日本では、政策を立案・決定し（plan）、実施する（do）までの過程に重きを置く傾向がみられた。しかし、より良い政策の実現のためには、実施した政策を総合的に分析・評価し（see・check）、問題点を明らかにして、政策にフィードバックすること（改善：action）も重要であり、これらの政策サイクルを回していくことが重要である。政策評価法に基づく政策評価に関する基本方針でも、政策のPDCAサイクルの中に政策評価を制度化されたシステムとして明確に組み込むことにより、政策の不断の見直しや改善、国民に対する説明責任の徹底を図るとしている。

　もっとも、政策評価をめぐっては、それが形式的なものにとどまり、その結果が十分には活かされてないのが現状であり、また、事前評価については、規制の導入や修正に際し、実施にあたって想定されるコストや便益といった影響を客観的に分析し、公表することになっているものの、限定的なものにとどまり、議会を巻き込んだ取組とはなっていない。

【図表12】政策のPDCAサイクル

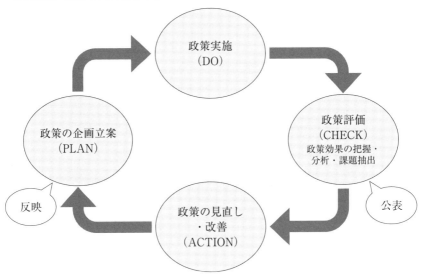

第4章

自治体の責任を意識する

自治体と責任

① 自治体はどのような責任を負うか

　法治主義ないし法による行政の要請は、およそすべての行政活動が法規に適合し、かつ、公益の実現に資するものとして行われることを求めるものであるが、ときに違法又は不当に行われるようなことがあるのもまた避けられないところである。

　住民の自治や行政に対する関心が高まるに伴い、住民からその対応やあり方について厳しい批判・追及を受けるほか、訴訟等を通じて自治体の責任を問う動きが活発化し、自治体や長、職員等の責任が認められることも少なくない。

　「責任」という言葉はかなり多義的に用いられており、日本では、義務との区別も曖昧なまま用いられているところもあるが、元々は何かに対して応答すること、応答できる状態を意味するものとされる。また、責任は、統制と表裏の関係にあり、行政活動を統制することは、その適正な運営を確保するとともに、違法又は不当な行政活動により侵害を受けうる人々の権利利益を保護することにもつながることになる。

(1)　自治体における責任

　自治体の責任といっても、それは多様な形で問題とされうる。

　1つは、その主体に関するものであり、これには、団体としての自治体の責任が問われる場合、自治体においてその執行機関として行為を行う長やその構成員である委員の責任が問われる場合、それを補助する職員の責任が問われる場合がある。

　もう1つは、責任の内容に関するものであり、これには、法的責任（法律上の責任）・職務上の責任（懲戒責任等）・政治的責任、あるいは法制度上の統制手段に対応する責任か否かによる制度的責任と非制度的責任、機関の内部における統制か外部による統制かによる内在的責任と外在的責任などの区分がある。

　このほか、責任ということでは、その統制者が誰かという問題もある。住民、議会、裁判所のほか、職員においては長等の政治機関、上級機関、上司も統制

者となってくる。

　これらのうち、法的責任は、法律上の不利益や制裁を負わされることを意味するもので、これには、民事責任と刑事責任がある。自治体においては、民事責任は自治体、長や委員、職員のそれぞれが負うことがあるが、刑事責任については長や委員、職員が問われうるものである。法的責任は、制度的責任の典型であるが、制度的責任としては、このほかに職務上の責任がある。

　職務上の責任は、職員がその職務上負う責任であり、職員の一定の義務違反に対しては懲戒処分が科されるほか、罰則や分限処分の対象となることもある。職員については、職務が法や職務命令等によって定められるとともに、公務員の勤務のあり方として服務が定められており、それに対応して責任が生じるものである。

　これに対し、政治的責任は、主に政治的結果に対する政治行為者の責任（responsibility）を意味するものであり、道義的責任とは区別されるものであるが、どのような責任を取るかは行為者の判断に委ねられるものである。長、議員などが負うものであり、基本的には、議会や住民の批判を受けるにとどまり、最終的には、選挙における住民の判断に委ねられることになるが、長については議会によって不信任議決を受けたり、有権者から解職請求を受けたりすること、議員の場合には議会において懲罰の対象となったり、有権者から解職請求が行われたりすることもある。また、自らその職を辞するというのもその責任を取り方の1つとされる。

　このほか、行為者の意図や心情にかかわる責任である道義的責任が、長、委員、職員がそれぞれ個人として問われ、非難を受けることもある。

　政治的責任や道義的責任は、基本的に非制度的責任であり、現代においては、この非制度的責任の拡大傾向が見られるとともに、応答責任や説明責任といったものが重視されるようになっている。また、法的責任についても、行政がなすべき任務や遵守すべき法原則ということから、行政の対応が求められたり、その責任が問われたりするようになるなど、その拡大傾向が見られる。

　他方、責任について論じる場合には、本人・代理人理論（プリンシパル・エージェントモデル）が持ち出されることが少なくない。

　本人・代理人理論においては、責任ということでは①任務的責任、②応答的

責任、③弁明的責任、④制裁的責任の４つの局面が問題になるとされる。

　その場合、①の任務的責任は、代理人が本人に対して負う任務を全うしなければならない責任をいい、仕事を任された代理人がその任務の遂行に関し本人の指示に従い、その指示どおりに任務を果たすべき責任が、②の応答的責任である。これらは、代理人が通常負う責任としてresponsibilityに該当するものとされる。これに対し、本人が代理人の任務の遂行に対し不満があり問責を行う場合には、代理人はこれに対して釈明や弁明に努める責任を負うことになり、これが③の弁明的責任であり、accountabilityと呼ばれるものである。そこでは、本人の不満や不信を解消するための答責能力が問われることになる。そして、本人が代理人の弁明に納得すれば、それをもって終了することになるが、本人がそれに納得しなければ、代理人は本人から制裁を受けうることになり、これが④の制裁的責任である。制裁的責任ということでは、最終的なものとして代理人の交代があり、それをもって本人と代理人の関係は終了することになる。

　本人・代理人理論は、住民と自治体との関係に当てはめられることもあるが、多様な役割を担う現代行政において、その託された任務がどのようなものなのか明らかとはいえず、本人（住民）は代理人（自治体）に一括的・包括的に行政を任せているともいえる。行政責任は、行政が議会や住民に対して負う責任とも観念されるが、代表民主制の下では、住民との関係で主に責任が問題となりうるのは、住民の信託を受けた政治機関や政治家の責任であり、行政はそれらの代表機関を通して責任を負い、統制を受けることになる。ただし、自治体においては、住民は、直接に参加・監視をする機能も担っており、情報公開の請求、直接請求、住民監査請求・住民訴訟等を通じて、長等や職員の責任を追及するなど、直接に統制者となるところに特徴があるといえる。

　本人・代理人理論は、むしろ、長等の政治機関とその委任を受けた行政機関・職員との関係で語られることが多い。その場合、行政機関や職員が負う責任については、上記の①〜④に対応させつつ、政治機関から与えられた任務を遂行する責任（任務責任）、法令・予算による規律、上級機関の指令、上司の指示・命令に従って行動する責任（服従責任）、監督者の問責に応答して自己のとった行動について説明・弁明する責任（弁明責任）、任命権者から加えられる制裁に

服する責任（受裁責任）に区分される[1]。そして、このよう委任と受任の関係は、統制と応答の関係として反復され、循環的なサイクルを形成しているといえる。

　ただ、現代の行政においては、委任が包括的となり、裁量の余地が拡大することにより、そのような受動的な責任だけでなく、積極的に裁量して行動する補助責任、自発的・積極的に上司・上級機関・政治機関に報告し提案する補佐責任などの能動的責任を負うようになっているほか、行政サービスの拡大に伴い行政は巨大な利益配分機構となり[2]、行政サービスの配分をめぐりさまざまな集団が生じるとともに（集団の噴出）、行政（職員）が住民や特定の集団などと日常的に直接接触することで、行政機関や職員が、住民等の要望や期待に適確に対応する応答責任といったものも負うようになっている。

　このように責任の重層化や多元化などが進んできているが、それらは、内在的・制度的、あるいは外在的・制度的なものだけでなく、外在的・非制度的、内在的・非制度的なものにも拡大してきているといえる。

【図表13】地方自治体における責任・統制の類型

	制度的	非制度的
外在的	・議会による統制 ・住民による統制（選挙・直接請求・住民訴訟等） ・裁判所による統制 ・国による統制	・諮問機関、聴聞手続その他の参加手続における要望・批判等 ・情報公開請求による統制 ・利益集団・利害関係人による圧力・抵抗 ・専門家集団による評価・批判 ・マス・メディアによる報道
内在的	・長による執行管理 ・人事・財政部門による統制 ・上司の指揮命令による統制 ・監査委員による統制	・同僚議員による評価・批判 ・職員団体・職員組合の批判 ・内部告発

　なお、適切な説明を行う義務としての説明責任（accountability）が、民主主

---

[1]　受動的・能動的、外在的・内在的、制度的・非制度的な責任の区分やその拡大状況なども含めて、西尾勝『行政学』（有斐閣、1993年）351頁以下参照。

[2]　そこでは、行政サービスは、政治権力が人々の支持を調達する主要な手段ともなり、ともすればそれが利益分配政治に傾きがちとなることにも注意が必要である。

義の観点から重視され、頻繁に用いられるようになっているのは周知のとおりだ。従来においては、政治が負う責任としてresponsibilityとaccountabilityの２つが意識的に区別されることはなかったが、説明責任は、民主性や透明性の確保の観点から、政策決定や行政のあり方などについて国民や住民に負う責任概念として重視されるようになっている。

　説明責任は、会計学や行政学で用いられてきたものであり、元々は他人の財産を受託している者がそれをいかに管理し処理したかについて根拠を示して説明できるようにする義務を意味するものであったが、近年は、会計上の公金使用に関する説明にとどまらず、民主主義の観点から、政治や行政について幅広く用いられるようになっており、その行為や結果について国民・住民や利害関係者に対し積極的に十分な情報を提供し理解を得ること、政策を十分に説明可能な合理的なものとすることなどの趣旨で用いられている。そして、それに伴って、客観性・制裁可能性・他律性などが特徴とされたaccountabilityと、主観的・抽象的・自律的な責任とされるresponsibilityとの区分はかなりあいまいとなっているほか、説明責任は、さらに、公的な機関にとどまらず、広く社会に影響をもちうる活動を行う団体にまで主体が拡大されるなど、説明を求められる対象や内容が拡散してきている。

コラム⑳　行政に対する住民の信頼保護原則

　民法１条２項が書く「信義誠実の原則」は、全法域に通ずる"法の一般原則"と理解されている。そこに、法律関係の相手方の言動を信頼した者が被害にあった場合の、「信頼保護原則」が含まれていよう。

　しかし行政法および自治体法にあっては、信頼保護の対象者・被害者が、国民・住民か行政主体かで、法律関係に大きな相違が存するのではないかという問題が含まれている。

　行政法および自治体法としては、国民・住民が行政公務員の公的見解表示を信頼して被害を受けた場合は、行政に対する国民・住民の信頼を強く保護することが、行政主体（国・自治体等）に関する国家法・公法の原則であると解する筋がありうる。

　不利益行政法規の不遡及原則、利益付与処分の撤回・取消しの制限のほか、基本

原理的意味での手厚い国家補償責任など。

　それに対し、国民・住民が不実申請により不正受給を受けたといった場合における行政側の信頼保護は、個人間の一般信頼保護原則（民法１条２項）と同様であってよいと解する筋との対称でもありえよう。

⑵　自治体の役割・任務（自治体法）と責任

　自治体にかかわる法的責任については、その権限や事務について定める法規範に照らして、義務違反ないし違法行為に関し問われるものである。どのような行為がそれに該当するかは、個々の具体的な違反に基づいて判断されることになるが、民事責任や刑事責任は法が定める要件に該当することで生じることになる。義務などを果たさないことが不作為として違法とされ、その責任が追及されることもある。

　また、職員は、行動準則・行為準則に従って、その職務を行うことになるが、その基礎となるのが組織法であり、人事（任用）を通じて任務を負い、組織法が定める所掌事務においてその職務を遂行するとともに、作用法や手続法に基づくことが求められ、あるいはそれらに拘束されるほか、上級機関や上司の指示・命令によっても準則が補完されることになる。地方公務員法では、職員の服務として、法令に従う義務と上司の職務命令に従う義務が規定されている。

　職員は、このような行動準則・行為準則に従って行動するだけでなく、問題が生じた場合にはそれに即して弁明する責任も負うことになる。

　これに対し、非制度的な責任については、抽象的な自治体の役割、任務、責務といったことからも問題とされることになり、また、これらは法的責任の判断にも影響を与えることがある。

　自治体の役割・任務ということでは、地方自治法１条の２第１項が、地方自治体は、住民の福祉の増進を図ることを基本として、地域における行政を自主的かつ総合的に実施する役割を広く担うものと規定する。また、地方自治の根幹をなす住民自治の原則からは、自治行政は、住民の意思に基づき、その監視と統制の下に行われることとされるとともに、住民は、その属する自治体の役務の提供をひとしく受ける権利を有し、その負担を分任する義務を負うものとされている。しかし、前者は自治体の基本的な役割を抽象的に規定したにとど

まり、そこから具体的な役割や任務が導き出されるわけではなく、後者は基本的な理念であって、それにより住民に具体的な権利を認めるものではない。

地方自治体は、地域において住民の生活・福祉、教育、衛生、環境などを確保・維持し、地域の発展を担う行政主体として、多様化・複雑化・広域化する行政需要に積極的に応えていかなければならない立場に置かれており、住民のニーズや意思いかに受け止め、これらにどう対応していくかということは、最も基本的なテーマとなるものといえる。しかし、肥大化・複雑化しがちな住民のニーズにすべて応えることは困難であり、かつ、妥当でもなく、住民のニーズにすべて応える義務を負うものではない。自治体や行政としては、肥大化・複雑化する行政需要に対し、できることとできないこと、何をなし何をなすべきでないかということを適確に判断しつつ、選択や優先付けをしていくことが求められることになる。

このほか、行政を展開する上で多くの法令や条例が制定され、その中において、自治体の義務や責務が規定されることが少なくない。

その場合に、そこでは、自治体あるいは都道府県や市町村に対して一定の措置等を講じることを義務付けることもあれば、一般的な義務や責任を規定するものもあるが、後者についてはその多くが理念的・抽象的なものにとどまっている。その典型が、責務規定であり、法令や条例において自治体の責務規定が置かれることが多い[3]。「責務」は、本来は責任と義務の意とされ、法令においては、責任と同義で用いられるケースや、責任をもって果たすべき職務という意味で用いられるケースなどがみられるが、いずれにしても、その本来の意味とは異なり、具体的な義務を課すものではなく、訓示的な内容を規定する場合に用いられるものとなっている。義務とは呼ばれるものの、「努めなければならない」、「努めるものとする」などと定める努力義務も同様である。これらが、個々の規定の解釈において理念的に考慮されることはあっても、そこから具体的な義務や責任が導き出されることがないのがほとんどである。

ただし、それらの規定が自治体の行為や不作為の評価にあたり、持ち出され、

---

[3]　条例で政策の理念やプログラムなどを規定する場合の定番の規定となっているだけでなく、住民等の責務についてもやたらと規定されており、責務規定の氾濫といった状況にある。

裁判所によって考慮されることはありうる。

　そして、現代においては、法的責任についても、個別の法規範の違反だけでなく、行政がなすべき任務や遵守すべき法原則ということから、行政の対応が問われ、その責任が認められることも少なくない。たとえば、事業者の事業活動により生じる危険性や自然災害等によって生じる危険に対して、行政がその権限を行使して適切に対処すべき責任が問われ、その不作為等について国家賠償責任が認められるのがその例である。国や自治体による国民の生命身体健康を守る責任が強調され、予防原則等により早期の対応を求められたり、責任の根拠として条理が持ち出されたりすることもある。

　行政はさまざまな法に基づいて行われることになるが、職員には、行政の専門家として、職業合理性に基づき、適切に職務を行っていくことが求められるとともに（専門家責任）、そこでは常に住民の視点を見失わないようにすることが必要である。そのためにも、普段から、住民にしっかりと説明できる行政に努めることが大事となる。

コラム㉑　国民・住民の責務

　近年、法律や条例において、国民や住民の責務について規定するものがやたらに増えている。特に、ここのところその数が急増している政策プログラム法・条例などで、そのような例が目立つ。

　「責務」は、法令においては、これまで国や自治体に関し規定されることが多く、具体的な義務ではなく、訓示的なものにとどまるとされており、努力義務と大差はない。

　国民や住民の責務の場合も基本的には同じで、精神的な規定にとどまるが、さらに、住民の「努力」・「協力」・「役割」といった見出しを付し、より義務の要素を薄めようとするものなども見受けられる。

　国民や住民の責務が、法律や条例で規定されるようになっている背景には、国民・住民の主体性や個人の自己責任を重視する最近の傾向・風潮があることは間違いない。特に、国民や住民については、主権者、あるいは統治の客体ではなく主体ということが強調されるようになるとともに、一定の施策や改革を実現していく上で国民や住民自身の意識改革・理解や協力・取組が必要不可欠とされることが多くなっ

ていることなども関係しているといえる。そこでは、共同体主義的な考え方、新自由主義的な考え方などが矛盾もはらみつつ混在するとともに、立法者の側も、義務ではなく、責務であれば、問題は少ないとやや気楽に考えてしまっているところもありそうだ。

　しかし、いくら内容的にはごもっともなことでも、何でも国民や住民の責務として規定してよいというものではなく、法律や条例でそんなに精神論を振りかざして何の意味があるのかと考え込んでしまいたくなることもある。とりわけ、最近は、道徳や個人の判断にゆだねるべきような事柄まで法律や条例で規定する状況も見られ、どこまでそれが進むのか不安ともなる。問題は法というもののあり方にもかかわるものであり、そのようなものを法で規定するのがふさわしいかどうかが検討される必要がある。

　しかも、そればかりではなく、義務や法的な効果を生じないと思って規定したことが、思わぬ副産物をもたらすこともありうる。責務規定ではあっても、規定の仕方や内容しだいでは、国民や住民に過大な負担や責任を求めることにつながったり、裁判等に影響が及んだり、弱者への配慮を欠くことになることなどもないわけではない。立法の現場では、もう少し問題意識や緊張感・責任感が必要なのではないだろうか。

⑶　行政の民間化と責任

　これまで公共は「官」が担うものとの考え方が根強く存在してきたが、国と地方で進められてきた行政改革においては、「官から民へ」、「民間でできることは民間に」という考え方の下に、規制改革、行政のスリム化・民営化、民間への業務の譲渡や委託が進められ、PFI、構造改革特区、独立行政法人、公の施設における指定管理者制度の導入、官民競争入札（市場化テスト）など、アウトソーシング・民間開放や行政への民間経営手法（NPM）の導入が推進されてきている。そして、そこでは、従来の「公共性の空間は官の独占物」といった考え方を改め、民も公共を担うようにしていく必要があることが強調されてきた。

　自治体におけるアウトソーシングは、組織の機能や提供するサービスの一部を外部の経営資源に委ねることを指し、公共サービス全般についてその必要性や効率性を不断に見直すための手法として位置付けられており、また、公共サ

ービスの一部を民に委ねることは、公共サービスの質の維持向上が図られるというだけでなく、雇用の創出など地域の活性化につながることなども期待されているところだ。

このような動きは「行政の民間化」と呼ぶことができるが、自治体では、厳しい財政状況なども背景に、「住民との協働」やPPPなどといった理念の下で、積極的に進められるようになっており、地方行政のあり方にも大きな影響を及ぼすようになっている。特に、行政の民間化が進められるに伴い、私人が公的な事務・事業を担うようになり、そこでは、私人が公共サービスを提供するだけでなく、一定の処分など行政行為を行うことも少なくない。また、その場合には、自治体と住民との関係だけでなく、自治体と民間事業者と住民といった三者の関係が生じることになる。

行政の民間化を進めていく場合、それらのうちのどのような方法を選択し、どのような手続で、民間事業者を選定するかということが重要となってくるほか、公共性や公正性の確保などの点から、その事務・事業が所期のとおりに適正かつ着実に遂行されていることや、住民の権利利益をいかに確保していくかということも、大きな問題である。特に、民間化したからといってその事務・事業に関する責任を自治体の側が必ずしも負わなくなるわけではないことに注意が必要だ。

その点で、関係者に衝撃を与えたのが建築基準法に基づく指定確認検査機関による確認事務も自治体の事務であり、自治体に対する国家賠償請求への訴えの変更を認めた最高裁の判断（最決平成17年6月24日判時1904号69頁）である。これは、自治体が業務を民間化した場合でも、当該業務が引き続き自治体の業務として位置付けられるときには自治体も責任を問われうることを示したものであり、業務を民間に委ねた場合の自治体と民間事業者の責任のあり方などについても十分に念頭におく必要があることを示唆しているといえる。また、愛知県児童擁護施設損害賠償請求事件・最判平成19年1月25日民集61巻1号1頁は、児童養護施設に入所した児童に対する関係では、施設における養育監護は本来都道府県が行うべき事務であり、社会福祉法人の設置運営する児童養護施設に入所した児童に対する施設職員等による養育監護行為は、都道府県の公権力の行使に当たる公務員の職務行為であるとした上で、その被用者が第三者に加え

た損害について、県の損害賠償責任を認めた[4]。

このように、行政を民間化しても、自治体は、事業者による適切な事務・事業の実施に関する管理・監督、不適切な事業者への対応や不十分なサービスの補完、住民の権利利益の擁護などにつき、仕組みを整備し、適切に運営されるようにしていくことが求められることになる。

なお、行政の民間化と規制改革とは同一の次元で論じられることが多いが、公的な事務・事業が民間に委ねられた場合には、その公共性、公正性、安全性などを確保するために、一定の規制や管理・監督などが必要となることも少なく、むしろ規制が増えるようなこともありうるといえる。

コラム㉒　PPPとその展開

地方自治体において、統治の質としてガバナンスが重視されるとともに、国・自治体の役割や公共のあり方が問われるようになる中で、キー概念とされるようになっていたのがNPMとPPPである。

NPMは、民間企業で活用されている経営理念や手法を、可能な限り公的部門へと適用することにより、公共部門のマネジメントの革新を図ろうとする新しい公共経営のことを指し、戦略計画の策定と、その達成度合いをモニタリングする評価システムの設計などを主眼とし、①顧客主義への転換、②業績・成果による統制、③ヒエラルキーの簡素化、④市場メカニズムの活用などを特徴とするといわれている。

NPMは、規制改革だけでなく、公共領域のあり方を問い、公的部門の民間化、住民、企業等とのパートナーシップの流れも生み出すことになった。PPPは、Public Private Partnershipの略称で、公民協働、公私協働などと訳されているものである。官だけでなく民（市民・NPO・企業など）も公共サービスの担い手であるとの考え方に立ち、これらの主体が連携・協働することによって、公共サービスの質の向上と効率的な提供を実現しようとする概念やその手法を総称するものとして用いられており、公共サービスの提供の新しいあり方として導入されるようになっている。

---

[4]　また、同判決は、その被用者が第三者に損害を加えた場合でも、当該被用者の行為が公権力の行使に当たるとして国又は公共団体が被害者に対し国家賠償法に基づく損害賠償責任を負う場合には、被用者個人が損害賠償責任を負わないのみならず、使用者も使用者責任を負わないとしている。

　そして、PPPは、自治行政においては、市場原理による効率性とともに非営利組織やコミュニティとの連携など地域の特性を考慮しつつ、公共サービスの提供について透明化を図り、行政が担う公共サービスの領域と手法を再検討することで、地域の持続性を図る仕組みとも位置付けられるようになっている。その実践では民への丸投げ、コスト至上主義、セーフティネットの劣化などの問題が指摘されるとともに、少子高齢化やグローバル化の進行に伴い民間部門の人的資源や資金等にも制約が強まり、民間化自体の限界も明らかとなってきており、公共サービスの担い手としての地域やコミュニティの機能を重視する方向にシフトさせようとするものだ。さらに、公共サービスの提供だけでなく、公共領域の形成と展開自体に住民参加などの民主的手続を組み込むことにより、自治体の政策や公共サービスを形成し展開する流れも生じている。市場主義に民主的手続を組み込むもので、NPS（New Public Service）などと呼ばれ、そこでは、住民、地縁団体、NPOなど多様な主体が、多様な利害や価値観で参加し、意思決定を行う民主的な仕組みが重視される。これは、スリム化・効率化を最優先とするのではなく、民主的な政策決定を重視し公共サービスのあり方を役割と責任の分担ということから考えようとするもので、市場原理よりも民主主義の観点から住民への奉仕者としての役割を重視して事業モデルを形成するだけでなく、自治体が住民等とネットワークやプラットホームを形成し、公共サービスだけでなく財政など広範な意思決定を行うことを重視するガバナンス理論とされるNPG（New Public Governance）にもつながるものといえる。

② リスクをどうマネジメントするか

　地方自治体において、汚職、官製談合、不当要求に対する不適切な対応、公金の不正支出や着服、裏金・プール金問題などの不祥事が後を絶たず、住民の行政に対する信頼を揺るがしかねないような状況が散見される。

　法治主義の理念に照らし、自治体職員が法令を遵守し、公正・公平な行政を行っていくべきことは当然のことであり、法による行政を展開していくことが要請される。また、自治行政のあり方を考える上で、合法性・透明性の確保やガバナンスの確立が重要な課題となっており、そこではコンプライアンスにとどまらない内部統制に関する体制整備などが求められている。

　内部統制は、基本的に、①業務の効率的かつ効果的な遂行、②財務報告等の信頼性の確保、③業務に関わる法令等の遵守、④資産の保全の4つの目的が達成されないリスクを一定の水準以下に抑えることを確保するために、業務に組み込まれ、組織内のすべての者によって遂行されるプロセスをいい、①統制環境、②リスクの評価と対応、③統制活動、④情報と伝達、⑤モニタリング（監視活動）、⑥ICT（情報通信技術）への対応といった基本的要素から構成される[5]。地方自治体における内部統制は、住民の福祉の増進を図ることを基本とする組織目的が達成されるよう、組織目的の達成を阻害する事務上の要因をリスクとして識別・評価をし、対応策を講じることで、事務の適正な執行を確保することを意味することになり、そこでは、4つの目的の達成に向け、事務事業の業務プロセスの恒常的な検証・見直し、会計事務などの財務におけるリスクの把握と適正なルールの運用・情報の適切な保存管理、職員一人ひとりの業務にかかわる法令等の規範の理解・遵守と適正な業務執行・組織としてのチェック体制の確保、正当な手続に基づく取得・使用・処分等による保有財産の適正管理などの取組が求められることになる。

　そして、このような状況を受け、自治体職員の不祥事の再発防止、コンプライアンスや内部統制の確立に向け、法律による規律の強化のほか、それぞれの自治体での対応など、さまざまな取組が行われてきている。

　たとえば、法律レベルでは、国・自治体でいわゆる官製談合事件が相次いだことを受け、公共工事の入札及び契約の適正化の促進に関する法律（平成12年法律第127号）の制定・改正、入札談合等関与行為の排除及び防止並びに職員による入札等の公正を害すべき行為の処罰に関する法律（平成14年法律第101号）の制定・改正などが行われたほか、国の職員の相次ぐ不祥事をきっかけに制定された国家公務員倫理法（平成11年法律第129号）では、自治体と特定地方独立行政法人に対し、倫理法に基づく国などの施策に準じて地方公務員の職務に係る倫理の保持のために必要な施策を講ずることが努力義務として規定された。また、法令の規定の遵守という点からは、公益通報者保護法（平成16年法律第122号）も制定・改正されてきている。さらに、2017年の改正で地方自治法に内

---

[5]　企業会計審議会「財務報告に係る内部統制の評価及び監査の基準」参照。

部統制の規定が設けられ、長が、財務等の事務の管理・執行に関する内部統制方針を定め、これに基づいて必要な体制を整備することとされている。

　他方、自治体でも、一般競争入札の対象拡大をはじめ入札制度改革が進められ、職員倫理条例や職員倫理規程が制定されているほか、コンプライアンスや公益通報などの制度の整備が行われてきた。特に、コンプライアンス条例は、法令遵守の徹底と不正行為の防止のため、公益通報制度（内部告発制度）の整備、不当要求行為への対処などについて定めるものであり、職員倫理の規定や行動基準、コンプライアンス基本方針の策定、職員の研修、定期的な調査とその結果の公表などを盛り込むものもみられる[6]。

　不祥事の防止のためには、まずは、それぞれの自治体において、地方公務員法に定める服務（義務）と公務員倫理の徹底を図るとともに、違法行為や服務規律違反などの行為があった場合には厳正な対応をとることが重要であり、そのために、職員倫理に関する条例や規程などを整備することも求められることになる。そして、それとともに、コンプライアンスを確立するための制度や体制を整備していくことも必要となってくるが、コンプライアンス体制の整備は、法令遵守の徹底ということだけでなく、不当要求行為などに組織で対応し、それらから職員を守るといった自己防衛的な側面も有しているほか、内部統制体制の柱の1つともなるものといえる。

　各自治体では、地方自治法の規定を受けて、内部統制に関する方針の策定や体制づくりが進められているが、内部統制体制としては、内部統制に関する方針に基づき、内部統制を推進する責任者・部局や評価する部局の設置など全庁的な体制を整備しつつ、組織内のすべての部署において、リスクに対応するために規則・規程・マニュアル等を策定し、それらを実際の業務に適用することなどが求められており、長の指示のもと、組織内のすべての部署において、財務をはじめとする事務・事業につき、リスクの把握・評価、対応、モニタリン

---

[6]　その力点をどこに置くかは制定自治体によって異なり、職員・住民などの責務を定め、不当要求に関する調査を行う組織や委員会を設置する型、口利き防止のための要望等の記録と委員会での不当要求の審査に重点を置く型、公益通報者（内部告発者）の保護と通報の受け皿の設置を柱とする公益通報制度を整備する型、不当要求への対応と公益通報制度の両方を定める型など、さまざまな例がみられる。

グ、改善からなるPDCAサイクルを継続的に繰り返すことにより、各部署においてリスクを低減する活動を行っていく必要がある。

　特に、リスクの把握・評価・対応は、組織目標の達成に影響を与える事象について、組織目標の達成を阻害する要因をリスクとして識別・分析・評価し、リスクへの適切な対応を行うプロセスであり、さまざまなリスクについて、その状況を適時的確に把握した上で、現実にならないような対策を考えるとともに、リスクが現実となった場合には、早期に対策を講じることが必要である。リスクを適切にコントロールするためのプロセスである「リスクマネジメント」は、リスクの評価と対応に関する内部統制では欠かせないものとなっている。その場合に、リスクには、行政を行っていく際に内部で発生するリスクと、外部の要因により発生するリスクがあり、いずれのリスクについても、まずはリスクの内容と発生原因を洗い出して識別をし、見つけ出したリスクについて、顕在化する可能性が高いものや行政活動に与える影響の大きいものから評価を行い、その結果を踏まえて優先順位を付け、対応策を検討していくことが重要となる。

　また、命令や指示の適切な実行を確保するために定める方針・手続である統制活動には、権限・職責の付与、職務の分掌等の広範な方針や手続が含まれ、このような方針・手続は、業務のプロセスに組み込まれ、組織内のすべての者において遂行されることにより機能するものであり、職務の分掌の明確化、多重チェックの活用などによるミスの早期発見、不正の防止等のほか、活動の記録をしっかりと残し、一定期間保管することなどが重要となる。

　さらに、内部統制では、それが常に有効に機能していることを継続的に評価するプロセスであるモニタリングによって、監視・評価・是正されていくことが必要である。モニタリングには、業務に組み込まれ業務の過程でその業務に携わっている担当者や管理責任者によって継続的に行われる日常的モニタリングと、業務から独立した視点から実施される独立的評価があり、両者は個別に、あるいは組み合わせて行われることになる。そこでは、内部統制のさまざまな仕組み・措置が有効に機能しているか、効率的に運用されているかの確認とともに、より良い仕組み・措置への改善のほか、時間の経過や環境の変化に対応した措置の追加や是正などを行っていくことが求められ、その点では日常的モ

ニタリングが大事となる。他方、独立的評価は、業務と関わりのない外部の視点から定期的に内部統制の有効性をチェックするものであり、日常的モニタリングで見逃されやすい部分を評価するだけでなく、これを評価する側面をもつ。独立的評価としては、監査委員によるものがその典型であるが、議会による監視・評価も重要となる。

　それぞれの自治体においては、既に整備してきた適正性を確保するための制度と内部統制制度の関係をどのように整理し、整合させ、それぞれの自治体に適合的なものとしていくかが問われることになる。

　なお、自治体においては、これらと併せて、自治体をめぐる訴訟の量的増大と質的変化を踏まえてこれらの紛争に適切に対応するための組織体制を整備し、訴訟対応機能の充実を図るほか、法治主義の観点からも、違法行為の未然の防止を図るための違法行為予防機能を拡充していくことなども求められているといえる[7]。

7　民間企業の法務については、企業活動から生じたさまざまな紛争を事後的に処理する「臨床法務」、企業活動における紛争の発生を未然に防止し、あるいは紛争が発生した場合でもその影響をできるだけ小さくするための「予防法務」、さらには経営戦略の立案に関し経営者に助言・提言を行う「戦略法務」に区分され、また、発展してきており、リスク管理の法務ということでは、自治体も参考とすべきではないかと思われる。

第2 自治体の責任を問う仕組み

　自治体の行政活動について、統制を行い、あるいはその責任を追及する仕組み・手段としては、さまざまなものが整備され、予定されている。

　この点、行政の内部においても統制の仕組みが用意されており、上級行政庁が下級行政庁を指揮監督し、職権による取消権を行使したり、評価・監察組織が調査を行い、是正を求める勧告をしたりすることなども行われている。しかし、それらは、行政が自発的に行うものであって、人々の権利利益の保護を目的とするものではない。

　他方、外部的な統制ということでは、自治体の場合、議会、住民、国などがあり、特に、住民に住民自治の観点からの統制手段が認められていることが特色となっている。統制手段や是正・救済手段が権利として認められている場合には、自分たちのイニシアティブでその手続を開始することができるだけでなく、その解決が義務的に求められることになるのであり、また、申立者と相手方と裁断者が分離される場合には、公正な判断が期待されることになる。

　この点、住民意識の向上や、情報公開制度の浸透、地方分権改革、司法制度改革などを通じて、自治体を取り巻く法的な環境は大きく変化してきており、自治や行政のあり方を問う手段として、訴訟の有効性が高まり、住民の側もそのことを認識するようになってきている[8]。自治体をめぐる訴訟の数も増え、自治体においては、訴訟リスクを念頭に置いた対応も求められるようになっている。

　それでは、自治の現場で、行政の対応をめぐって問題が生じた場合に、どのような形で問題とされ、救済が図られるとともに、自治体や職員の対応や責任が問われることになるのだろうか。

---

[8] たとえば、情報公開制度の浸透により自治行政に関する文書は原則として公開されることとなることで、住民などによる責任の追及や挙証が相当程度容易になるとともに、分権改革により自治体が地域社会における行政主体・政策主体として行政処分や自治立法を行う機会が増大し、その責任が問われるケースも増える一方、事前調整から事後統制・救済を掲げた司法制度改革により住民や事業者が自治体を提訴するハードルが低くなり、裁判所の姿勢にも変化がみられる。

①　議会による追及・統制

　自治体の行政活動について、まず責任追及の場となるのは、住民の代表機関として、行政の監視や統制の機能を担う議会である。ただ、議会は、自治体の機関であって、あくまでも行政を担う執行部の責任を問うのであり、自治体ということでは、議会もまた十分なチェックや監視を行ってこなかったことの責任を住民から問われうることになる。

　議会は、執行部の行う行政等について監視し、統制するために、①報告・書類受理権、②検閲検査権・監査請求権、③調査権、④同意・承認権、⑤不信任議決権などの権限を認められている。特に、調査権（100条調査権）は、議会がその重要な職責を十分果たすことができるよう、その自治体の事務について認められているものであり、調査を行うにあたっては、強制的な方法によることが認められている。すなわち、そこでは、選挙人その他の関係人の出頭・証言および記録提出を求めることができるものとされ、証言等の拒否や虚偽陳述には罰則が科されるほか、公務員が職務上の秘密に属するものである旨の申立てを行ったときは、所属の官公署の承認がなければ証言・記録の提出を請求することができないものの、官公署が承認を拒む場合にはその理由を疎明しなければならず、議会はそれが理由がないと認めるときは証言・記録の提出が公の利益を害する旨の声明を要求することができ、官公署が20日以内に声明をしないときは、関係人は証言・記録の提出をしなければならないものとされている。

　このほか、議会は、責任の追及、非難、辞職の勧告などの決議を行うことにより、責任を問うこともある。

②　住民による追及・統制

　自治体や職員については、住民により、自治体が行う行政の当事者や関係者の立場から、あるいは住民による直接参政や監視として、その対応や責任を問われ、追及されることもある。その追及や統制の方法としては、次のようなものがある。

(1)　苦情相談

　自治体においては、いずれも、各担当部局で住民からの相談を受け付けてい

るほか、住民相談所など総合的な相談窓口を設けているところ、広報広聴課、総務課、秘書広報室等が受付・取りまとめを行っているところなどがあり、行政に対する問い合わせ、不平不満、意見・要望、相談等などを受け付けている。苦情相談は、その解決が法的に義務付けられるものではなく、自主的な対応を促すものであり、行政内部で自主的な対応やあっせんなどの必要な措置をとることにより、行政の制度・運営の改善や質の向上、個人の権利利益の保護に資することになるとともに、行政運営の民主化などにもつながりうる。権利利益の侵害を構成しないような不平不満、行政機関の事務処理の非能率や不経済による不便・不満なども対象とされ、幅広い救済が期待できるものである。苦情相談は無料で利用でき、その手続が簡易・迅速であるとともに、担当部局以外で相談の受付・処理が行われる場合には、相談者と所管部局等との間に立って、業務を所管している部局とは異なる立場で相談の解決が進められることになる[9]。

　なお、自治体によっては、オンブズパーソンを設置しているところもある。オンブズパーソンの制度は、住民が行政サービスにおける不利益を受けた場合に、担当機関や総合相談窓口などで相談したにもかかわらず何ら解決しなかった際に、公正中立な第三者機関としてのオンブズパーソンが苦情処理を行うことにより、最終的な苦情対応機関として役割を果たすものである。

　ただし、これらは、あくまでも事実的なものであり、それによる限界もある。また、苦情相談の場合には、申出人の情報の取扱いや秘密の保護といったことなども重要となってくる。

　他方、国の行政については、行政相談制度として、各府省の本府省や必要と認める附属機関・地方支分部局に行政相談担当者を置き、苦情・相談事案の処理に当たるとされており、行政相談は、国や独立行政法人、特殊法人の業務、国が関わっている都道府県・市区町村などの業務に対する苦情、意見・要望などを幅広く受け付け、担当行政機関とは異なる立場から、関係行政機関にあっせんを行うこととされている。人権侵害に関しては、別途、人権擁護委員の制度が設けられている。

---

[9]　苦情処理の手続については、①苦情の受付、②事情の聴取、③関係機関に対する照会など苦情の実体に関する調査、④申出に理由がある場合には、関係機関への苦情の内容の連絡・意見を付してのあっせんなどによる苦情解決の促進といったプロセスとなるのが一般的である。

　なお、ICTの発達に伴い、自治体や国の一部では、インターネットを通じた苦情相談の受付が行われており、その場合には、相談者は場所や時間を気にせずに苦情相談を申し出ることが可能となり、その利便性の向上が図られることになるが、行政の側は情報セキュリティ対策に十分留意することが必要となる。

> ## コラム❷❸　オンブズマン（オンブズパーソン）
>
> 　オンブズマン（Ombudsman）という言葉は、"代理人"を意味するスウェーデン語で、行政機関が行うサービスが、法の趣旨に照らして公正に行われていくように、公平・中立な立場で国民や住民からの苦情を受けて調査し、必要であれば改善措置を求めていく権限を与えられた者を指す。欧米では、国家行政監察委員として採用され、日本でも行政相談委員を加えたその新設構想が生じたが、自治体における行政苦情処理委員が公的オンブズマンとして1990年代から登場している（川崎市市民オンブズマンをはじめ）。
>
> 　その住民目線に立つ第三者的な行政苦情調査・救済手続は、既に定着しているが、自治体全体では、首長部局内の住民相談・住民モニター制などと併存している。
>
> 　もっとも、福祉・子ども・女性の人権救済に当たる特別委員としては、オンブズパーソンの名称が選ばれている。
>
> 　他方、「市民オンブズマン」は、弁護士・NPO等の民間団体が行政苦情救済に当たる名称として各地で用いられており、"住民の代理人"イメージとしては、自治体の公的オンブズマンと共存関係にあると見られよう（兼子仁・北村喜宣・出石稔編『政策法務事典』（ぎょうせい、2008年）398～401頁参考）。
>
> 　なお、最近は、一般に、オンブズパーソンという言葉が用いられるようになっている。

⑵　行政不服審査

　行政庁の違法又は不当な行為については、行政庁において取消し・撤回をしたり、上級行政庁が職権により取り消したりすることで是正されることもあるが、その対象となった国民の権利として救済が図られるものではない。

　行政不服審査制度は、行政不服審査法（平成26年法律第68号）に基づいて、行政庁の違法又は不当な処分その他公権力の行使に当たる行為に関し、国民が簡

易迅速かつ公正な手続の下で広く行政庁に対する不服申立てをすることができるように定められたものであり、国民の権利利益の救済を図るとともに、行政の適正な運営を確保することを目的としたものである。裁判とは異なり、不服申立てをするための費用がかからず、審理手続も簡便であるといった特徴がある。

　不服申立ての代表的なものが、行政庁の処分の取消し等を求める審査請求であり、行政庁の処分その他公権力の行使に当たる行為に不服がある者は、処分についての審査請求をすることができる。また、法令に基づき行政庁に対して処分についての申請をした者は、当該申請から相当の期間が経過したにもかかわらず、行政庁の不作為がある場合には、不作為についての審査請求をすることができる。

　審査請求は、原則として、処分庁等に上級行政庁（審査請求の対象となった処分又は不作為に係る行政事務に関し、処分庁等を指揮監督する権限を有する行政庁）がある場合にはその最上級行政庁に対して、上級行政庁がない場合にはその処分庁等に対してすることになるが、個別の法律又は条例に特別の定めがある場合には、その法律又は条例に規定されている行政庁に審査請求をすることとなる。処分についての審査請求は、処分があったことを知った日の翌日から起算して3か月以内にしなければならず、また、処分があったことを知らなかった場合であっても、処分があった日の翌日から1年を経過したときは、審査請求をすることができなくなる。

　審査請求書が提出された審査庁においては、審理の公正性を確保するため、処分に関する手続に関与していないなど一定の要件を満たす審理員が審査請求の審理を行うものとされ、審理は、弁明書、反論書等の書面を中心に行われるが、申立てにより、口頭で意見を述べることもできる。審理員は、必要な審理を終えたと認めるときは、審理手続を終結し、審査庁がすべき裁決に関する意見書（審理員意見書）を作成の上、審査庁に提出する。審査庁は、審理員意見書の提出を受けたときは、一定の場合を除き、第三者機関である行政不服審査会に諮問し、行政不服審査会は、審査庁の裁決に係る判断の妥当性を確認し、その結果を審査庁に対して答申を行い、審査庁は、行政不服審査会から諮問に対する答申を受けた後に、審査請求に対する裁決を行うことになる。裁決においては、審査請求に理由がある場合には処分の取消し等の認容裁決、審査請求に

理由がない場合には棄却裁決、審査請求が不適法である場合には却下裁決が行われ、主文、事案の概要、審理関係人の主張の要旨および理由などを記載した裁決書の謄本が審査請求人に送付される。

　行政不服審査は、裁判の前審手続的なものといえるが、これを経ることなく裁判所に訴訟を提起することも可能である。ただし、中には、訴訟の提起には審査請求を経ることが前提とされているものもある（審査請求前置）。

【図表14】審査請求の仕組み・流れ

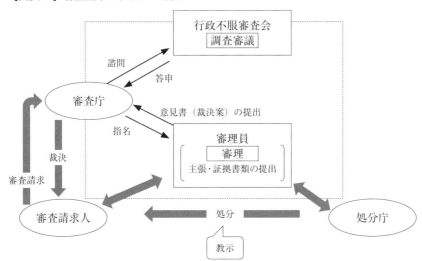

　なお、地方自治法は、職員の給与、分担金・使用料・手数料等の徴収、行政財産を使用する権利、公の施設を利用する権利など、不服申立てや行政事件訴訟について特例を定めている。具体的には、その内容に応じて、長以外の機関がしたものに対する審査請求は長が最上級行政庁ではなくても長に対して行うこと、長は審査請求につき議会に諮問して決定を行うこと、一定の審査請求は都道府県にあっては総務大臣、市町村にあっては都道府県知事に対して行うこと[10]や、出訴につき審査請求前置などが規定されている。また、そのほかに、

---

[10]　都道府県の事務に関し総務大臣、市町村の事務に関し都道府県知事に対し地方自治法の規定による

法律の定めるところにより不服申立てをすることができる場合を除き、包括的な不服申立てのみちを認めるものとして、自治体の機関がした処分により違法に権利が侵害された場合の総務大臣または都道府県知事による審決の手続についても規定されている（255条の4）。

　行政庁の処分が不服でも、不服申立ての存在や方法を知らなければ、その活用ができなくなってしまう。このため、行政不服審査法では、教示制度を定め、不服申立てができるのか否か、できる場合には、どのような方法で行うのかなどを教示することを定め、教示を懈怠した場合や教示を誤った場合等の救済措置についても規定している。

コラム❷④　行審法か行服法か──行政不服審査法の略称

　「行政不服審査法」の略称は、行政法学界および中央官界では、早くから“行審法”とされてきた。

　なるほど行政不服審査は、行政庁が不服審査を行う主体だという意味合いで、全面改正前における処分庁自身による異議申立て審査は、まさに行政の自己審査制であった。

　それに対し自治体実務界では、住民が行政に対して「不服申立て」するということのインパクトから、“行政不服申立て”が慣用語となり、それが“行服”の通称、引いて“行服法”という略称を慣用化せしめていた。

　この点、行政手続法（行手法）、行政事件訴訟法（行訴法）とは状況がちがう。

　ところで、2014年の行政不服審査法の全面改正によって、「審査請求」に対する「審理員・行政不服審査会」の第三者的審理手続が設けられた下では、行政庁の審査主体性が弱まったため、“行服法”の略称がフィットする感が増していよう。

　しかしながら、なお「審査庁」という行政庁の不服審査「裁決」制であって、“行審法”の略称も優に存続しうるであろう。

　また元来、法律名の略称は必ずしも完全統一を要さず、学界・大学制度・国家試験制や行政実務界の法事情から、今後とも“行審法”か“行服法”かの略称えらび

審査請求や審査の申立て、審決の申請があった場合には、自治紛争処理委員が任命され、その審理を経た上で、裁決・裁定や審決が行われるものとされている（地方自治法255条の5）。

が続くことであろう。

　本書にあっても、章による記述観点の差があり、現に両略称を使い分けていると
いえる。

(3)　行政訴訟（抗告訴訟）

　自治体の機関による違法な処分や不作為の是正を求める場合には、行政事件
訴訟法に基づいて取消訴訟などの抗告訴訟が提起されることになるが、この抗
告訴訟においては、公権力の行使の違法性が争われ、違法な処分が取り消され
ることなどにより、住民の権利利益の救済が図られるだけでなく、処分の適法
性・合目的性の判断を通じて、自治体や職員の責任が問われることにもなる。

　抗告訴訟は、行政庁の公権力の行使に関する不服の訴訟であり、そこで争わ
れるのは、行政が法令に従っているかどうかである。また、その類型には、処
分等の取消し・無効確認の訴え、不作為の違法確認の訴え、義務付けの訴え、
差止めの訴えなどがある。これらのうち、取消訴訟は、行政庁の処分その他公
権力の行使にあたる行為を取り消し、原状に復帰させ、またやり直しをさせる
処分の取消しと、審査請求その他の不服申立てに対してした行政庁の裁決につ
いて同様に取り消す裁決の取消しの訴えがある。これらの提起には原則6か月
の出訴期間があり、この期間を徒過した場合には、処分等無効等確認の訴えや、
いわゆる争点訴訟（処分が無効であることを前提とする権利義務関係に関する給付
訴訟、確認訴訟等）を提起することが可能である。他方、行政庁が法令に基づく
申請に対し相当の期間内に何らかの処分や裁決をすべきであるにもかかわらず
これをしないときは不作為の違法確認の訴えが可能であるが、原告が勝訴して
も、許可等がなされるとは限らないことから、行政庁に特定の権限行使の義務
付けを求めるものとして義務付け訴訟が認められるとともに、行政庁の違法な
権限発動をあらかじめ阻止する差止訴訟も抗告訴訟に加えられている。

　もっとも、取消訴訟については、①処分性、②原告適格、③狭義の訴えの利
益などの訴訟要件[11]を満たすことが必要であり、従来においては、裁判所は、

---

[11]　①の処分性は、「行政庁の処分その他公権力の行使」に当たる行為であることであり、公権力の主体
　　たる国や自治体等が行う行為のうち、その行為によって直接国民の権利義務を形成し又はその範囲
　　を確定することが法律上認められているもの、②の原告適格は、具体的な事件について訴訟を提起

これらを厳格に解釈する傾向がみられ、住民の側からすればこれにより目的を実現するのは必ずしも容易ではなかった。しかし、それにもかかわらず抗告訴訟が提起されたということが行政に問い掛ける意味は決して小さいものではなく、また、行政事件訴訟法の改正をはじめ一連の司法制度改革などの影響もあり、裁判所が国民の権利自由の保障のためにそれらについて柔軟な解釈を示すような事例も徐々にではあるがみられるようになっている。特に、2004年の行政事件訴訟法の改正では、義務付け訴訟と差止訴訟が新たに法定されたほか、公法上の法律関係に関する確認訴訟が当事者訴訟[12]として明示されるなど救済を求める方法が拡充され、それらについても、活用例が現れるなど、訴訟のあり方に影響を与えている。

【図表15】行政訴訟の類型

行政事件訴訟			
抗告訴訟	行政庁の公権力の行使に関する不服の訴訟	処分の取消しの訴え	行政庁の処分その他公権力の行使に当たる行為の取消しを求める訴訟
		裁決の取消しの訴え	審査請求その他の不服申立ての裁決等の取消しを求める訴訟
		無効等確認の訴え	処分・裁決の存否・その効力の有無の確認を求める訴訟
		義務付けの訴え	一定の処分をすべきにもかかわらずされない場合等において行政庁がその処分等をすべき旨を命ずることを求める訴訟
		差止めの訴え	一定の処分等すべきでないにもかかわらずされようとしている場合に行政庁がその処分等をしてはならない旨の命令を求める訴訟

する資格であり、「法律上の利益を有する者」に限り認められるもの、③の狭義の訴えの利益は、処分を取り消す実際上の必要性であり、原告の請求が認容された場合に、原告の具体的権利利益が客観的に回復可能であることとされている。

[12] 当事者訴訟については、当事者間の法律関係を確認あるいは形成する処分や裁決に関する訴訟で法令の規定によりその法律関係の一方を被告とするもの（形式的当事者訴訟）と、公法上の法律関係に関する訴訟（実質的当事者訴訟）があり、抗告訴訟の直接の対象とならない行政の行為を契機に国民と行政主体との間で紛争が生じた場合に活用されうるものとして「公法上の法律関係に関する確認の訴え」が後者の中に例示されている。

当事者訴訟	当事者間の法律関係の確認・形成する処分・裁決に関する訴訟で法律関係の当事者の一方を被告とするもの	
	公法上の法律関係に関する確認の訴えその他の公法上の法律関係に関する訴訟	
民衆訴訟	国・自治体等の機関の法規に適合しない行為の是正を求める訴訟で選挙人の資格その他自己の法律上の利益にかかわらない資格で提起するもの	当選無効訴訟、選挙無効訴訟、住民訴訟等
機関訴訟	国・自治体等の機関相互間における権限の存否又はその行使に関する紛争についての訴訟	国の関与等に関する訴訟、法定受託事務代執行訴訟、長と議会の権限争議訴訟等

(4)　国家賠償訴訟

　職員の違法な行為や営造物の設置・管理の瑕疵によって何らかの損害を受けた場合には、国や自治体を被告とする国家賠償法に基づく損害賠償請求訴訟により、その損害の救済が図られることになる。特に、国家賠償制度は、現在では広く国民の被害を救済する役割を担うようになっており、その活用方法や請求内容も多岐多様にわたり、判例もすこぶる多い分野となっている。被害の救済を受けることよりも、制度のあり方を問い、その改革を求めるために国家賠償請求（いわゆる制度改革訴訟・公共訴訟）が提起されることも少なくない。

　国家賠償法は、その1条で、公務員が公権力を行使する職務を行うにあたって故意又は過失により違法に他人に損害を加えたときは、国や自治体等が賠償の責任を負うと定めるが、これにより国や自治体の責任が認められるためには、①行為の主体が国や自治体等の公権力の行使に当たる公務員であること、②公務員の職務行為であること、③当該職務行為に違法性があること、④公務員に故意又は過失があること、⑤被害者に損害が発生していること、⑥公務員の行為と損害の間に因果関係が存在していることが必要である。このうち、公権力の行使については、もともと命令強制作用と解されてきたが、教育、行政指導、公表などの非権力的公行政作用も含むものとされるようになっている。この賠償責任は、公務員の不法行為を前提として、国や自治体等が被害者に対して責任を負う代位責任とされ、公務員自身は、被害者に対しては直接には賠償責任を負わないとするのが通説判例であり、故意又は重過失があるときに、国や自

治体からの求償により弁償するにとどまる。

　また、国家賠償法2条は、道路・河川その他の公の営造物の設置管理に瑕疵があったために他人に損害を生じたときは、国や自治体等が賠償責任を負うとするが、この規定が適用され、国や自治体の責任が認められるためには、①公の営造物であること、②公の営造物の設置・管理に瑕疵があること、③損害が発生していること、④公の営造物の設置・管理の瑕疵と損害の間に因果関係があることが必要である。なお、公の営造物は、民法717条の「土地の工作物」より広く、人的物的施設とされ自然公物も含むとされるとともに、瑕疵については、過失よりも客観化され、通常の安全性を欠くこととするのが通説である。

　このほか、自治体の違法行為がない場合でも、その作用によって直接に特定の人に特別の損失が生じたときには、公平の見地から、損失補償として救済が図られることもあり、自治体も対応を求められる。損失補償については、一般法はなく、個別法の規定によることになるが、損失補償すべき場合にもかかわらず個別法がその規定を欠くときは、その憲法適合性が問われるとともに、憲法29条3項を根拠として補償の請求をすることができると解されている[13]。

(5)　民事訴訟

　自治体が、民事訴訟により、私人からその賠償責任を追及されたり、義務の履行を求められたりすることもある。

　すなわち、自治体の私経済作用により債務不履行や不法行為があったときには、民法による責任が生じることになり、その場合、自治体は賠償責任を負うことになる。また、公権力の行使によらない職員の職務遂行上の不法行為については、自治体は民法715条の使用者責任を負うほか、職員個人も民法709条により被害者に対して賠償責任を負うことになる。この場合、自治体と職員は連帯して賠償する責任を負うことになる（不真正連帯債務）。

　不法行為が成立するには、加害行為を行った職員に故意または過失があること、権利侵害や法律上保護される利益の侵害があること、加害行為と損害との間に因果関係があることが必要である。なお、使用者責任については、使用者

---

[13] 損失補償は、公用収用、公用制限、占用許可の撤回などにより特定の人の財産権が侵害された場合に問題となるものであり、補償の要否については、適法な侵害行為を前提にその特殊性、侵害の強度、侵害行為の目的などを総合的に考慮して判断されることになる。

が被用者の選任および事業の監督につき相当の注意をした場合には、免責されるとするが、実際には、免責されることはあまりない。

　これらの場合には、被害者は、自治体や職員を相手に、民事訴訟として損害賠償請求を提起することになる。

(6)　住民監査請求・住民訴訟

　住民監査請求と住民訴訟は、自治体の職員による違法又は不当な財務会計上の行為によって、納税者たる住民が損害を蒙ることを防止し、あるいは是正することを目的とするもので、いわば住民による財務監督の制度といえるが、近年は、それだけにとどまらず、自治体の行財政運営の適法性一般を追及する手段として活用されるようになってきており、訴訟の数の増加とともに、その違法や職員の責任が認められる例も少なからず見受けられる。

　住民監査請求は、住民の直接参政権の1つとして、住民が監査委員に監査請求する制度であり、住民が自治体の執行機関や職員の財務会計上の違法又は不当な行為や職務を怠る事実について、監査委員に監査を求め、その行為や怠る事実について、予防や是正のための措置を求めるものである。

　住民監査請求をできるのは、住民であれば、国籍、選挙権、納税の有無を問わず、法律上の行為能力を有する限り、自然人たると法人たるとを問わず、住民が1人で請求をすることも可能である。また、請求の対象は、その自治体の執行機関や職員の①公金の支出、②財産の取得、管理、処分、③契約の締結、履行、④債務その他の義務の負担、⑤公金の賦課、徴収、⑥財産の管理に関する違法又は不当な行為や怠る事実であり、請求は、その要旨を記載した文書に、違法・不当な行為や怠る事実を証する書面を添えて行うものとされている。なお、請求は、正当な理由がない限り、怠る事実を除き、その行為のあった日から1年を経過したときは、することができない。

　監査委員は、請求を受理したときは、60日以内に、監査を行い、必要があれば議会、長、職員等に必要な措置をとるべきことを勧告し、その結果を請求人に通知するとともにこれを公表しなければならないものとされている。監査委員の勧告を受けた議会、長、職員等は、勧告に示された期間内に必要な措置を講ずるとともに、その旨を監査委員に通知しなければならず、通知を受けた監査委員は、これを請求人に通知するとともに公表する。

　他方、住民訴訟は、裁判所での審査を通じて、直接に、自治体の行財政を監視し、その適正な運営を確保することを目的とするもので、民衆訴訟（客観訴訟[14]）の一種とされているものである。

　住民訴訟は、住民監査請求を行った請求人が、監査委員による監査の結果・勧告や勧告に基づいた長等の措置に不服があるとき、監査委員が一定の期間内に監査等を行わないとき、監査委員の勧告に基づいた必要な措置を長等が講じないときに、執行機関などの財務会計上の違法な行為や怠る事実について、裁判所に一定の請求をする制度であり、住民訴訟の対象となるのは、住民監査請求を行った事項で財務会計上の違法行為等に限られる。訴訟において請求できる内容は、①執行機関や職員に対する行為の全部又は一部の差止め請求（1号訴訟）、②行政処分たる行為の取消し又は無効確認の請求（2号訴訟）、③執行機関や職員に対する怠る事実の違法確認の請求（3号訴訟）、④執行機関や職員に対し職員又は行為・怠る事実に係る相手方に損害賠償又は不当利得返還の請求や賠償命令をすることを求める請求（4号訴訟）である。

　これらのうち、4号訴訟は、賠償請求権・不当利得返還請求権等を行使する自治体の長又は長から委任を受けた職員を被告として、当該職員等に賠償請求等をせよとの訴訟を提起するものであり、「当該職員」には、長その他の執行機関の地位を占める公務員を含むもので、財務会計上の行為や怠る事実について法令上の権限を有する職員（法令上本来的に権限を有するとされている者とその委任などを受けた者）を指すものとされている。

　住民訴訟の提起については、出訴期間が定められており、提起できる場合に応じて、それぞれ一定の日から30日以内に訴訟を提起しなければならないものとされている。

　裁判所は、請求に理由があると認めるときは、それに応じた行為を命じることになる。

　4号訴訟において、損害賠償又は不当利得返還の請求等を命じる判決が確定した場合には、長は、その判決が確定した日から60日以内の日を期限として、

---

[14]　行政訴訟のうち、抗告訴訟や当事者訴訟は、個人の具体的な権利利益にかかわるものであり、「主観訴訟」と呼ばれるのに対し、個人の権利利益に直接関係がなくても、正しい法の適用を確保するための手段として認められているのが客観訴訟であり、これには民衆訴訟と機関訴訟がある。

その請求に係る損害賠償金・不当利得の返還金の支払を、当該職員又は当該行為・怠る事実の相手方に対し請求し、あるいは賠償命令をしなければならず、判決が確定した日から60日以内に損害賠償金や不当利得による返還金が支払われないときは、自治体は、損害賠償や不当利得返還の請求を目的とする訴訟を提起しなければならないものとされている[15]。

【図表16】　4号訴訟の流れ

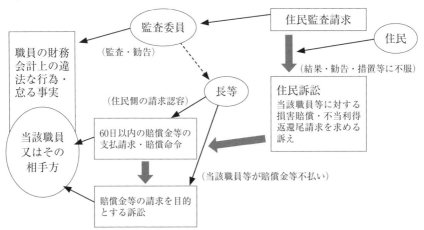

コラム㉕　住民訴訟の意義と変遷

　住民訴訟の制度は、「納税者訴訟」とも呼ばれる。これは、1948年の地方自治法第2次改正にあたり、GHQが提示した改正案の1つに納税者訴訟の導入があったのを受け、アメリカの納税者訴訟を範として制度化されたことによる。しかし、アメリカで判例により形成され州法に取り入れられたtaxpayer's suitとはかなり趣旨・様相を異にするものとなっており、また、制度の変遷もみられる。

　すなわち、GHQが示した案では、納税者が直ちに出訴できることとしていたが、制度化にあたっては、主体が住民とされた上で、まず監査委員に監査の請求を行い、

---

[15]　訴訟は、長の名において提起されるが、長に対して訴訟を提起するときは、その訴訟については代表監査委員がその自治体を代表することになる。

監査委員から長に是正の措置を請求し、それに不服がある場合に行為の制限・禁止のほか取消し・無効の裁判を求めることができることとされた。監査請求前置というのは日本独自の制度である。また、当初はこれらの措置は243条の2として1つの条で規定され、その趣旨について、当時の担当大臣は、住民の直接参政の範囲の拡充等による腐敗行為の防止と公正の確保に関する措置として「職員の職務上の地位の濫用による公金または財産営造物の違法または不当な処理については住民による矯正権の制度」を法定するものとしていた。

　なお、住民訴訟の意義について、最大判昭和34年7月20日民集13巻8号1103頁は、「地方自治法243条の2のような訴訟の制度を設けるか否かは立法政策の問題であって、これを設けないからとて、地方自治の本旨に反するとはいえない」とする一方、最判昭和53年3月30日民集32巻2号485頁は、「訴権は、地方公共団体の構成員である住民全体の利益を保障するために法律によって特別に認められた参政権の一種であり、その訴訟の原告は、自己の個人的利益のためや地方公共団体そのものの利益のためにではなく、専ら原告を含む住民全体の利益のために、いわば公益の代表者として地方財務行政の適正化を主張するものである」としている。

　住民監査請求・住民訴訟の規定については、短期間に立法化された経緯などもあって多くの不備や欠陥があり、実効性のある制度とし規定の明確化や手続の整備を図る必要があるとして、1963年の地方自治法改正で全面改訂されている。これにより、請求の対象に「怠る事実」が加えられ、その内容が行為の防止・是正・損害補填等にも広げられ、請求期間の制限が設けられ、監査を監査委員の合議によるものとされ、訴訟提起の要件の明確化が図られ、裁判の種類を差止め、取消し・無効、怠る事実の違法確認、代位請求の4種類とされるなどした上で、新たに独立の節を設け、監査請求と訴訟とに条文が分けられることとなった。

　その後は、自治体が有する請求権を住民が代位して請求するものと構成された4号訴訟について、長や職員などが個人として被告となりその応訴等は職員個人の負担とされる一方、それらの個人の責任を追及する形をとりながら自治体の政策や意思決定が争われるとともに、かなり高額な損害賠償を請求する訴訟が相次ぐような状況が散見された。このため、それに備え賠償責任保険（住民訴訟保険）なども誕生・用意されるようになったほか、政策判断につき過度の慎重化や事なかれ主義などを招くおそれなども指摘されるようになり、その負担の軽減が問題ともなった。

これらを背景に、まず1994年の改正で、職員が勝訴した場合の弁護士費用の公費負担が認められ、さらに2002年の改正では４号訴訟が大幅に変更され、長等の職員やその行為や怠る事実に係る相手方に対して損害賠償や不当利得の返還の請求をすることを、その自治体の執行機関や職員に求める請求に再構成され、裁判所が請求を命じる判決が確定した場合にはその支払の請求等が長に義務付けられることとなった。

　しかし、４号訴訟をめぐっては、訴訟の対象となっている長等に対する損害賠償請求権を、訴訟が裁判所に係属中に、議会の議決により放棄する事例が散見されるようになり、これに対し、神戸市外郭団体派遣職員人件費支出事件・最判平成24年４月20日民集66巻６号2583頁などは、下級審判決や学説でみられた請求権放棄議決原則無効説に与することなく、議会による裁量権を前提としつつ、諸般の事情を総合考慮して、放棄が自治体の主的かつ実効的な行政運営の確保を旨とする地方自治法の趣旨等に照らして不合理で裁量権の範囲の逸脱又はその濫用に当たると認められるときは、その議決は違法となり、放棄は無効となるとして裁判所の統制の判断枠組みを提示した。そして、2017年の地方自治法の改正では、長等の職員の自治体に対する賠償責任に関し、条例で定めることにより、その職務を行うにつき善意でかつ重大な過失がないときには、賠償責任を負う額から最低責任負担額を控除して得た額について免責することができることとされる一方、議会による住民監査請求があった後の権利放棄の議決については、あらかじめ監査委員の意見を聴くことを定めるにとどめ、地方制度調査会の2016年の答申で検討を求められていた訴訟係属中の損害賠償請求権の放棄の禁止については、規定されるには至らなかった。

　住民訴訟をめぐっては、長等の職員の違法行為の抑止とその萎縮の回避・積極的な政策展開の確保のバランスをどう図っていくかがなお問われていくことになりそうだ。

⑺　事務監査請求

　事務の監査請求は、事務執行の公正と能率を確保するために、監査委員に対して、事務執行の監査を請求するものである。監査請求の対象となる事務は、その自治体の事務であり、財務に限らずその事務の執行全般に及ぶ。請求は、その自治体の選挙権を有する者が、その総数の50分の１以上の者の連署をもっ

て、代表者から、監査委員に対して行うこととされている。なお、この場合の監査を、監査委員ではなく、個別外部監査契約に基づく監査によることができることを条例で定めている自治体では、選挙権を有する者が請求をする場合には、個別外部監査によることが認められている。

　住民から監査請求があった場合には、監査委員は、請求の要旨を公表するとともに、請求事項について監査し、その結果に関する報告を決定し、これを、代表者に送付し、公表するほか、議会と長および関係のある委員会等に提出するものとされている。

　事務監査請求は、住民監査請求の制度が別に設けられているため、実際にはあまり活用されていないのが現状である。

⑻　解職請求

　議員、長等の解職請求は、いわゆるリコール制であり、憲法15条1項が保障する国民の公務員の選定罷免権に基づくものということができる。解職請求の対象となる職は、①選挙による職である議会の議員・長と、②選挙によらない副知事・副市町村長、指定都市の総合区長、選挙管理委員、監査委員、公安委員会の委員である。このほか、教育委員会の教育長と委員についても住民による解職請求が認められており、また、議会については議員全員を失職させる議会の解散請求も認められている。

　これらの者の解職の請求は、その自治体の選挙権を有する者が、その総数の3分の1以上の者の連署をもって代表者から、選挙管理委員会に対して行うが、その際に、選挙権を有する者の総数が40万を超える場合には、40万を超える部分が6分の1に、80万を超える場合には40～80万の部分が6分の1、80万を超える部分が8分の1に、署名の収集要件が緩和される。請求は、議員と長については選挙管理委員会、それ以外の場合は長とされている。

　解職請求がなされると、議員と長の場合には、選挙管理委員会は、請求の要旨を公表するとともに、選挙人（選挙区があるときはその選挙区の選挙人）の投票に付す。投票の結果、過半数の同意があれば解職請求の対象となった者は失職することになる。投票の結果が判明したときと確定したときは、それぞれ、代表者と、議員の場合はその議員と議会の議長に通知し、長の場合はその長と議会の議長に通知・公表するとともに、長に報告する。

　他方、それ以外の場合には、長は、請求の要旨を公表するとともに、議会にこれを付議する。そして、議会で、議員の3分の2以上の者が出席し、その4分の3以上の者の同意があれば、その者は失職することになる。結果については、代表者と関係者に通知し、公表される。

　なお、議員と長の解職請求については、その就職の日から1年間、又は解職の投票の日から1年間は、原則としてすることができない。副知事・副市町村長や指定都市の総合区長についても、就職の日から1年間又は解職議決の日から1年間、他の委員については、それぞれ6か月間、解職請求が制限される。

(9)　情報公開請求・情報公開訴訟

　以上とは観点を異にするが、近年活発に提起されているものとして、情報公開請求と情報公開訴訟がある。情報公開制度が整備されるに伴い、これをめぐる訴訟も増えており、特に、情報公開請求とそれに関する訴訟の提起は、住民監査請求・住民訴訟とともに、自治体の行財政運営を監視・コントロールする手段として活発に用いられるようになっている。

③　その他による追及・統制

　このほか、国として、法律の制定やその規定により、自治体に対して統制を及ぼすことも少なくない。国の機関による助言という形で行政指導が行われることもあり、さらに、国や都道府県が関与として、自治体にその是正を求めることもある。

　国等の関与としては、自治体の自治事務等の処理が、法令の規定に違反しているときや、著しく不適正で明らかに公益を害しているときには、その事務の処理について違反の是正・改善のため必要な措置を講ずべきことを求めることができるとされ、この是正の要求は、国の各大臣が、都道府県の処理する自治事務の処理について行うことができるほか、都道府県の執行機関に対して、市町村の自治事務等の処理について是正の要求をするよう指示することができ、さらに緊急を要するときなどに直接市町村に対して行うことができる。また、市町村の自治事務の処理が法令に違反しているときや、著しく不適正で明らかに公益を害しているときには、都道府県知事等は、その事務の処理について是正の勧告を行うことができる。他方、自治体の法定受託事務の処理が、法令に

違反しているときや、著しく不適正で明らかに公益を害しているときには、国
の各大臣や都道府県の執行機関がその事務の処理について必要な指示をするこ
とができ、この是正の指示を受けた自治体は、指示された具体的行為を行う義
務を負う[16]。さらに、自治体の事務の処理が法令に違反しているときや、自治体
がその事務の処理を怠っているときに、その是正のための措置をその自治体に
代わって行う代執行も、勧告・指示・裁判といった厳格な手続の下で認められ
ている。

　そして、都道府県の自治事務や市町村の第一号法定受託事務以外の事務の処
理に関し是正の要求、あるいは都道府県の法定受託事務や市町村の第一号法定
受託事務の処理に関し指示を行った各大臣は、自治体が国地方係争処理委員会
に審査の申出をせずにそれらに応じた措置を講じない場合や、国地方係争処理
委員会に審査の申出をしたものの、審査の結果・勧告の内容の通知があっても
是正の要求・指示の取消しを求める訴えの提起をせずにそれらに応じた措置を
講じない場合には、高等裁判所に対し、当該是正の要求や指示を受けた自治体
の行政庁を被告として、不作為の違法の確認の訴えを提起することができ、市
町村の機関の法定受託事務の処理について市町村に対し指示を行った都道府県
の執行機関も、その指示を受けた市町村の所管行政庁を被告として、不作為の
違法確認訴訟を提起することができる。

　なお、刑事事件において、長や職員などの刑事責任が追及されるとともに、
これを通じて、自治体の対応や責任、あり方が問題とされることもある。

---

[16] これに対して、自治体の側が不服がある場合には、国等の関与のうち、是正の要求、許可の拒否等
　の処分などについては、国地方係争処理委員会や自治紛争処理委員に審査の申出をし、さらに高等
　裁判所に対して関与に関する訴訟を提起することが認められている。

第3　職員の責任

　職員が、法令上の義務に違反し、あるいは自治体に損害を生じさせた場合には、公務の適正の確保、財産的損害の防止、損害の補填、制裁といったことなどから、職員の責任が追及されることになる。

　責任の厳格化の流れを受け、自治体では、懲戒処分や、損害を生じさせた職員への賠償請求、求償などを厳正に運用する動きが強まってきているが、過度の責任追及は、比例原則との関係のほか、逆に職員の萎縮などの問題を生じることにもなりかねない。

1　職員の義務と責任

　地方公務員法は、地方公務員の服務の根本基準として、①すべて職員は、全体の奉仕者として公共の利益のために勤務しなければならないこと、②職務の遂行にあたっては、全力を挙げてこれに専念しなければならないことを定めるとともに、職員に対し、職務の遂行に関して守るべき「職務上の義務」として、法令等および上司の職務命令に従う義務、職務に専念すべき義務など、職員としての身分を有する限り勤務時間外・職務外の行為にも適用される「身分上の義務」として、信用失墜行為の禁止、秘密を守る義務、政治的行為の制限、争議行為等の禁止、営利企業等の従事制限などの服務上の義務・制限を課している。このほか、地方公務員法では天下り規制でもある退職管理として、再就職に関し一定の制約が定められているほか、条例等で公務員倫理に関する規定も設けられている。

　ただし、職員は、勤務成績不良、心身故障による職務遂行困難など、地方公務員法に定める事由によらなければ、その意に反して、降任されたり、免職されたりされず、また、地方公務員法や条例で定める事由によらなければ、その意に反して休職されず、さらに、条例で定める事由による場合でなければ、その意に反して降給されることはないものとされている。このことは、「分限」と呼ばれ、その身分を保障するものでもある。また、職員は、地方公務員法で定める事由による場合でなければ、懲戒処分を受けることがないものとされてい

る。

　他方、職員が、法令上の義務に違反した場合、あるいは自治体や公務により個人に損害を生じさせた場合には、職員の責任が追及されることになる。

　職員が負う責任としては、地方公務員法による懲戒責任、刑法、地方公務員法等による刑事責任、地方自治法や民法による自治体に対する損害賠償責任などがある。地方公務員法の服務違反は、懲戒処分の対象となるほか、秘密保持義務違反と争議行為禁止違反（共謀・そそのかし・あおり等のみ）については罰則の適用もある。

　なお、近年は、公務員の不祥事の続発や公務員批判の高まりを背景に、職員の責任に関する制度の整備・強化が進められてきており、法令遵守にかかわる公益通報者保護法、官製談合問題に対処するための「入札談合等関与行為の排除及び防止並びに職員による入札等の公正を害すべき行為の処罰に関する法律」など、法令の制定・改正が行われるとともに、各自治体でも、職員倫理条例やコンプライアンス条例などが制定されていることは、既に述べたとおりだ。

② 懲戒責任

　懲戒責任は、自治体における規律と公務施行の秩序維持を目的として任命権者によって科される制裁であり、職員の一定の義務違反に対する道義的責任を問うための制裁として行う不利益処分である。任命権者が懲戒処分を行うことができるのは、地方公務員法に定める事由がある場合に限られ、①地方公務員法等又はこれらに基づく条例、自治体の規則若しくはその機関の定める規程に違反した場合、②職務上の義務に違反し、又は職務を怠った場合、③全体の奉仕者たるにふさわしくない非行のあった場合とされており、懲戒処分の種類は、戒告、減給、停職、免職の４種類とされている。なお、このほかに分限処分もあるが、分限処分（降給・降任・休職・免職）は制裁の意味をもつものではなく、また、実際に行われている訓告、始末書の提出、諭旨退職などの措置は、懲戒処分そのものではない。

③ 刑事責任

　職員が負う刑事責任にはさまざまなものがあるが、職員の義務違反による刑

事法上の法益侵害に対する責任である刑事罰責任と、地方公務員法などの行政法規で定められる職員の義務違反による行政罰責任とに大別される。

　これらのうち、刑事罰責任には、職権濫用罪など職務行為自体による職務犯罪（刑法193～196条）と、収賄罪など職務に関連する準職務犯罪（刑法197～197条の４）とがあり、また、行政罰責任については、職員たる地位に基づくものとして秘密漏示罪（地方公務員法34条、60条２号）などがある。秘密漏示罪や虚偽公文書作成罪（刑法156条）などは、公務員でなければ犯せない犯罪であり、また、公用文書毀棄罪（刑法258条）のように一般の場合よりも重い処罰を定めるものもある。

　なお、職員が刑事事件を起こして禁錮以上の刑に処せられた場合（執行猶予を含む）には、欠格条項（地方公務員法16条２号）に該当し、失職することになる。

④　賠償責任

　職員が負う損害賠償責任としては、職員が自治体に対し賠償責任を負う場合と、損害を与えた個人に対し賠償責任を負う場合があり、前者については、地方自治法による会計職員・予算執行職員の賠償責任、民法による賠償責任のほか、賠償をした自治体から求償により責任を追及されることもある。職員の自治体に対する賠償責任については、住民訴訟の４号訴訟を通じて住民からも追及されることがあり、裁判所によりその責任が認められれば、自治体は判決に従って賠償命令を行うこととされている。

(1)　会計職員・予算執行職員の賠償責任

　会計管理者をはじめとする自治体の会計職員や予算執行職員が故意又は重過失により当該団体に財産上の損害を与えたときは、損害賠償責任を負うものとされている。（地方自治法243条の２の２）。これは、自治体の利益を保護し、損害の補てんを容易にするとともに、職務上の危険負担が重く責任を追及されやすい会計職員や予算執行職員の責任の軽減を図ることを目的とするものといえる[17]。この制度による賠償責任は、公法上の特別の責任であり、この制度が適用

---

[17] 市川市長接待費住民訴訟で、最判昭和61年２月27日民集40巻１号88頁は、地方自治法243条の２（現

される場合には、民法の規定による賠償責任は追及されないことになる。

　職員の賠償責任制度の対象として定められている者のうち、会計職員等としては、①会計管理者、②会計管理者の事務を補助する職員、③資金前渡を受けた職員、④占有動産を保管している職員、⑤物品を使用している職員が規定されており、それらの者が、故意又は重過失（現金については過失）により、その保管にかかる現金、有価証券、物品、占有動産、使用にかかる物品を亡失し、あるいは損傷したときに、賠償責任を負うことになる。その場合に、現金とそれ以外のものとで主観的な要件に差異が設けられているが、これは、現金が特に慎重な取扱いを要求されるべきものであるからである。

　また、予算執行職員としては、①支出負担行為、②支出命令・支出負担行為の確認、③支出・支払、④監督・検査の権限を有する職員のほか、これらの権限に属する事務を直接補助する職員で規則で指定した者が規定されており、それらの者が、故意又は重過失により、法令に違反してその行為を行ったり、怠ったりしたことにより自治体に損害を与えたときにも、賠償責任を負うものとされている。

　長は、これらの職員が自治体に損害を与えたと認めるときは、監査委員に対し、監査と、賠償責任の有無・賠償額の決定とを求め、その決定に基づき、期限を定めて賠償命令を行う。賠償命令の相手方は当該職員であり、その職員が退職した後でも行うことが可能であり[18]、また、損害が、2人以上の職員の行為により生じたものであるときは、それぞれの職分に応じ、かつ、その行為が損害の発生の原因となった程度に応じて、賠償責任を負うことになる。なお、職員の行為により生じた損害が避けることのできない事故その他やむを得ない事情によるものであるとの証明を相当と認めるときは、長は、議会の同意を得て、

在は243条の2の2）の職員の賠償責任の趣旨について、「同条一項所定の職員の職務の特殊性に鑑みて、同項所定の行為に起因する当該地方公共団体の損害に対する右職員の賠償責任に関しては、民法上の債務不履行又は不法行為による損害賠償責任よりも責任発生の要件及び責任の範囲を限定して、これら職員がその職務を行うにあたり畏縮し消極的となることなく、積極的に職務を遂行することができるよう配慮するとともに、右職員の行為により地方公共団体が損害を被った場合には、簡便、かつ、迅速にその損害の補てんが図られるように、当該地方公共団体を統轄する長に対し、賠償命令の権限を付与したものである」とした。

[18] ただし、賠償責任については、金銭債権の5年の消滅時効が適用されることから、賠償命令を行使することができるのはそれまでの間ということになる。

賠償責任の全部又は一部を免除することができる一方、会計職員・予算執行職員として賠償命令の対象となる者については、条例で定める長・職員等の損害賠償責任の一部免責の対象とはならない。

(2)　職員の民法による賠償責任

(1)の地方自治法上の特別の責任の対象となる職員以外の職員については、民法の賠償責任に関する規定が当然に適用され、不法行為責任等に基づく賠償責任を負うことになる。たとえば、私経済作用を公務として行う職員が故意又は過失により個人に損害を与えた場合には、損害を賠償する責任を負うとともに、自治体も民法715条の規定により使用者責任を負う可能性がある。

また、職員が、故意又は過失による行為により自治体に損害を与えた場合には、自治体に損害を賠償する責任を負う。職務における行為だけでなく、たとえば公金の横領・窃盗など、私的な行為についても対象となる。

なお、自治体の長については、地方自治法243条の2の2の「職員」には該当しないとされる一方、民法上の責任を負うものとされている[19]。その場合に、長は、広範な財務会計上の行為を行う権限を有する者であり、その権限の一部をあらかじめ特定の職員に委任したときでも、法令上本来的に有するものとされている以上、その責任が問題となりうるが、箕面忠魂碑訴訟・最判平成5年2月16日民集47巻3号1687頁は、委任を受けた職員が財務会計上の行為を処理した場合には、長は、職員が財務会計上の違法行為をすることを阻止すべき指揮監督上の義務に違反し、故意又は過失により職員が財務会計上の違法行為をすることを阻止しなかったときに限り、自治体に対し損害賠償責任を負うとしている。

これらの責任については、条例で定めることで、軽過失の場合の損害賠償責

---

[19] 最判昭和61年2月27日は、「普通地方公共団体の長は、当該地方公共団体の条例、予算その他の議会の議決に基づく事務その他公共団体の事務を自らの判断と責任において誠実に管理し及び執行する義務を負い…、予算についてその調製権、議会提出権、付再議権、原案執行権及び執行状況調査権等広範な権限を有するものであつて…、その職責に鑑みると、普通地方公共団体の長の行為による賠償責任については、他の職員と異なる取扱をされることもやむを得ないものであり、右のような普通地方公共団体の長の職責並びに法二四三条の二の規定の趣旨及び内容に照らせば、同条一項所定の職員には当該地方公共団体の長は含まれず、普通地方公共団体の長の当該地方公共団体に対する賠償責任については民法の規定によるものと解するのが相当である」とした。

任の一部免責が認められる。

⑶　自治体が賠償を行った場合の職員への求償

　このほか、公権力の行使に当たる職員が、その職務を行うについて、故意又
は過失によって違法に他人に損害を与えたときは、国家賠償法1条の規定によ
り、自治体がその損害を賠償する責任（国家賠償責任）を負うことになり、職員
個人は賠償責任を負わないが（最判昭和30年4月19日民集9巻5号534頁等）、職員
に故意又は重大な過失があったときは、自治体は、その職員に対して求償権を
有し、この求償権の行使を通じて職員の責任が追及されることになる。

　民法による使用者責任を負って賠償を行った自治体が、民法の規定により加
害行為をした職員に求償することもあり、この場合、規定上は、国家賠償法の
ように職員に重過失があった場合に限定されない。ただし、実際には、使用者
による被用者に対する求償権の行使はかなり限定的にしか認められないことが
多いといわれる。

第5章

自治体政策法務を確立する

政策法務の意義

① 自治体の法務をめぐる法環境の変化に目を向ける

1）第1章第1で述べられた、自治体を取り巻く環境の変化は、多分に「法環境の変化」に連なっている。

まず、国と自治体の政策的な役割分担が意識されるようになったという変化は、「地方分権」改革以降、国に対する地方自治権の大幅な広がりを生ぜしめる方向に進んできた（憲法保障解釈にも根ざして。地方自治法1条の2第1・2項参照）。

次に、地方自治の政策的責任が拡大されたという変化は、自治体政策と法のつながりを全般的に強めている（地域自治政策と自治体法の一体化に向けて）。

すなわちそれは、地方自治体をめぐる法と政策とのかかわりにおける変化、法務と行政政策原課との関係に表われている。

こうした地方自治法制における変化の諸相は既に論じられてきたわけだが、とりわけ、1980年代以来の「政策法務」の登場が目立っていると言えよう。

2）もっとも、自治体の「法務」には、戦前にもさかのぼる「法制執務」の専門的な伝統があり、「政策法務」をもたらした法環境の変化が、古くからの「法制執務」にどう影響しているかを、自治体実務としてよく見定めていかなくてはならない。

これから詳論していく、自治政策と自治体法との全般的つながりという変化にとっても、以前からの地方自治法制における立法・行政・争訟の3段階、および「行政裁量」ととらえられた現行法の範囲内での政策的裁量の働きに関する、法務的取扱いが与件になっているであろう。

② 政策法務とは

⑴ 「政策法務」が造語された頃

1）1980年代に入り、自治体政治学の松下圭一教授とその指導下の職員研究者によって、共同研究成果を出版する際に（天野巡一・岡田行雄・加藤良重編『政

策法務と自治体』（日本評論社、1989年））、「政策法務」という新語が公にされたのであった（松下圭一『自治体は変わるか』（岩波新書、1999年）104頁以下、天野巡一『自治のかたち、法務のすがた』（公人の友社、2000年）12～14頁、参照）。

　既に1970年代の後半から、国策を超えた自治政策を担う自治体が生じ出し、そうした先端自治行政の合法性が問われるところとなっていた。

　最たる例として、宅地開発指導要綱に従わない建築事業者に給水を拒否した武蔵野市で、市長が水道法違反の罰金有罪に処せられた（最判平成元年11月7日判時1328号16頁）。

　上記の「政策法務」論は、そのような“自治政策の法制化”を支える“法務政策”活動を意味していたのだった。

　ちなみに1986年に「自治体学会」が職員共同研究の場として結成され、そこでの政策研究に根ざす「政策評価」が政策法務のベースを成したとも見られる。

2）1990年代には、阿部泰隆教授が唱導した「政策法学」が、法解釈論より立法論を重んじ、「政策課題の法的処方箋」を打ち出す政策法務の新しい潮流をつくり出している。鈴木庸夫・木佐茂男教授の研究が合流し、自治体職員研修における「政策法務」科目を活発化させた（阿部泰隆『政策法学講座』（第一法規、2003年）鈴木庸夫編『自治体法務改革の理論』（勁草書房、2007年）、木佐茂夫『自治体法務入門』（ぎょうせい、2000年）参考）。

　その後、後述する自治体の自主解釈権を中心とする“自主解釈型法務”論が、筆者（兼子仁）を含め北村喜宣・出石稔教授らによって強調され、その動向は自治体職員出身の大学教授による「自治体法」研究とも同時的と見える（兼子仁・北村喜宣・出石稔編『政策法務事典』（ぎょうせい、2000年）、山口道昭『自治体実務からみた地方分権と政策法務』（ぎょうせい、2000年）、磯崎初仁『自治体政策法務講義〔改訂版〕』（第一法規、2018年）参考）。

(2)　今世紀に「政策法務」が公認された動向

1）21世紀に向う地方分権改革の頃から、自治体に「政策法務課」が創られはじめ（1997年東村山市、以降）、また例規審査会改め「政策法務委員会」も発足し（2001年横須賀市）、それらは政策法務が公認される動きを象徴していよう。

　そして、政策法務が自治体実務の全庁的改革につながるのは、法務担当と行政政策原課との新しいつき合い方をもたらすからにほかならない（兼子仁『政策

法務の新しい実務Q&A』（第一法規、2017年）参考）。

２）職員研修科目に「政策法務」が挙げられることも、公認状況の反映にちが
いない（山口道昭「法務能力の形成と研修」金井利之編『シリーズ自治体政策法務講
座４　組織・人材育成』（ぎょうせい、2013年）209頁以下、参考）。

　政策と法務が全庁的・日常的に交流する「政策法務」ともなれば、二元的な
"政策法務能力"を養う研修企画が肝要となり、「法務」研修の伝統に加えて、
現にいろいろな研修手法が工夫されている。

　新種の自治政策条例づくりのワークショップ演習をはじめ、地域自治の"法
解釈能力"を問うグループ判例研究や討論会方式が予定される。

　適任講師えらびがだいじであるほか、「自治体法」の体系的理解を目ざす講義
では、必ず質問応答ラウンドを設け、できれば講師質問を準備するグループ討
議時間が取れるとよい。

３）さて、こうした「政策法務」的取組は、自治体自治の３段階である自治立
法・自治行政執行・自治行政争訟ごとに意識されていく必要があるが、まずは
自治立法法務の主なポイントを予め挙げておきたい。

　①　自治立法を代表する「条例」づくりにあっては、地域自治政策を合法的
　　　に盛り込むよう、地域「立法事実」を資料固めするとともに、"自主解釈"
　　　の必要な開発に努める。

　②　条例・規則・規程・要綱間の自治立法形式えらびは、行政事務の「自治
　　　体法」的種別に応ずる。

　③　「要綱」内規を「告示」化して広義の自治立法に位置づけることはどうだ
　　　ろうか。

４）その前に、自治体行政の法解釈的種別として、法律効果をもつ"法律行為"
行政と単なる"事実行為"行政の二分割、および公権力行使と非権力行政との
区分を挙げておこう。

　自治体の公権力行使として法律効果をもつ「行政処分・行政強制」には、必
ず法律または条例の根拠が要るのに対し、非権力法律行為の自治体契約や、非
権力事実行為の給付や行政指導は、法規に反しなければ為しうるとの解釈が実
務上存し、現に内規「要綱」を根拠としても為されえている。

　さらに、こうした自治立法・行政執行の法務的種別は、自治体争訟手続につ

ながり、行政処分にかかる自治「行政争訟」（行政不服審査・"行服"と抗告訴訟）その他民事訴訟や非権力行政訴訟とが分かれる。

(3)　行政原課と法務とが相互交流する「政策法務」

1）かつては、自治体における行政諸課が所管する「政策」と「法務」とは基本的に異質で、別立てであるとされていた。

　もとより、伝統的な「法制執務」に任ずる法務担当職員も、関係行政課の合法的な政策形成に責任を負い、法技術専門的な相談指導・助言等によるコミットを職務にとしていた。

　また、法務担当を含めて全庁的管理職員が構成する例規審査会による「例規審査」にあっては、条例・規則が法令の範囲内における妥当な自治行政「裁量」か否かがチェックされていた。

2）それに対して「政策法務」となると、自治政策形成を行う行政原課からの相談・助言の求めが法務担当に日常的に為され、法務担当は自治政策形成が合法・正当に行われるように協働する立場に置かれる。すなわち政策法務は、併存する「法制執務」を超えて、自治立法政策（例規立案のほか行政計画・基準づくりを含む）や行政措置政策（保育園入園選考といった裁量処分を含む）の内容決定に立ち入り、共同責任を負う次第となりうる。

　その結果、自治立法・行政執行が住民から争われた場合には、政策法務担当は関係行政課との共同責任で、係争行政の合法・正当性を防御しなければならないであろう。後述する"政策訟務"は、政策法務的立場に立つ訴訟法務にほかならず、自治体の"自主解釈"主張を裁判所に通用させていく責任態勢でもある。

　かくして、政策法務による行政原課への政策サポートは、立法・執行段階の合法・正当性をしっかり確保して、訴訟手続に臨む予防法務の働きでもある。

3）しかも、今日の「住民協働」原則に立つ地方自治では、政策法務も住民参加に応える自治立法・行政執行について共同責任を求められる。

　その結果、もし争訟対応において係争行政が住民に対して違法・不当であると認めざるをえなくなった政策法務としては、住民救済と行政改善を優先して和解や不上訴を自認するような"政策争訟"態度に転ずることもありえよう（後述）。

　なお、自治体訴訟の相手方が国や他の自治体である場合も、自治体の地域自治政策の観点に立つ出訴・応訴活動たるべきことになる。国の「関与」をめぐる機関訴訟にあっては、政策的な権限行使の争いが地方分権的な政策法務のテーマに当たろう。

コラム㉖　任期付職員弁護士とは

　近時の自治体には、2002年「地方公共団体の一般職の任期付職員の採用に関する法律」に基づく常勤の任期付職員に任用されている弁護士が増えている（若手弁護士が3年ごとの任期で採用される例が多い）。同法上の「高度の専門的知識経験」を要する「特定任期付職員」（3条1項、6条1項、7条1項）で、条例上最長5年任期で更新も可とされている。

　この任期付弁護士職員は、外部的な顧問弁護士や非常勤特別職の弁護士委員とは異なり、一般職常勤の地方公務員にほかならない。しかも登録弁護士なので、その自治体組織内での職務役割が問われえよう。

　まずは、訴訟「指定代理人」や行服「審理員」をはじめ、契約・債権管理事務等の法制執務に従事するが、しだいに今日的な「政策法務」をも担任するようになろう。

　条例罰則の地検協議をはじめ、所管原課の条例立案の法令適合解釈を指導助言すること、行政強制措置・処分手続に関与すること、その他職員研修講師として判例研究を含む法曹専門能力を発揮すること、が期待される。

---

③　政策法務と在来の「法制執務」とはどう関係するのか

1）既に述べたとおり、「政策法務」は自治政策と法務の間柄を、「法制執務」とは質的に構造転換させるわけだが、けっして全面的に置き換えるのではなく、併存関係に立つのだということを明らかにしておかなくてはならないのである。

　従来の「法制執務」は、国会・内閣の法制局によって伝統的に培われた法技術専門的な「法務」が自治体に伝来していたもので、その結果第1に、「例規審査」という立法審査法務を成している。

　この法規立案審査は、例規案等の政策的当否ではなく、その"法規様式ルー

ルへの適合性（合規性）"を法技術専門的にチェックする指導・助言にほかならない。関係行政諸課はその法務審査には従わざるをえない。

　また、例規審査ないし法規審査の名でよばれていても、実務上多分に、行政内規である訓令「規程」や「要綱」にも及びえていた。

２）法制執務の第2は、国の法令の解釈適用に責任をもつ「法令事務」である。

　これは長く伝統的に、中央所管省庁の解釈・指示に従う"中央照会型法務"であったことが、公知であろう。

　すなわち、官庁解釈ないし法的指示を記した所管省庁の通達・通知に従う。自治体からの照会に官庁側が答えた「行政実例」はもとより、所管省庁関係者の筆に成る法令解説書が重要な自治体実務典拠とされえた。

　加えてこの中央照会型法務は、例規・自治法規の解釈適用に関しても、関連的に及ぼされた。「法令事務」は例規を含めての「法規事務」とも称される問題状況であった。

３）それに対して、政策法務が前述の"自主解釈型法務"として登場すると、その範囲では中央照会型の法制執務が大きく変更されることになる。

　例規審査の自治立法法務が、例規にかかる自主解釈を含むのは当然として、国の「法令」適用に関する"自主解釈権"の問題がここに深く関わる。

　既に言及した、地方分権改革以降における自治体の"法令自主解釈権"の公認に基づく。

　その論拠として広く説明されているところによると、法律は国会に代表される"立法国家"の立法権行使として全自治体を拘束するが、法令の解釈運用に任ずる所管省庁が代表する"行政国家"は対等である自治体を拘束しえない、とされる。

　1999年に分権改正された地方自治法において、所管官庁の法令解釈通知は拘束力のない「技術的助言」であると明記されている（245条の4第1項）。

　こうした"自主解釈型法務"は、不両立な"中央照会型"法制執務を変換させるべきはずであるが、この矛盾はらみである政策法務活動は自治体法上の最たる難題にちがいない。

　法制執務に必須な法技術専門性が、法規様式の合規性にかかわって現行実定法の解釈適用ルールを示す限りでは、自治体の政策法務的"自主解釈"にあっ

ても尊重せざるをえないであろう。しかもこれは、自治体の法規解釈が訴訟で裁判所に通用すべきことと関連している。

　もっとも元来、中央所管官庁の法令解釈が裁判所に必ず通用する保証はなかったので、訴訟対策は法制執務・政策法務にとってともに独立課題となる。

４）法制執務の第３任務として、伝統的な「訟務・訴訟法務」が存した。

　中央照会した法令解釈をめぐっても裁判所への通用性が改めて問われるので、受任弁護士に依頼する訴訟法技術専門的な「委託訟務」が存してきた。

　その際に出訴・応訴に議会議決が必要な限り、法務は、訴訟予算の適正確保努力とともに、主張・証拠・鑑定書類の作成・取得を関係行政課に指示する次第となる。

　政策法務的な訟務（"政策訟務"）の取組となると、後述するように、「指定代理人」職員を増員しての自治体主体的な自治争訟対応となるが、その場合でも、受任弁護士や任期付職員弁護士による専門的法務活動は、広義の法制執務と重なる併存業務にほかならない。

コラム㉗　条例罰則の地検協議

　法律から独立した"自主条例"にも一定限度で刑罰規定の「罰則」がつけられるわけだが（自治法14条３項）、罪刑法定主義にかかわるため地方検察庁に立案協議をすることが、自治体実務の慣いとされている（1973年法務省の都道府県総務部長連絡会議事項「条例の罰則について」に基づく）。

　この地検協議でとりわけ問題となるのは、条例罰則案における「犯罪構成要件の明確性」と刑罰程度の均衡性と知られるが、その問題余地は大いにありうる。

　なぜなら、条例罰則は特別刑法たる行政刑罰として法人処罰を主とし、法人両罰も法人行為処罰も、行政規制違反直罰や裁量処分違反罪の要件規定に、行政裁量にともなう不明確さが有りやすいからである。

　この問題に刑法学者の研究が少なく（刑法犯は自然人の犯罪が原則）、今後とも行政法研究者が手を伸ばす必要があろう。そして今日的に政策法務が地検協議にかかわる際には、政策条例の地域自治裁量について弁証しなければならない。

第**2** **自治体政策法務の組立て**

1 自治立法と政策法務

⑴　自治立法による地域政策の新実現を支える政策法務

1）政策法務が行政原課を支援する働きの第1は、自治立法の立案に当たって、地域自治政策を新規に十分盛り込めるようにする相談対応・助言であろう。

　これは旧来の法制執務とちがう政策法務らしい役割であって、今日的な〝政策自治体〟にとって重要にちがいない。

　なぜなら、自治立法に地域政策を盛り込む努力は所管原課の本来任務であるが、新規条例等の立案にあっては、新たな自治政策内容をいかに法規条項化するかが、法制執務の域を超えて政策法務の調整テーマになることがありうるからだ。

2）新規条例の法令適合解釈を保証することは、次項テーマに属するが、関連判例や先例のない自治立法政策であると、その合法性が政策内容えらびに深くかかわる場合が考えられよう。

　たとえば、市・特別区の保育条例に「待機児童対策」の基準的定めをいかにそう入できるかに関しては、待機児童の定義えらびや保育園増設方針を含めて、地域自治政策をめぐる最先端の政策と法の接点が問われるであろう。

3）条例立法政策にとって、地域「立法事実」を固める必要があるのは公知であろう。

　かつて憲法学上唱えられた法律の合憲性司法審査に臨む際の「立法事実」論が、早くから条例の法律適合性にかかわる〝地域立法事実〟として自治体法学において継承されてきた。

　条例「立法事実」は、地域政策的正当理由として、条例案の目的と手段が地域自治の政策・制度として必要かつ合理的であることを裏付ける地域事実データを指す。

　それらは、条例づくりの要求・動機を示す文書・動画等の記録をはじめ、所管原課による調書・収集資料や審議会・研究会等の答申・報告書など多様にあ

りうる（のちの裁判における証言記録の前身を含めて）。地域の特殊事情にかかわる政策資料が多くて当然だが、先端政策試行中の地域データも、「地域特性」の資料に当たるであろう。

⑵　自治立法の合法解釈を確保する政策法務の責任

１）法律の委任によらない“自主条例”に関しても、関連法律との間柄として、規制「上乗せ・横出し」、給付「上づみ」の並行条例、その他独立条例にあって、関連法律に違反しないという法律適合解釈が求められる。

　既に述べたとおり、今日の政策法務にあっては、法律所管省庁の解釈と一致しない“自主解釈”の採択にも尽力する余地があるが、その裁判所通用性を見通す責任を伴う。

　その際、在来の法技術専門的な法制執務の見地が裁判所通用力で明らかに上まわるようであると、法務担当としてそれに依らざるをえないが、政策法務的には、地域自治政策に根ざす条例合法性の自主解釈を「立法事実」上十分に裏付ける努力を要しよう。

２）条例の立法政策論・立法論と制定条例の解釈論とは異次元だと思われやすい。

　しかしそこには、大学の法解釈学で研究されている法理パターン（制度論理）の多様な編成をめぐり、立法論と解釈論に通底する基本的な法理パターン（原理的法論理）があることもたしかなのである。

　したがって、地域政策を盛り込んだ自主条例の合法解釈に際しても、現行法制におけるそうした基本の法理パターンを踏まえることが、住民を含めて理解されやすいはずなのである。

　現行自治法制を「自治体法」と発展的にとらえる場合、まさにそうした基本の法理を明らかにしておくとよいであろう。

３）もし“自主解釈”合法条例の執行が関係住民から訴えられた場合には、政策法務は自治体の合法解釈が裁判所に採用されるように、訴訟対応に尽力しなければならない。

　後述する“政策訟務”にあっても、密な判例研究を踏まえた条例「立法事実」の主張・立証が肝要であるほか、「自治体法」にかかわる先端的な専門法学者の鑑定・意見書（コラム㉚、参照）の書証提出が留意されてよかろう。

(3) 条例と法律の関係にかかる自主解釈を裏付ける

1）係争条例の法律適合解釈が裁判の主要争点になった場合には、かねて「行政法」上で注目されてきた「法律と条例の関係」問題として、1975年最高裁大法廷の有名判例に則るべきところとなる。

　早くに最大判昭和50年9月10日判時787号24頁が、徳島市公安条例が道路交通法に反しないと解した際に、条例の法律適合要件に関する次の一般解釈判旨を公にしている。

　　① 別目的規制条例で、法律の「目的と効果をなんら阻害することがないとき」

　　② 同一目的規制条例でも、法律が自治体の「地方の実情に応じて別段の規制を施こすことを容認する趣旨であると解されるとき」

　これは多分に、関係法律の趣旨を優先させる解釈表現ではあるが、事柄の性質に応じた一種の条理解釈を想定させる判旨でもあろう。

　今後とも係争条例事件は多岐にわたると想定されるので、ここでは筆者が特に着目してきた裁判外の2実例を略記するのみといたしたい。

2）規制「上乗せ」条例の合法解釈事例として、2000年・横須賀市特定建築紛争調整条例を取り上げる。

　同条例によると、建築事業者は、住民説明報告書と対住民意見見解書について市長の審査・承認を受けなければ、法律に基づく開発許可・建築確認を得ていても工事に着手できず、是正命令違反に6か月以下の懲役等の罰則が定められている。

　これは、かつての指導要綱を規制条例化した中高層建築紛争調整の仕組みで、同市の解説手引書によると、傾斜地域開発のため法令の全国規制とは別目的の条例であって、上記最高裁判旨の①として合法と解され、地検協議もクリアーしたという。

　政策法務的にきわめて注目されるが、筆者としては前掲②の同一目的規制条例だとしても、開発許可・建築確認の現行法的効果が限定されている下での地域自治条例として合法であるとも解しうるように考えられる（民間の指定建築確認検査機関制に、法律効果限定の趣旨が現行法制上伴うところと解して）。

3）次に規制「横出し」条例の合法解釈問題例として、2000年・杉並区「特定

商業施設の出店及び営業に伴う住宅地に係る環境の調整に関する条例」を挙げたい。

　同条例は、地域の生活環境の維持を目的に500平米をこえる店舗と300平米をこえる深夜営業の店を対象にし、事業主に出店8か月前までに区に届け出、200メートル以内の近隣住民への説明会と協定づくり、また区との協議（住民意見書もありうる）を求め、従わない事業主に是正勧告や出店延期を指導し、それを公表できるものと定めている。

　これは、1998年に制定された大規模小売店舗立地法（大店立地法）が、千平米をこえる大型店（施行令委任事項）の立地によって周辺地域に騒音・迷惑駐車・ごみ問題などの生活環境阻害が生ずるのを防ぐために、都道府県・指定都市が同様な業者指導を行えると規定している対象範囲を広げた「横出し」条例に当たる。

　ところで、旧"大店法"下では、小売商業出店調整の"経済的規制"としての「営業の自由」制限であったため、横出しを含めて法律をこえる大店規制条例は多分に違法と解され、地元自治体は指導要綱行政にとどめていたのだった。

　それに対し大店立地法に変ってからは、周辺地域の生活環境保全を目的とする大店の"社会的規制"なので、住民の「生存権」保障に必要な横出し・上乗せ条例を許容する法制であるとすれば、上記の杉並区条例も、地域自治需要に応じて前掲判旨②の要件に該当し合法たりうるものと解されるのである。

コラム㉘　一国多制度とは

　地方自治の結果として自治体立法・執行に地域差が生ずるのは自然であるが、その法的仕組みのちがいが全国視野ないし広域比較において大いに目立つようであると、その「自治体法」上の根拠が特に問われうるであろう。

　その場合に、行政学で説かれてきた連邦制に発する「一国多制度」論が、行政法学・自治体法学にとって参考になりうると考えられる。

　地方自治結果に見られる"一国多制度"は、全国視野ないし広域比較において目立つ多制度が全国的に公認された状態を意味するが（多制度自治が平等原則をクリアーしているとして）、「自治体法」的にはその公認方式が注目されよう。

　最高裁等の確定判例による肯認、法令や国会・内閣・中央省庁による国家的公認

のほか、自治体全国組織や自治体間広域での了承による地域慣習法的公認もありうる。

　また、公認される一国多制度の憲法保障が自治体法の解釈テーマになることがあり、それは自治体の自主解釈に基づく地方自治のボトムアップ成果が「地方自治の本旨」の憲法原則に組み入れられることを意味しよう（兼子仁『地域自治の行政法』（北樹出版、2017年）28〜29、31〜34頁参考）。

(4)　自治立法の形式えらびを助言する政策法務

１）各自治体のホームページに、自治立法集である「例規集」が掲出されている。

　「例規」とは、戦前以来の用語法では「慣例規範」の略称のようだが（大塚辰治『市町村例規提要』（良書普及会、1933年）１頁参考）、「自治体法」時代の今日では、自治法規の二種を指す「条例・規制」の略記と理解するのが相応しいと思える。

　もっとも例規集には、非法規の行政内規である訓令「規程」や告示「要綱」も収録されている。

　しかも旧来の役所「加除式」を表すように、行政組織内部事項を定めた訓令「規程」（事務決裁規程・文書管理規程など）が数多く収められているのだが、後述していくとおり、住民関係事項を定める内規「要綱」こそが「告示」として例規集に収録されてほしい（現にそうした市・区が増えてきている）。

　結果、例規集に公表されている条例・規則・要綱・規程が全体として自治立法の広義に当たると目することができ、それら自治立法の形式えらびの自治体差が、例規集の「細目次」で見てとれるのである。

２）自治立法の形式えらびは、事項に応じ今後、政策法務の重要な助言テーマになるに相違ない。

　たとえば、住民表彰の根拠形式は、現に議会「条例」・行政立法「規則」・訓令「規程」・内規「要綱」の４種に分かれている。

　ただしその選択結果の当否となると、「法制執務」的にも今日次のように評価できると思われるので、政策法務の地域自治的アドバイスもこうなるべきではないだろうか。

　　○　職員表彰なら行政内部事項として、訓令である「表彰規程」でもよいが、住民表彰も同じく訓令規程に載せるのは伝統手法に過ぎよう。

　　○　「表彰規則」は、行政立法でも自治「法規」ゆえ、住民・職員表彰の統一根拠形式にする自治選択は悪くなかろう（規則重視主義として一部に存する）。

　　○　「表彰条例」は、名誉市民条例に次ぐものとして、住民表彰に最も相応しいにちがいない（現に住民表彰条例を持つ市・区が増えている）。

　　○　「表彰要綱」も、住民事項を定める行政基準内規としてそれなりに評価できようが（訓令甲や首長決裁の市・区がある）、「告示」化して例規集に収めることが大いに望ましいのではないか（後述）。

３）自治立法の形式えらびにおける「法制執務」基準としては、必要的条例事項・規則専管事項のほか、非権力的な給付・行政指導について条例・規則ないし行政内規という選択余地が示されやすい。

　その際、法令施行細則の「規則」は、古くからの機関委任事務の表われだったので、今日の自治体法にあっては、条例を含めた見直しが求められていよう。

　政策法務の助言は、地域政策に根ざす自治選択の見地から、公選首長・議会の政策意向を踏まえつつ、事項に応じ所管原課との相談・協議において為されうる。

　現にその結果として、学童クラブ条例・ペット条例、補助金交付規則・道路占用規則、ボランティア保険取扱要綱・コインランドリー衛生指導要綱・市民農園事業実施要綱・私道測量事業実施要綱、といった選択が多く示されている。

⑸　「要綱」を自治立法に位置づける政策法務の取組

１）「要綱」とは、多く各原課の住民にかかる"事実行為"行政事業を行政内規基準として根拠づけているもので、行政組織内部事項にかかる訓令「規程」とは峻別されなければならない。

　他方で、行政処分・強制措置・罰則のような権力行政を必要的に根拠づける条例とも異なり、内規基準に因る「要綱行政」は住民を義務付け・拘束しない。

　そこで、要綱が書く住民関係の仕組みは、条例施行規則や行政処分等の細目「要領」ともちがい、住民の権利利益に事実上かかわる事業行政の根拠・基準を"行政自己基準"として定めるもの故、正規に公表されるべきであろう。

　現に、行政指導を定める「指導要綱」や、懇談会等の臨時的住民参加会議の

「組織要綱」は公表されているが、金銭助成や給付事業を根拠づける「助成要綱」や「事業実施要綱」は、案外所管課が内部的に扱ってきているようである。

2）「要綱行政」を政策法務としてどう位置づけるかという場合、政策法務の造語当初にさかのぼるトラウマを超え出る必要がある。

前述したとおり1980年代初め頃には、宅地開発指導要綱が当時の都市環境法令の不備を自治体内規行政で補う便宜手段と意識され、それが要綱行政を"うしろめたい裏技"視させたのであった。

それに対して、2000年代の分権自治法改正下に、地域自治体に"自主解釈権"が公認され、今日の「自治体法」においては、条例立法に次ぐ「要綱行政」が地域自治の法制化として容認されうるように見られる。

もっとも、自治体法治主義の見地からは要綱の条例化が正道と言われやすく、なるほど内規要綱の議会条例化は望ましい方向ではあろう。

しかし、既に見たとおり、指導要綱の規制条例化に当たっては、法律適合要件をクリアーする必要があり、もし単に指導条例に格上げするだけであると、行政の実効性を向上させうるかどうかの見通しにかかろう。

そこで、政策法務の多元的観点では、要綱の条例化には「告示」化との選択肢が存することを重んずべきではなかろうか。

3）「告示」は、何らか行政措置を住民一般に正式に公表する形式であって（国家行政組織法14条1項の類推適用、自治法260条の2第10項などが「告示」の個別法定例）、それによって効力に変わりはなく、告示された行政措置自体の効果を生ずる。

ちなみに、訓令規程である建築計画概要書閲覧規程の告示は、個別法定例である（自治法16条5項にいう「公表を要する規程」の1例）。

そこで、住民関係行政の根拠・基準内規である要綱を「告示」にして正式公表することは、要綱行政の「透明・公正化」にほかならない。

したがって「告示要綱」は、自治法規・例規とは異なり非法規だが、その正式公表形式からして、広義の自治立法（準自治立法）の一種に位置づけてよい理由があるであろう（訓令甲や首長決裁とちがい、告示要綱も前記自治法上の「公表を要する規程」の一種とも解されよう）。

4）実は、都道府県・指定都市のように「要綱」が行政各課に多数存する所で

は、例規審査の至難さを理由に「告示」化に着手しないようなのだが、「要綱」の準自治立法性に照らすとき、例規審査の長期プロジェクトを組むことが望ましい（例規集収録が無理のようなら「要綱集」の別途公表でもよい）。

実は筆者が公的オンブズマンであった川崎市では、全庁603本の要綱を調査した2001年オンブズマン報告書の勧めに従って、その後しだいに要綱の告示化とホームページ公表に取り組んだのであった（兼子仁『地方自治ことばの基礎知識』（ぎょうせい、2010年）145頁以下・資料編「オンブズマン勧告」、参考）。

既に、一般の市・特別区では「告示要綱」を例規集ホームページに掲出する例が多くなりつつあり、関心をもつ住民による例規集検索・ダウンロードの慣いを生ぜしめてもいるようである。

そうなるほどに、改めて公表要綱の条例化や、その策定・改定手続への住民参加が求められもするであろう。

(6)　議会における政策法務の特色は何か

1）首長部局では自治立法政策を行政原課が住民参加手続を用いて立案するのとちがって、議会の政策活動は議会自身の本務にほかならない。議員・会派への「政務活動費」の交付がそれを象徴している。また、住民からの請願・陳情について採択か否かを議会審議することも、そうであろう。

さらに、議員の条例提案や首長条例案の議会修正にあっては、その法務面も議員活動たりうる。

いずれにせよ、こうした議会・議員の政策活動をめぐって法務サポートを要する以上、それは主に議会事務局の政策法務の働きとなる。

2）2006年の自治法改正（138条7項）によって、議会事務局の所掌が「庶務」となっていたのを、議会に関する「事務」に拡大している。ここに議会活動に対する政策法務的サポートが含まれていると解される。

具体には、活発化が期待されている議員条例提案の準備をサポートすることをはじめ、住民の条例「請願・陳情」の採択後におけるフォローも含まれよう。その手前で住民からの相談に直接対応することもありうる。

なお、自治体訴訟の出訴・和解に関する議会議決の審議を政策法務的に補助する必要も、今日的であるにちがいない。

3）議会事務局にかねて調査課が存したが、政策法務を担任する課・班が設け

られつつある。

　かくして議会事務局の職員人事が、政策法務の拡充のためにも注目されよう。首長部局からの転任・出向はよいとして、併任すらやむをえない小規模自治体もあろう。

　2011年自治法改正（252条の7第1項）で議会事務局を自治体間で共同設置することも根拠づけられた。

　今日の地域自治を拡充する「連携」組織づくりが進んでいる中では、議会事務局の広域連携的働きも課題視されてよかろう。

② 自治行政執行と政策法務

(1) 「行政計画」裁量を活かしていく政策法務

1）自治立法を行政執行していく際に、立法裁量をやや具体化した基準的な地域裁量権を働かせるべき場面（「行政基準」決定）が、「行政計画」および「裁量処分」基準づくり等である。

　2005年行政手続法（行手法）改正に基づく「意見公募手続」（パブリック・コメント、パブコメ）の対象となる「命令等」が政省令のほか、処分申請「審査基準」・不利益「処分基準」・「行政指導指針」を指すと法定された（2条8号、39条1項）。これを趣旨準用される自治体（46条）では、行政手続条例や要綱に基づく住民参加手続を地域自治選択で定めてきている。

　この場合、住民「提出意見」を行政が「考慮した結果及びその理由」を公表すべきものと法定されているだけに（43条1項4号）、自治体行政としても、地域自治政策を表わした行政基準原案をめぐる住民意見とその行政考慮理由を公にすることが義務付けられており、そこに政策法務の役割が深くかかわろう（兼子仁「自治立法と住民」川﨑政司編『シリーズ自治体政策法務講座1　総論・立法法務』（ぎょうせい、2013年）272～273頁参考）。

2）そうした行政基準決定の第1形式として、「行政計画」づくりにあっては、その種別に応じてであるが、住民参加手続を通して地域政策的行政裁量を活かしていく際に、政策法務は所管原課が行う計画素案固めに助言・協力して、行政原課が説明責任と計画の公正・合理性を確保できるようにしなければならない。

　その場合、住民参加意見をきく計画素案の流動性（変更・代替可能性）をいかに予定できるかの問題が、重要な事前の協議・助言テーマに位置づけられよう。

　のちに論ずる個別行政措置の段階より以上に、「計画裁量」において地域政策を盛り込みやすいだけに、参加住民との間で公正・合理的な行政計画づくりを目さすべきなのである。

3）以下に、政策裁量的「行政計画」づくりの目立つ事例項目を挙げよう。

　①　公立保育園の「公の施設」民営化計画（廃止または公設民営化）―――在園児保護者、待機保護者などの利害調整を含めての民営化計画づくり説明会（兼子仁『政策法務の新しい実務Q&A』（第一法規、2017年）93〜94頁参考）、および行政指導指針

　②　都市計画を含む「街づくり計画」―――住民協働の土地利用行政としての地域政策的"協治"体制の進め方にかかわる、関係行政諸課の連携スクラムを政策法務がサポート（兼子・前掲書75〜76頁参考）―――宅地開発・大店出店「指導要綱」などの行政指導施策指針を含み、「諮問住民投票」もありうる。

　③　自治体間「広域連携」協約・協定―――とりわけ過疎地域おこしを含む、基礎自治体・市町村間の広域政策的自治活動として、政策法務の予防法務的な連携協力を要する（兼子・前掲書77〜79頁参考）。

⑵　行政処分裁量基準づくりをサポートする政策法務

1）地域裁量的な行政基準決定の第2形式は、行政処分裁量基準づくりである。

　行手法で本来的に、申請処分「審査基準」の公表義務（5条）と、不利益「処分基準」の公表責務（12条）とが規定されているところに、下記のとおり地域自治政策の公正・合理的な盛り込みがかかわっている。

　しかし裁量行政処分の基準決定だけに、そこに裁量権の限界ごえを見出す関係住民からは、行政処分争訟で争われやすいので要注意にちがいない。

2）許可制の申請「審査基準」にあっては、根拠条例を含めて法令「上乗せ」基準もありうるわけだが、その政策的裁量の当否が生活者・事業者住民の利害にかかわりが深いだけ、政策法務の関係原課に対する助言役割が大いにあろう。

　それに対し、許可制違反の事業者住民等を取り締まる不利益「処分基準」となると、公表は「責務」にとどまり、許可基準公表に支障の存する場合が問わ

れるだけに、政策法務の「予防法務」役割はより大でありうる。

　それだけに、こうした行政処分裁量基準の決定をめぐる住民参加手続として、パブリック・コメントのほか、住民参加の審議会・懇談会・説明会などにおける基準原案説明の仕方が肝要にちがいない。

　そこでの政策法務の助言役割は、関係原課とともに会議事務担当との間でもありえよう。

(3)　行政措置裁量をコントロールする政策法務

１）行政処分に代表される個別行政措置にも、「裁量処分」に示される地域政策の個別的盛り込みがなされるが、関係住民から直接の争訟対象にされやすいだけ、その合法性と正当性の確保が行政基準決定に増して大事にちがいない。

　裁量処分の違法要件は、「裁量権の範囲」逸脱と目的外「濫用」であると法定され（行訴法30条）、その主たる趣旨として、要考慮事項の考慮義務違反（考慮不尽）が裁量権の範囲逸脱となり、法定目的外の他事考慮が裁量権の濫用となる、と判例上解釈されている（最判平成８年３月８日民集50巻３号469頁、公立高専の剣道実技の宗教的拒否生徒の退学処分取消し）。

　この行政措置裁量の誤り違法の可能性は、処分以外の行政指導や行政強制措置にも及びうるわけで、その理を踏まえた行政措置裁量の予防法務的公正確保が政策法務の課題を成す。

　なお、行政不服審査（行服）にあっては、「不当」処分も取消事由たりうるのであるが、政策的「当不当」の争点は結局は「合違法」の裁量権限界問題に連なるという形で、「考慮義務」の履行が共通的に問われうると認められよう。

２）そうした個別措置裁量の公正・合理的コントロールという政策法務の役割は、行政処分・行政指導・行政強制に通じて行われるわけで、その際に関係住民の参加手続のあり方がそれぞれかかわる。

　「申請」諾否処分の審査は、行政指導の実務を主とし、指導・勧告をめぐる行政指導の中止等の求めが法定されており（行手法36条の２）、不利益処分に先立っては是正指導が為される。

　ここにおいて、いわば"手続的裁量"について所管課に助言する政策法務の働きは、措置内容裁量のコントロールと併存するものと認められる。

３）もっとも、行政強制措置となると、対象財産権の直接規制としての法律な

いし条例の根拠・執行という問題が色濃く、現場的政策裁量の範囲は限定される（根拠法規の解釈えらびという法規裁量の余地は案外存するが）。

　たとえば、空き家対策の強制措置にあっては、立入検査、解体撤去「代執行」および費用「滞納処分」などをめぐり、それらの合法性・公正確保が主に政策法務の関係原課との協働に期待されている（兼子・前掲書60〜62、82〜84頁参考）。

　4）個別行政措置裁量も、自治体の「契約」実務ともなると、本来関係法令に反しない限りでの地域政策裁量が幅広い。

　ただ契約の種別が多様で、関係法令も大きく異なり、政策法務が協働すべき行政原課が多元的である。

　そのうえ元来、契約事務そのものが「法務」所管の法律事務の一環に位置づけられている。

　①　自治体と民間事業者との協定という"公私契約"は、近時ますます増えている。

　被災救済・復興支援協定（ボランティア団体・自主防災組織・協力企業など）、地域福祉協定（施設・社協・NPO・町会連合会など）、環境保全・景観協定（NPO・協力エコ企業・景観形成団体など）、産業振興・防災協力協定（農協・商店連合会・地域中小企業団体など）、地域おこし協定（農協・商店連合会・市民滞在農家など）などがある。

　政策法務は、これらの公私協定の公正かつ関係法令適合的な約定内容と誠実履行とに協力する義務を負う。

　②　自治体の「財務契約」は、公共工事・物品調達などの物的行為契約として財務法規の規律下に為されうるので、契約内容自体の地域政策的裁量は大であるほか、財務法規運用上の「法規裁量」範囲内で地域自治政策を活かす余地が財務手続的に問われている。

　分権改革時代に国の財政改革法令も数多く、そこに含まれた一般競争入札の制限特例や指名入札・随意契約の特別扱いにおいて、地元企業の処遇による地域振興政策の盛り込み等が、政策法務と関係原課との協議事項たりえている。

　もとよりその予防法務は、住民監査請求・住民訴訟のターゲットになりうるほどに莫大であるといえる（兼子・前掲書88〜90頁参考）。

③　自治体争訟と政策法務

⑴　自治体行政不服審査にかかわる政策法務

1）自治体が出訴ないし応訴する訴訟・裁判のうち、財産権等にかかわる一般民事訴訟は別にして、行政処分に関する抗告訴訟のほか国家賠償訴訟、財務行為を追及する「住民訴訟」、その他自治体が行政強制に及ぶ訴訟および国「関与」をめぐる機関訴訟などの行政事件訴訟等は、すべて自治体の地域自治責任に関する公的裁判として、政策法務の責任事項にほかならない。

　政策法務は自治体訴訟に臨んで、自治立法・行政執行を経てきた共同責任態勢と併せて、本来的に訴訟法務・訟務を担う任務を有する。在来の「法制執務」的訟務を超えた、地域自治政策に立つ"政策訟務"を目ざすべきことになりうる。

2）それ以前に、行政処分争訟としては自治体での行政不服審査（行服）が、政策法務の法的責任を新たにする。

　そこでは元来、行政訴訟が行政の「合違法」を追及するのに対して、行政不服審査・"行服"では「不当」処分の取消しという「当不当」の争いをもかかえうる（行服法1条1項）。

　2014年の行政不服審査法（行服法）の全面改正で、「審理員・行政不服審査会（行服審）」による第三者的審理手続をもたらしたため、係争処分の「当不当」審査が大いにクローズアップされるにいたっている。

　その結果、処分庁職員に対する口頭質問手続を含む「審査請求」住民の専門代理人（弁護士・税理士等および特定行政書士）の働きにも対応する意味合いで、処分所管課に助言・協力する政策法務の役割責任も訴訟法務と並んで大きいものになったであろう。

3）第三者的「審理員」の候補者名簿づくりは重要なので、政策法務は法的観点からチェックすることが望ましい。

　審理員に対する処分庁の提出文書類について原課からの相談に政策法務が応ずるのは当然で、それは係争処分の合法・正当性を確かめる最たるルートにほかならない。もっともそれは、法制執務を踏まえた政策自治的見地に立っての話であるが。

　審査請求人・代理人が求める処分庁職員への口頭質問手続（行服法31条5項）に際して、政策法務は必要に応じ想定問答の準備ないし事後回答への対応に関して助言役割がありえよう。

　審理員意見書のあと審査庁が行政不服審査会（行服審）に諮問すべきかどうかについて、求められたら政策法務が法制執務を超えて地域政策的見地に立った回答をする場面も考えられる。

　行服審の審理に臨む処分庁・原課に相談対応・助言することも、前記と同様である。

　行服審の答申を審査庁が裁決時にどう受け止めるかに関しても、同じくであるが、審査請求住民側からの訴訟を予防する見地を含む点が肝要にちがいない。

(2)　訟務の政策法務化である"政策訟務"とは何か

1）かねて法制執務にあっても、法技術専門的な訴訟法務・訟務として適任弁護士への訴訟委任および補助に任じていたわけだが、政策法務は地域自治政策の見地に立つ新しい訟務編成に臨む責任を負う。

　そうした政策法務化された訟務を"政策訟務"と名づけて、その実務見通しを想定していきたい。

　もともと当事者主義の民事系訴訟には、訴訟遂行上の裁量余地が大きいはずなので"政策訟務"となればそれが拡大されえよう。

　その際に、"政策訟務"にあっては、受任弁護士ないし任期付職員弁護士とともに相当数の「指定代理人」職員（その法律的な根拠につき、コラム㉙参照）が、政策法務担当を含めて責任ある協働をする必要がある。

　かねて法制執務的訟務にあっても、都道府県・指定都市を主に「指定代理人」職員が存してきたが、市区町村の政策訟務でも職員「指定代理人」が不可欠で、その出向・兼任制さらには連携自治体間の共同選任もありえよう。

　いずれにせよ、政策訟務の土台は、自治体訴訟を地域自治政策において位置づけ・評価する態度のはずであるが、勝訴をめざす責任はやはり大にちがいない。

　しかし、自治体の出訴・和解等が原則的に議会の議決を要することにかかわり（自治法96条1項12号）、予算裏付けを含めた議会審議が、法制執務的訟務の場合以上に問われるであろう。

コラム㉙　訴訟「指定代理人」職員の法律的根拠

　弁護士「訴訟代理人」原則の例外として「法令により裁判の行為をすることができる代理人」が法定されている（民事訴訟法54条１項本文）。

　自治体職員が訴訟「指定代理人」に任ぜられる法律的根拠は、長がその権限事務の一部を補助機関職員に委任できるとする地方自治法規定（153条１項）にほかならない。たしかに長は自治体法人の代表権者（148条）なので、訴訟代理権を職員に委任する必要があろう。もっともこれは一般条項ゆえ、訴訟代理の特別根拠としては心もとない。

　実はかつては、法務大臣権限法（略称）で「行政機関の職員」の訴訟代理根拠条項（２条２項、５条１項）が自治体にも適用されていたのだが、国の機関委任事務を廃止した分権改正の結果、「行政庁（国に所属するものに限る。）」の現行条項に変わっている（類推解釈はありうるとしても）。

　しかし今日、既に長く裁判所から肯認されてきた自治体職員の「指定代理人」制は、十分な慣習法的根拠を有するので、今後とも職員は誇りをもって出廷執務してよいのである。

２）さて、"政策訴務"として想定される実務展開は、自治体出訴事件を主にして大要次のごとくである。

　①　訴訟の準備段階にも、議会説明・予算確保を含めて政策裁判らしい取組が肝心である。

　○　首長のリーダーシップの下、地域自治政策の見地に立つ訴訟事件評価および裁判基本方針を、訴訟対策会議（受任弁護士、指定代理人職員、政策法務担当その他により構成）で決する。

　　その際、同会議の事務局を務める政策法務担当は、所管行政課と十分に協議をし、必要に応じ、同会議の予定に従って有意の協力研究者を確保する。

　②　訴訟対策会議による訴訟計画に則ったダイナミックな訴訟遂行を進める。

　○　訴訟計画に基づく争点形成に努め、自治立法事実と処分理由を裏付ける証拠固めとしての立証活動、および肝要な自治的法解釈（自主解釈を含む）

の研究開発と主張を積極的に行う。

　　その際必要に応じて、事件背景調査、判例研究や報告会・地域フォーラム等の開催を行い、それらの成果に即応した、関係原課による証拠書類の収集・作成に尽力するとともに、書証として提出する、適任研究者の鑑定書・意見書・鑑定意見書をタイムリーに依頼・入手する。

③　地・高裁の裁判結果をめぐる上訴または和解等に、所要の議会議決を経て有力に取り組む。

○　法制執務の法技術専門的見地をも踏まえつつ、政策法務的評価に立って適時に自治体の態度決定をする（敗訴判決に対する政策争訟的評価に関しては、後述）。

④　最高裁の確定判決等への評価も、自治体の政策法務らしく行う。

○　訴訟対策会議での総括にはじまり、当該裁判の地域自治政策的評価と善後自治策について、首長意向を踏まえて決する（議会報告、住民報告、記録保存・出版等を含む）。

コラム❸0　鑑定書・意見書・鑑定意見書の通則

　民事系の行政事件訴訟等において、正式の「鑑定書」は、裁判所指定の鑑定人が作成するものだが（民訴法213条、215条1項）、法律鑑定は司法裁判所が望みにくい仕組みゆえ、多くは法律事務所の弁護士が法律事務として依頼した「鑑定書」（弁護士法72条）を「書証」として法廷に提出する実務となっている（民訴法219条）。

　その際、法律解釈論に関しても鑑定書の名を避けて、「意見書」とする例が少なくない。

　しかしまた、意見書は公共的団体のそれを含め、原告本人をはじめ訴訟関係者による「陳述書」にも近い感じが伴おう。

　そこで"鑑定意見書"という名称が、法律論的書証にむしろ相応しいと考える余地があり、現に一部の実務例を生じているのである。

自治体法に照らし
政策法務の更なる普及を

① 政策法務を法制執務と併せた全庁実務に

1）政策法務の確立と普及は、「自治体法」の運用を支える実務的土台の一つと言ってよい。現段階ではいぜんとして、政策法務を自治体実務として確立することも問題はらみにちがいない。しかしそれだけに、今後の更なる普及を意識した論議に今日的有意味さがあると思われる。

　その要因の一つが、法制執務と政策法務を併存させる必要性であろう。

　既に述べた、在来の例規審査、法令事務および訴訟法務に培われていた「法制執務」の法技術専門性は、それとして今日でも自治体法務における先例価値を示している。

　政策法務は、そうした法制執務の専門実務先例を踏まえつつ、地域自治政策に立つ自治体法務の改革を、自治立法・行政・争訟の各段階で行っていかなくてはならない。

　ただしこれは多分に"矛盾"的なので、改めて展望的な論議をするのに値しよう。

2）そもそも政策法務というものは、かねて別立てとされていた政策と法務とを相互交流・一体化させていく新しい自治体法務を意味するので、政策法務担当と諸行政原課とのつき合い方が大きく変ることになる。

　旧来の「法制執務」では、行政原課は合法責任体制としては法務担当の法技術専門的な"外圧"に従わざるをえない傾向が知られていた（いわば"恐持て"法務）。例規審査や自治行政執行にあっても、自治立法「例規」が法令に適合する解釈が公認される範囲で原課指導されていた。

　それに比して政策法務としては、自治立法・行政執行に盛り込むべき地域自治政策を所管原課が造成する過程で、相談対応・指導・助言・協議等の日常コミットを自覚的に行い、合法・公正行政の共同責任を負う建て前になる。住民参加手続に臨む立場でも協働責任を負う。

　そうした結果、政策法務は関係原課から積極評価を受けることが理想である（いわば"持て持て"法務へ）。

3）この場合、例規審査にあっても、例規原案の政策法務的審査が行われる建て前なので、"政策法務委員会"への改組もありうるであろう。

　しかもここには、法制執務的例規審査と通底する法的共通ベースとして、法の枠内における行政裁量の働きというものがある。

　法技術専門の認識としても、現行法の枠内における行政「裁量権」の行使が存したわけだが、法令自主解釈に立つ政策的裁量権の大幅な拡充努力が政策法務のテーマになるにちがいない（これは行政法的には法規裁量でない政策的「自由裁量」の再重視を意味しよう）。

　また、条例立案にともなう政策法務的な法令"自主解釈"にあっても、法技術専門性を超え出る面だけを強調しすぎずに、地域自治権の憲法保障解釈を拡充することを含め、自主条例をめぐる関係法律の解釈手法が問われる。

　憲法条項および関係法令の解釈に当たり、事物の性質に即した「条理」をも踏まえて、伝統的手法の法制執務的な文理解釈を超えた現行法解釈を研究開発する努力が、自治体政策法務の新たな責任に属しよう。もとよりそれは、ありうる訴訟に備える予防法務的責務を含む。

4）かくして、政策原課と日常交流する政策法務が、結果として共同責任体制を創り出せるならば、それは全庁的協働実務の実質を備え、そうした新しい全庁実務性が政策法務の特長といえよう。

　この意味において、行政原課にも「政策法務」の協働義務が存しよう（同旨、山口道昭『政策法務の最前線』（第一法規、2015年）68〜69頁）。

　そうした姿は、在来の法制執務が法技術専門的な指導性を行政諸課に発揮するという全庁的実務であったのとは、似て非なる全庁性で、政策法務の完全実現は、二種類の全庁実務性を意味していようが、これこそ「自治体法」の実務らしさでもあろう。

② "政策争訟"化として為すべき取組の問題

1）既に論じた自治体行政不服審査（行服）への政策法務的取組、および"政策訟務"は、もとより自治体の対住民責任として、住民に負けない争訟結果を

目ざすべきところである。政策法務は所管原課の係争行政の合法・正当性主張
をサポートすることを本務とする。

　そのプロセスにおいて政策法務は、諸原課が造成した地域政策を踏まえた主
張・立証に付き添い、その合法・正当根拠について専門的に通ずるはずである。
その結果として更に生じうるのが、以下に"政策争訟"化と表現する事態なの
である。

２）行政不服審査（行服）の最終段階において、処分庁・所管課の係争処分合
法・正当の主張が通りがたいことが、審理員・行服審の意向にもからんで判明
してきたような場合、政策法務はその特別な第三者的立場（審理員・行服審の第
三者性を超える独立第三者的立場）を地域自治の特例事態として活かす"政策争
訟"化という取組をしてもよいのではないか。

　すなわち、自治体処分庁・所管課も、面子にこだわらずに係争処分の違法・
不当性を自認した上で、住民救済と行政改善に併せ資する処分の取消し・変更
にかかり、審査庁もそれを踏まえた審査請求認容の裁決を出す（"事情裁決"を
も含めて）、という方向に、政策法務が助言役割を演ずるのが"政策争訟"化で
ある。

　また、処分庁・原課が肯んじなくても、上記同旨の審理員意見書や行服書答
申を踏まえて審査庁が認容裁決にふみ切る場面もありうる。

　その場合、行服にかかる政策法務の第三者的関わりは、改正行服法下の審理
員・行服審の第三者的審理に臨む処分庁・行政原課の立場をサポートすること
に始まるわけであるが、上記のような最終段階状態では一転して、自治政策的
住民救済に"独立第三者"的に助力するという次第なのである。

　これこそ、住民に対する自治体責任の転換的な果たし方であって、併せて住
民からの訴訟提起を防いでもいよう。

３）しかし、こうした行服の政策争訟化が成らずに訴訟となり、前述した"政
策訟務"の取組にもかかわらず、裁判所から厳しい「和解」勧告を出されたり、
さらには自治体敗訴の判決を受けた場合に、裁判段階における政策法務の独立
第三者的な政策争訟化の取組が考えられる。

　和解をするかどうか、敗訴判決に上訴するかどうかは、議会議決をも要する
場面たりうるが、首長以下の自治体方針決定に際して、政策法務の独立第三者

的・専門的な助言役割は小さくなかろう。特に未確定敗訴判決に対する政策法務の判断は、「評価法務」のそれであろう。

　さらに最高裁等の自治体敗訴判決が確定した場合となると、まさに綿密でタイムリーな評価法務判断に基づいて、住民救済と違法行政改革の実績を示さなければならない。

　敗訴判決を逆に、住民協働時代の地域自治活動として活かす工夫が強く求められる場合を、ここで最後に、実例的に挙げておきたい。

　第1例は、保育園入園不承諾の気管たん吸引を要する障害児について仮入園を義務付ける決定（東京地決平成18年1月25日判時1931号10頁）を、市が受け止めた件で、障害児保育の実現が救済的地域自治の先端措置となった。

　第2例として、自治体の施設利用事故をめぐる国家賠償訴訟の賠償責任原因に、下記のように関連民間事業者の安全対策不十分が深くかかわっているような場合には、“政策争訟”的救済は民間事業者に安全基準決定策を講じさせる行政努力にほかならない。

　①公園の手押しブランコ等の遊戯器具の危険状況、②学校プール排水口の危険構造で安全基準法令をも欠いていて死亡事故多発、③学童保育「指定管理」事業の人身安全体制の不備、など。

第6章

自治体と法をめぐる課題について
考え、展望する

　前章までにおいて、自治体における法による自治・行政を確かなものとして
いくことを念頭に置いて、自治体と法について、さまざまな角度から幅広く論
じてきた。それを通じて、自治や行政における法の役割やその重要性について
は、それなりに理解されたのではないかと思われる。

　ただ、現実に目を向けると、いろいろな課題があるだけでなく、自治体によ
る温度差も大きく、その実現はなかなか容易でないところもある。しかし、分
権型社会への転換が、多様かつ公正で自由な社会につながっていくためにも、
法による自治・行政が確保されることは不可欠なのであり、漸進的にであって
も、また、たとえ自治体によって歩みが異なることがあっても、社会全体とし
てこれを進めていく必要がある。

　最終章となるこの章では、分権型社会の重要性と自治体が直面する問題につ
いて改めて確認をした上で、自治体と法をめぐる課題について考え、今後を展
望することとしたい。

分権型社会の重要性

　1990年代以降、地方分権が国政上の重要課題となり、国の行政的な関与の縮減等を中心とした第1次分権改革、国の法令による義務付け・枠付けの見直し等を中心とした第2次分権改革などの改革が行われてきた。しかし、それによって本来対等であるべき国と地方の関係は徐々に変わってきているものの、いまだ十分とはいえない状況にある。

　地方分権を必要とする理由としては、さまざまなことが語られ、また、社会経済状況の変化などに応じて議論の力点の置き方も微妙に変化してきているものの、一貫して強調されてきたのは中央集権型システムの限界ということであった。

　すなわち、戦後の経済成長を支えてきた中央集権型の行政システムが制度疲労を来し、新たな時代の状況と課題に適確に対応する能力を失っているだけでなく、中央・地方を貫くセクショナリズムによって社会そのものが固定化され、中央省庁による護送船団方式が地域や民間の創意工夫を奪い、その自立を妨げ、責任感の欠如を招いてきた、と批判されたのであった。そして、個人の価値観の多様化に対応し、自由で個性豊かな社会を形成していくためには、地域社会や個人の自己決定権を拡充することが必要とされ、画一性・統一性を重視する中央集権型システムに代えて、地域が主役となる分権型システムに改めていくことが重要であるとされた。

　また、地方分権の必要性は、国際的な課題・激化する国際競争[1]や加速する少子高齢化への対応ということからも、強調されてきた。特に、少子高齢化ということでは、多様化・増大する行政ニーズに対して、行政の総合化や官民が協働するシステムづくりを行うなど、住民に身近な存在である自治体が主体的に対応することの必要性が強調されたのであり、人口減少が進む中で、自治体

---

[1]　経済のグローバル化・ボーダレス化に伴い国が担うべき国際的な調整課題が増大する中で、中央政府の対応能力を高めていくためには、地方分権を推進することで子細な国内問題から解放し、その役割を純化・強化することが不可欠とされたほか、経済政策の面から、地方の自立・創意工夫・連携による世界の各地域との競争への対応といったこともいわれた。

の足腰をより強くすることやあり方の見直しの必要などもいわれた。

　ただ、これまでのところ、国と地方の関係の整備や団体自治の強化にとどまるとともに、規律密度の高い国の法令により自治体の事務が詳細に規定され、自治体側の依存体質も根強く残っている。その意味では、地方分権については未完のものとなっているといえる。

　しかも、地方分権に対する国民の関心はあまり高くはなく、住民として実感の乏しいものとなっているところがある。加えて、さまざまな改革が進められてきたにもかかわらず、国と地方の財政は多額の累積債務にみられるように悪化の一途をたどり、日本の国際競争力も低下しているほか、格差の拡大や地方の疲弊などの問題が顕在化しており、地方では、人口の高齢化と減少の急速な進行などにより、自治体の存続可能性まで問われるようになってきている。

　地方分権については、手詰まり感も漂うなど、踊り場にさしかかっている状況にあり、地方分権に対する懐疑的・批判的な議論なども見受けられる。情報化や感染症等への対応をめぐり、統一性や国の権限の強化する動きなどもみられるようになっている。

　しかしながら、今後の日本社会を展望した場合に、ひたすら経済的な成長や豊かさを追い求めることはもはや適切かつ現実的ではなく、そのための中央集権的システムは明らかに限界を露呈し、適合性を欠くようになっており、これからは多様性や持続可能性の確保へとシフトしていく必要がある。そのためにも、多様性や創造性をもった地域が自立し、活力をもち、連携する分権型社会へと移行していくことが重要なのであり、また、地域の自治や行政のあり方が住民の選択・決定に委ねられることは民主主義の再構築という面からも望ましいといえる。

　もっとも、人口減少が進むとともに、経済力が低迷する一方、国も地方も財政状況が厳しく、地域間の行政力・財政力にもかなりの開きがある中で、分権をどのように進めていくかについては、慎重な考慮が必要となることも確かだろう。

　そもそも、地方分権は、1990年代以降進められてきた行財政改革、規制改革などの他の構造改革と同じように、国家の役割・あり方の見直しや官から民への流れ、自己決定・自己責任の強化などを基調とするものとみることができ、

新自由主義的な側面があることも否めない。そして、自治体の主体性や自己決定権が拡大していけばいくほど、地域間の格差が広がっていくことは避けられないのであり、分権をめぐる自治体の利害は今後ますます錯綜することになってくるだろう。

　分権が自治体の規模の拡大だけの追求や弱いところの切り捨てにつながるようなことがあってはならない。ただ、自治には自己責任を伴うものである以上、自己決定の拡大がその強化につながることも否定することはできない。地方自治では、自治体が、自分たちで考え、他と競い合いながら、より良い地方政治・自治行政を目指していろいろな試みを行っていくことが重要なのであって、そのような中でこそ、地方自治の妙味が発揮されることになってくるところがある。地方自治は、選択・決定を通じて、競争や違いを認めることが織り込まれているものであることを認識すべきだろう。

　他方、統治構造改革では、福祉国家の見直しなども論じられたが、国民の生存・生活が国家に依存し、国家が社会経済活動に関わっていかざるを得ない現代においては、国家の役割が大きく変わることはなく、人々の自律や自由を妨げたり、管理につながったりするような介入はもちろん抑制されなければならないとしても、「小さな政府」は政治的なキャッチフレーズにとどまるといえる。人々の暮らしの確保は、人々に身近な自治体の重要な任務であり、それはこれからも変わるものではない。この点においては、新自由主義的な発想とは異なるのであり、効率化やスリム化に目を奪われ、自治体の役割やあり方を見誤るようなことがあってはならない。それとともに、生存権等の社会権を規定する憲法の下で、ナショナルミニマムの保障は、国にとって重大な関心事であり、中央政府も一定の役割を果たすことが必要となる。福祉国家は中央集権的な要素も包含しているのであり、分権が進められたとしても、中央政府による役割も残らざるを得ず、統一と多様性の間でのバランスをとりながら国と自治体の役割分担のあり方が問われることになってくるのである。分権型社会といっても、国法ないし中央政府の役割や関与が一気かつ大幅に少なくなるわけではない。現代において、地域ですべて自己完結的に行政を行うことができるようなことは、不可能に近く、分権型社会のゴールとなりうるものでもない。

　ただし、経済成長や人口増、あるいは官の役割の拡大ばかりを目指し、ない

しは念頭に置いて自治体の役割や事務について規定するような法律や政策などは、分権型社会にふさわしくなく、見直し・書き換えが必須である。

　なお、その際には、日本の地方自治体は、諸外国と比べ、極めて画一的な仕組みとなっていることや、公共サービスを中心として国家の多くの事務を担ってきていることなども理解しておく必要がある。選択や相違を重視するのであれば、そのことにも目を向けた改革は不可避といえる。

　分権型社会においては、「多様性」がキーワードとなり、自治体や自治行政・公共サービスなどのあり方も多様なものとなっていくことが想定されるのであり、そこでは自治体間あるいは公私の間での多様かつ広範な協働・連携や、人的・物的などの資源の共同活用などが進められるようにしていくべきだろう。そこでは、競争だけでなく、相互理解や支え合い、役割分担なども重要となり、これまでの発想、概念、枠、面子などにとらわれず、時にこだわりを捨てるような姿勢・対応なども求められることになる。そしてそれは、次に述べる人口減少社会を乗り切るカギともなるといえるだろう。

コラム❸❶　広域連携

　市町村合併は2009年度末に区切りとされ、その後は「周辺市町村間での広域連携」に励むことが望ましいと公言された（09年・29次地制調答申）。

　基礎自治体・市町村が、一部事務組合や広域連合などの連合組織をつくる以外にも、「広域連携」協約・協定で"基礎自治"を拡充するほか、協働して地域おこしを行うことは、けっして"矛盾"ではなく地域自治の役割分担的な発展形態だと目するのが正しいであろう。

　既に地方自治法は、そうした広域的連合組織づくりのほか、広域「連携協約」の方式を法定している（2014年改正、252条の2第1項）[2]。

　それに対し、広域自治体・都道府県が"大広域"連携を図る府県広域連合が生じ出し（2010年・関西広域連合）、加えて「道州地方」特区（2006年・道州制特区法（略称）に基づく3合併府県の指定）など、府県間大広域連携の動向が、道州制をめぐる一国多制度プロセスを成すところと見通せよう。

　こうした自治体間の広域連携は、「自治体法」における自治体自治の動態を象徴していくに相違ない。

【図表17】自治体間連携の方式

法人の設立を要しない仕組み	連携協約		1対1型 ・水平型（市町村間） ・垂直型（都道府県−市町村）
	事務の委託		
	事務の代替執行		
	協議会	定住自立圏	複数型 ・市町村間型 ・都道府県参加型
	機関等の共同設置	連携中枢都市圏	
別法人の設立を要する仕組み	一部事務組合		
	広域連合		

2　地方自治法が定める連携・協力の方式としては、①連携協約、②協議会（管理執行協議会・連絡調整協議会・計画作成協議会）、③機関や職員の共同設置、④事務の委託、⑤事務の代替執行、⑥職員の派遣、⑦一部事務組合、⑧広域連合などがある。このほか、人口5万以上の中心市と周辺市町村との協定による「定住自立圏」や、人口20万以上の拠点都市をと周辺市町村との連携協約による「連携中枢都市圏」の設定などの方法もある。なお、自治体間の連携は、これまで隣接自治体間が中心となってきたが、それに限らない遠隔連携の取組なども見受けられるようになっている。

人口減少社会と自治体

　いうまでもなく、これからの地方自治や自治行政を考えるにあたり、少子高齢化と人口減少の進行にどう向き合い、対応していくかということは、避けて通れない課題となっている。

　日本社会は、少子高齢化が急速に進み、人口減少社会に突入しているが、東京圏への一極集中も相まって、地方では人口の減少・流出による過疎化が進行しているほか、財政状況の悪化が進んでいる。

　たとえば、2020年国勢調査によれば、2015年〜2020年の5年間において人口が減少したのは、全国1,719市町村のうち1,419市町村で全体の82.5%を占めており、2010年〜2015年の81.3%より拡大している。特に5%以上人口が減少した市町村は全体の51.3%を占め、半数を超えている。また、国立社会保障・人口問題研究所の2018年の日本の地域別将来推計人口によれば、人口が減少する市区町村は、今後も増加し、2020年から2025年にかけては1,537市区町村（91.4%）、2030年から2035年にかけては1,615市区町村（96.0%）、2040年から2045年にかけては1,664市区町村（98.9%）となる。そして、2045年の人口を、2015年を100としたときの指数でみると、1,588市区町村（94.4%）が100未満であり、そのうち60〜80が555（33.0%）、60未満が688（40.9%）で全市区町村の73.9%で人口が2割以上減少することになると予測されている[3]。

　住民構成ということでは、少子高齢化の進行による人口構成の変化とともに、国際化の進展や労働力人口の減少などを背景に、外国人住民の増加といったことにも目を向ける必要がある。定住外国人は、労働者であるとともに生活者であり、地域の構成員として受け入れていく必要があることはいうまでもない。その際には、地域社会のルールなどを守り適応してもらう必要があるとしても、いたずらに同化を求めるのではなく、それぞれの違いや文化を認め合い、多文

---

[3]　2040年代には、団塊ジュニア世代が高齢者となり高齢者人口がピークに達し、減少する現役世代では高齢者を支えきれなくなるなど、さまざまな問題が噴出することが予測されており、この問題は「2040年問題」として論じられている。自治体をめぐっても、自治体消滅、自治体行政（OS）の書き換え、圏域化などがいわれ、議論となっていることは、周知のとおりだ。

化共生社会を形成していくことが求められる。

　少子高齢化と人口集中により自治体を取り巻く状況は厳しさを増してきており、地方の活力がそがれ、各自治体は余裕を失いがちとなっている。現在の市町村のままでは、あらゆる行政サービスをすべて単独で提供することは困難となりつつある。

　これに対し、平成の大合併ということで、市町村の合併が積極的に進められ（1999年3月末に3,232であった市町村の数は2010年3月末には1,727に減少）、その規模が拡大してきたが、その評価は分かれている[4]。しかし、規模の拡大だけが選択肢ではないものの、合併に消極的であったところ積極的に進めたところの両方において、自治体間の多様な連合・連携も含め、何らかの対応が必要となっているのも確かである。

　このような状況をいかに克服していくのか、それぞれの自治体の意識や対応が問われているのであり、自治体による相違の拡大は避けられなくなっているといえる。住民による自治体の選択・移動（足による投票）も一部で見受けられるようになっており、そのような状況が強まることもある程度は覚悟する必要があるのかもしれない。そして、今後の地域の状況と地方自治の多様なあり方を考慮した場合に、地域住民の要望に即応しうる能力をもつ総合行政主体としての地位をすべての市町村に画一的に要求することが果たして適合的・現実的かどうかといったことも真剣に考える必要が出てきている。

　従来の横並びの発想や護送船団的な考え方は、もはや通用しなくなり、自治体として何をしなければならないのか、何ができるのかということから、主体的にその役割を考え、必要があれば自ら絞り込んでいくような姿勢へと転換することなども求められているといえる。「あれもこれも」の発想から「あれかこれか」の発想への転換である。すなわち、物事には必ずプラスの面だけでなくマイナスの面もあるのであり、それを見極めながら、何を重視し、何をあきら

---

[4] 平成の合併の評価には、なお時間を要するが、合併の効果として、①専門職員の配置など住民サービス提供体制の充実強化、②少子高齢化への対応、③広域的なまちづくり、④適正な職員の配置や公共施設の統廃合等の行政の効率化などの効果が指摘される一方で、①周辺部の旧市町村の活力喪失、②住民の声が届きにくくなった、③住民サービスの低下、④旧市町村地域の伝統・文化などの喪失などの問題点・課題も指摘されている。なお、平成の合併では、市町村合併が積極的に行われた地域と、あまり行われなかった地域が生じ、そのことは都道府県内の市町村数にも現れている。

めるのかを住民とともに考え、選択していくことが必要となってくるのであり、まさに、それぞれの自治力を問われるようになっているといえる。

これまで、行政国家の進展に伴い自治行政の役割も急激に拡大し、住民もそれに対する依存の度を強めてきたが、自治体財政が厳しくなるに伴い、行政の肥大化が批判され、その役割の見直しや民間化なども進められてきた。

しかしながら、行政の役割の拡大は、社会経済の高度化に伴いさまざまな社会的リスクが増大したことや、交通や情報手段に発達により人々の生活様式が変化し、いわゆる都市化した文化的な生活を営むことになったことなどによる帰結ともいえる。かつての家族や隣保の連帯と自助によって支えられてきた人々の生活は、核家族化、産業の発達と分業化、人の移動の活発化などに伴って、多面的な社会的依存関係の下での消費生活として営まれるようになってきたのであり、そこでは多様な行政サービスが求められることとなった。そして、少子高齢化の進展、都市への人口集中と過疎化、女性の社会進出などにより、自治体がカバーすべきところがより拡大してきているのである。人々の暮らしが行政サービスに依存する状況はそう簡単に変わりうるものではない。

ただ、そうはいっても、自治行政をいたずらに肥大化させることは妥当とはいえず、必要な範囲にとどめられるべきである。財政の面だけでなく、自治体として人材の確保も難しくなっており、これからは限られた財源と人材で行政を展開していくことが求められることになる。際限のない行政依存には歯止めをかけ、行政の守備範囲を絶えず問うていくことも必要である。

他方、必要な行政サービスであっても、そのすべてについてそれぞれの基礎自治体が担い手となる必然性はなく、自治体間の連携や広域自治体による補完・提供もありうるのであり、民間に担ってもらう方が効率的・効果的なものもある。人口減少が進む中で、小規模自治体が総合的に行政サービスを自前で担うフルセット主義が困難となりつつあることを正面から受け止めるとともに、地縁団体、NPO、企業などと連携して自治や行政の担い手の確保に取り組んでいくことが求められる。

そのような中で、改めて自治体の役割を見定めることも必要だろう。

自治体の役割は、地域における人々の暮らしを維持し、まもることにあるのであり、安全・安心を確保し、地域に暮らす個人がそれぞれの人生を全うして

いく上で必要となる基盤を整えることである。基礎自治体は、住民に最も身近な団体・その前線として、人々のニーズや状況を把握し、必要な行政サービスを確保するようにし、その基礎的なものを自ら担うことが最低限求められているといえる。自治体としての位置付けや体制を維持しようとするのであれば、必要な役割を果たすことで、その力を発揮し、適格性を備えていることを示していくべきだろう。

　また、広域自治体である都道府県については、基礎自治体重視の分権改革の中では、その役割やあり方を問われることにもなったが、基礎自治体と広域自治体による二層制などの重層構造については、これまでの沿革や地方自治の十全な保障のための国への対抗や分権、自治の充実ということからは、憲法も前提とするとともに要請しており、今後とも基本的に維持されていくべきである[5]。そして、少子高齢化や人口減少に伴い基礎自治体のあり方が改めて問われるようになる中で、それに対応した広域自治体としての役割やあり方をそれぞれが模索していくことが求められているといえるだろう。すなわち、これからは、行政サービスの安定的・持続的・効率的・効果的な提供という点からも、都道府県が果たすべき役割は大きくなってくるのであり、また、市町村間の広域連携が可能な地域では連絡調整機能、市町村間の広域連携が困難な地域では補完機能を発揮するなど、その役割を適切かつ機動的に果たすことが求められているといえる。

　両者の対等性を維持しつつ、従来の枠組みにとらわれない市町村と都道府県の間での適切な役割分担を模索していくことが必要だろう。

コラム㉜　SDGsと地方自治体

　SDGs（エス・ディー・ジーズ）は、「Sustainable Development Goals（持続可能な開発目標）」の略称であり、2015年9月の国連サミットで採択された「持続可能な開発のための2030アジェンダ」において掲げられた2030年までに持続可能

---

[5]　もっとも、その一方で、これを絶対的・固定的なものととらえるべきものではなく、社会の進展とともにこれに的確に対応し、地方自治の本旨をより実現し得る仕組みを考えていくことは、憲法によっても認められていると解され、部分的に一層制となるようなことなども許容されているとみるべきだろう。

でよりよい世界を目指す国際目標である。17のゴールと169のターゲットから構成されており、17の目標とされるのは、1.貧困、2.飢餓、3.保健・福祉、4.教育、5.ジェンダー、6.水・衛生、7.エネルギー、8.経済成長・雇用、9.インフラ・産業化・イノベーション、10.不平等、11.持続可能な都市、12.持続可能な生産と消費、13.気候変動、14.海洋資源、15.陸上資源、16.平和、17.実現手段である。また、SDGsでは、普遍性（先進国を含め全ての国が行動）、包摂性（人間の安全保障の理念を反映し「誰一人取り残さない」）、参画型（すべてのステークホルダーが役割を）、統合性（社会・経済・環境に統合的に取り組む）、透明性と説明責任（定期的にフォローアップ）が実施原則とされている。

　持続可能な地域社会を築くためには、誰一人として取り残さないことやすべてのステークホルダーの役割をうたうSDGsの考え方を取り入れていくことが重要であり、地域におけるSDGsの目標達成には、自治体やその地域で活動するステークホルダーによる個別の立場や組織をこえたSDGs推進のための取組や、SDGs達成に向けた個別の領域をこえた事業の実施が必要不可欠となっており、また、SDGs達成に向けた取組が、地域が抱える人口減少、地域経済の縮小等の課題の解決につながることも期待されている。

　持続可能な地域は、「住民がいつまでも安心して暮らしていける地域」でもあり、そのためには、住民に対して必要な行政サービスが提供され続けることが必要であって、その保持は自治体の基本的な役割といえる。しかし、財源も人的資源もすべて有限であり、その基盤ともなる公共施設の維持には費用がかかるが、多くの自治体で公共施設の老朽化と建替え・改修の問題に直面している。このようなことから、持続可能な地域づくりの第一歩として、公共施設を持続可能なものとすることが大きな課題となっている。

　公共施設は、住民の共有資産であり、まちづくりの要となるものだが、それが持続的なものとするには、その費用について、建設費（イニシャルコスト）だけでなく、維持運営費（ランニングコスト）や除却費の総額と供用年数を含めたトータルで費用をとらえるとともに、住民により有効利用されることが大事となる。それぞれ身の丈に合った適正な規模・範囲の公共施設を模索していくことが必要である。このようなことから、経営手法を取り入れた「公共施設マネジメント」として、ファシリティマネジメント（FM）を導入するところが増えている。FMは、施設とそ

の環境を総合的に企画・管理・活用する経営活動であり、公共施設の老朽化や人口減少に伴うニーズとのギャップなどが問題となる中で、公共施設の管理を縦割りから横断的・総合的なマネジメントへと転換していくことで経営資源の全体最適を図ろうとするものといえる。

自治・行政の担い手と民主主義

　分権型社会において、自治体の役割が重要となるとしても、自治や行政の担い手となるのは、自治体の機関（役所）だけではない。分権型社会は、社会の担い手として多様なアクターが存在していることを前提とし、それぞれが自律して主体的に活動することで、多様かつ多元的な社会となることを目指すものといえる。

　また、公共は官のみが担うものではなく、官と民が協働して公共を支えていくことが必要である。特に、厳しい財政状況や少子高齢化に伴う自治体における人的資源等の不足に対応し、自治の担い手を確保するためには、民との協働は不可欠となっている。地域の公共や公共空間を支える主体としては、自治体だけでなく、自治会、課題ごとの地域組織、NPO、企業など多様な主体が存在し、サービスの提供や課題解決の担い手として相互に連携しながら関わり、人々が安心して暮らすことのできる地域社会を形成していくことが求められている[6]。

　ただ、それは、民を自治体の下請けや補完のために活用することとは異なり、あくまでも対等なパートナーとして連携協力していくことが必要であり、その場合には、自治体の方が民を補完する側に回ることもあると考えるべきである。

　地域においてさまざまな組織・団体が生まれ、公益的な活動を行うようになっているとはいえ、市民活動の歴史が浅く、逆に、地域のコミュニティが弱体化してきている中では、それは必ずしも容易でないことは確かである。しかし、各自治体において一時もてはやされた「住民との協働」が輝きを失ったのは、下請けとしての利用やスリム化重視といった自治体の側の意識や対応に問題があった面もあるのであり、そのことを理解・意識しない限り、同じことの繰り返しともなりかねない。

6　なお、その際には、都市部のようなコミュニティ意識が希薄な地域では、地縁による共助の担い手が乏しい反面、NPO、企業等の多様な主体が存在しており、自治会等の活性化のほか、多様な共助の担い手による支えの体制を構築し、ネットワーク化していくことが主要な課題となる。一方、地方部をはじめ地縁による共助の取組が広く行われている地域では、人口減少と高齢化が進行する中でその継続的活動の確保や連携が主要な課題となってくる。

　他方、地方分権による地方の自己決定権の拡大は、自治体の権限の拡大にとどまるのであれば、国と自治体の間での権限配分の見直しや団体自治の強化にすぎず、不十分といわざるを得ない。分権型社会としていくためには、単に自治体の裁量が広がるだけでなく、住民自身が参加し、判断する機会が増え、自治行政における住民の自己決定権が拡大したといえるものでなければならない。最近は、さまざまな取組が行われるようになっているとはいえ、住民自治の強化はなお十分とは言い難い状況にあり、さらに政治や行政の透明性を高め、住民に対する説明責任を果たすとともに、住民の参加を促進し、住民とともに新しい公共空間を形成していくことが必要といえるのであり、そこでも既存の枠組みにとらわれない発想や取組が求められているといえる。そして、その点では、住民に身近な基礎自治体と広域自治体とでは、住民自治の形や取組方も異なるところがあるのであり、とりわけ都道府県においてはそのことを意識した対応が求められることになるといえる。

　もっとも、特に基礎自治体においては、住民の直接参加が重要となるものの、それぞれの住民にとって自治や行政が常に大きな関心事とは限らず、参加の仕方や程度が異なることはやむを得ないところがある。また、自治体においても、民主主義の形態ということでは代表制民主主義が基本とされているのであって、まずはそちらが機能するようにすることが大事となるが、低投票率、無投票当選、議員のなり手不足、議会の機能不全、政治の恣意・暴走など、地域においても民主主義の揺らぎや危機的状況などもみられる。そして、社会的な同調圧力の強い日本では、地域において全体主義的な傾向を生じやすく、加えて自治の現場では民主主義（住民の多数派の意思）がすべてを正当化するかのような議論もときに目にするが、民主主義も、個人の尊厳を基本とし自由や平等などを実現するための手段であることが忘れられてはならない。

　それらのことも意識しつつ、住民自治がどのように適切に機能するようにしていくのか、それぞれの自治体において住民とともに模索し続けることが必要だろう。

第4 自治体法の現状と自治立法権の
拡大の必要性

　自治体における法による行政については、全体としてなお不十分といわざる
を得ないが、その一方で、それに対する姿勢やその取組の程度はそれぞれの自
治体においてかなり大きく異なる。

　本書では、「自治体法」という視点・構想を提示しつつ、法に基づいた、ある
いは法を適切に活用した自治行政の必要について論じてきた。

　それも踏まえて、自治立法等にさらに積極的に取り組み、法による自治行政
をしっかりと進めていこうと思いを新たにした自治体関係者もいるだろう。し
かし、その一方で、理想や理屈としては理解できても、現実とのギャップの大
きさやハードルの高さを感じる関係者もいるのではないかと思われる。「自治体
法」などしょせん現場を知らない者の発想にすぎないと見る向きもあるのかも
しれない。

　確かに、現状は、国の法令と所管省庁の解釈等にがんじがらめにされ、受け
身とならざるを得ない一方で、日々の活動においては、法ということをあまり
意識することなく、ルーティーンの仕事をこなしたり、前例踏襲に徹したり、
問題状況を応じつつアドホックに行政指導などにより対応したりすることが多
いのかもしれない。それでどうにかなっているのであれば、あえて法を持ち出
す必要性などあまり感じないということもありうるだろう。

　しかし、地方自治体は、住民に各種サービスを提供したり、地域の活性化の
ためにさまざまな調整や支援を行ったりするだけでなく、統治の主体として、
住民の権利の制限や義務の賦課といった権力的な作用なども担っている。その
活動の多くは法に基づく必要があるにとどまらず、自治体の活動や行政の正統
性は合法性に求められることになるのである。法による公正で透明性の高い行
政を行っていくことは、住民の理解を得る上でも不可欠といえる。

　他方、自治体における法のあり方としては、分権型社会においても、法律に
よって自治体の事務やあり方について規定することはある程度は避けられない。
特に、国家が自治体を通じて人々の生存や生活の保障、社会経済秩序の維持、

教育、福祉、環境の保全などの多様な役割を担っていく以上は、その実施・確保のために自治行政について規律する法律の存在をそれなりに認めざるを得ず、自治体は、それに基づいて行政を行っていく執行責任を負っているといえる。

　しかし、その一方で、人々の暮らしの維持・保障に不可欠なものやナショナルミニマムの確保に必要なもの以外のものについては、できる限り自治体の選択の余地を認めたり、地域の状況に応じた立法の余地を認めるようにすべきであり、そこでは、提供する行政サービスなどの選択もできるようにすべきである。自治体に、地域の状況に応じたカスタマイズや何に重点を置くかの決定を認めるためには、国の法令の規律密度を下げることは不可避であり、必要性の高くない義務付け・枠付けを削減していくことがなお必要である。特に、自治体の自治事務としながら、法律で次々と義務付け・枠付けを行うようなことはもはや妥当ではない。自治体の人的資源も限られてきている中で、負担の軽減を図るとともに、それをどのように配分していくかの選択の余地が広がるようにしていくべきである。

　自治体法をどのようなものとしていくかは、分権を進める中で構想をより具体化していくことになるが、現実的な路線としては、法律においては大枠やデフォルトを規定し、条例をもって選択や地域に適合した制度にできるようにしていくことが重要である。国法と自治体の例規のバランスのとれた組み合わせが模索される必要がある。

　そして、そのためにも、法による行政が自治体においても定着していくよう、必要となる条例を適切かつ積極的に制定し、実績を積み重ねることで、その立法能力を示すとともに、その向上を図っていく必要がある。

　もっとも、自治立法の余地が拡大したからといって、むやみやたらに条例を制定すればよいというものでもない。条例は、地域における住民の生活の維持・向上や社会秩序の維持に必要なものとして制定されるべきであり、また、自治行政の根拠となり、これを統制するものである必要がある。条例の制定の目的化やアピール手段としての多用、希望・理想・理念などを語るばかりで意味の希薄な条例などはできるだけ自制するようにしていくべきだろう[7]。立法におい

---

[7]　それらにおいては、親しみやすさに重きが置かれ、願いや思いが込められたり、情緒的な言葉や表

ては、多数の人々の希望や意思に合致すれば何でもできるというものではなく、法として「できないこと」や「してはならないこと」などがあることはこれまでも繰り返し述べてきた。住民の多数の意向や感情的なものがストレートに出てきやすい中で、常に多数の意思や利益を優先させるというのは、少数派を抑圧・排除したり、個人の権利自由を侵害したりすることにもなる可能性がある。

　これらと矛盾するような自治立法は、一時的には注目・支持されても、やがて顧みられなくなったり、法的に争われたりすることも少なくなく、むしろ自治立法に対する信頼を低下させることにもつながりかねない。とにかく自治立法を行うこと自体に意義を見出したり、これをイベント化したり、アピール手段としたりするような状況があるとすれば、そのような段階からそろそろ脱け出す必要があるのではないだろうか。

　さらに、自治立法にあたっては、適用される人々の視点から見ることも必要である。法律と条例による規制の併存が認められる場合があるとはいえ、適用される側から見れば、それは、二重規制となったり、負担が大きくなったり、いたずらに複雑な制度・手続ともなりかねない。全体として、制度の複雑化を避け、できるだけ分かりやすいもの、地域の状況に即したものとしていく必要がある。

　なお、これまでの国の立法が、官僚主導型のいわば上からの立法であったことからすると、分権型の自治立法は、住民を巻き込んでのいわば下からの自治型の立法であることが必要であり、役所主導型の立法にとどまることのないようにしていくことが求められているといえるだろう。

現が盛り込まれたりするような状況もみられ、これらについては条例のポエム化などとも呼ばれている。それが、規定の意味・適用や条例に対する見方にどのような影響を及ぼしているかについても、もう少し考慮する必要があるのではないだろうか。

第5 自治体における「法による行政」の実情と改革の方向性

　自治体においては、法に対する意識や理解がなお十分とは言い難く、むしろ法は窮屈なものであり、機動的・弾力的な対応の邪魔となるものと見る向きもないではない。必要性こそが重要であり、結果さえよければそれでよいのであり、そのためには法をスルーしても構わないといった考え方にも出くわす。必要以上に分かりやすさや単純明快さが求められ、面倒な検討や議論を回避し、二者択一的な判断に持ち込もうとする傾向もみられる。

　自治体においては、法の仕組みよりも、計画・要綱による行政指導や調整などの手法が好まれ活用されてきたのであり、今後とも自治行政における有力な対応手段となっていくことは否定できない。法のソフト化・多元化といったことも念頭に置いた対応も必要だろう。

　しかしながら、それらはたとえ一般的な規範形式をとっていたとしても、正規の法ではなく、民主的正統性も欠くものである。あくまでも、法律や条例が、法であり、代表機関である議会が制定し民主的正統性を備えたものとして、これによることが基本である。それらが法と同様の役割を果たすことがあるとしても、あくまでの補完的・暫定的・例外的・限定的なものにとどめるとともに、公正性・公平性・透明性が確保される必要がある。

　また、問題の解決を図るにあたり、個別具体的な妥当性を考慮することが必要だとしても、あらかじめ定められたルールである法を無視・軽視することは、場当たり的・恣意的となり、「何でもあり」になりかねず、逆に、公正さや公平さを欠くことにもつながりかねない。世間では、法的な問題についても、既存の法にとらわれずに個々の問題を円満に収めるような「大岡裁き」を好む風潮もみられるが、それでは、判断・処理する人次第ということになり、その人の感情や恣意などに左右されかねない。ルールをそのまま当てはめることが著しく正義に反するような場合には例外やそれに反することも認めることになるとしても、法の形式性や画一性が、公正さや公平を担保することにつながっている面があるのであり、法の論理やルールに基づくことが、長い目で見れば妥

当な結果をもたらすことにもなることが忘れられてはならない。最近は、政治の前面化により、数・力・利などによって物事を決めようとする風潮が強まっているが、法は、理性や論理により、それに歯止めをかける役割・機能ものであり、たとえ多数の意思や利益には沿わなくても、法的にまもるべきものがあるとするものである。

　その意味では、法の役割や論理というものが、人々にもっと理解されるようにしていくことが大事といえるだろう。

　なお、法による行政をめぐっては、法規万能主義や前例主義に陥りがちとなり、行政の側が法を持ち出すのは、自己正当化やしない理由とするためだと批判されることも少なくない。行政を法の執行ととらえるのではなく、結果や成果を重視し、政策や経済的合理性、経営ということからそのあり方を考えるべきとの議論も見受けられる。

　しかし、それらは法による行政を狭く歪曲してとらえるものといわざるを得ない。法においては、原理や一貫性・一般性・安定性などが重視されるが、現代国家においては、政策と融合する傾向がみられ、法が政策の手段として活用されるようにもなっている。法による行政は、政策を否定するものではなく、法という根拠や枠によることを求めるものである。法に根拠となるものがなければ、新たに立法をすることが必要となるのであり、立法による創造的な対応は法による行政の柱の1つをなす。それをせずに、対応しないのであれば、法の原則や趣旨等を踏まえてなぜできないのかが説明できなければならない。特に、法の解釈は、対象となる事実に依存するところや結果の妥当性をにらんでの利益衡量となるところもある。その説明については、事実を踏まえつつ適切な解釈を行った上でのものであることが必要となるのであり、そうでなければ、住民の理解や納得は容易には得られないことになるだろう。

　また、法は、経済的な効率性と無縁なものではなく、ときに相対立することはあるとしても、考慮されるべき要素の1つであり、法においても、さまざまな経済的な手法が取り入れられるようになっている。

　大事なことは、法にとらわれたり、法を盾にしたりするのではなく、法を上手に使いこなしていくことである。

　他方、行政を進めていく上で、住民の理解や合意を欠くことはできない。と

りわけ、これからの行政では、あれもこれもではなく、あれかこれかの選択を迫られたり、住民にサービスの削減や負担をお願いしたりすることなども増えていくものと思われるが、そこではいかに住民の納得を得るかが重要となる。

そのためには、プロセスを重視することが必要であり、そこでは、説明責任を果たすのはもちろんのこと、住民との対話や議論を重ねることが重要となる。とりわけ、そこにおいて大事となるのは、そのプロセスをできるだけ公正・公平なものとすることであり、そのためにも、プロセスの透明性が確保され、公開されることなども必要となってくる。住民との対話や議論の方法としては、対話集会（タウンミーティング）、意見交換会、ワークショップ、公聴会などさまざまな方法があるが、その点からは、議会の役割に改めて目を向けるべきだろう。

法は、個人を基本とするものであり、法による行政においては、個人を出発点とすべきである。もっともその一方で、地域を基礎とする共同体である自治体においては、人々のつながりや相互依存といったことも不可欠となるのであり、そのためには、人々をつなぐ伝統・文化、共同体意識、共同の利益といったことも重要となる。その点では、自治や地域生活には集団主義的な要素があるといえるが、だからといって個人を軽視することがあってはならない。

そもそも、自治体と住民との関係は、多元的・機能的なものとなってきているのであり、自治や行政において運命共同体的な一体感といったものを前提とすることはもはやできないだけでなく、すべきでもないが、何らかの地域的な紐帯が必要となることも確かである。それぞれの自治体においては、これをどのように確保していくのかが問われることになるが、その一つの鍵となるのが地域を基盤とした緩やかなつながりによる多様なネットワークや自治的な組織の存在・役割と、それらを通じての多様な主体による協働の促進ではないだろうか。

コラム③③　対話・議論の作法

対話や議論が適正に行われるためには、議論の倫理・作法といったことなども求められることになる。

特に、そこにおいては、参加者の対等性が確保され、それぞれが自律的主体であ

ることを相互に認め合い、尊重し合うことが必要であり、また、理性的な議論とするためには、理由を示した主張の展開、反論の機会の保障、説得といったものが重要となる。

　その点から、議論の内容にかかわるものとして、原理整合性や普遍化可能性といったことも問題とされることになる。

　原理整合性は、主張を展開する場合に、その主張をできる限り共通の論拠や共有の知に基づいて正当化することを求めるもので、たとえば、法的な議論の場合には、実定法や判例などに基づいて、これまでの法的な判断の基礎にある法原理に整合するような仕方で議論を組み立てることが必要となる。

　また、普遍化可能性は、主張が何らかの普遍性をもち普遍化が可能なものであることを求めるものである。普遍化可能性のとらえ方にはさまざまものがあるが、よく言われるのが「自分がしてほしくないと思うことは他の人に対してしてはいけない」という格律に代表される「立場の互換性」であり、これについては、多くの人々が受け入れることが可能なものといったとらえ方もある。

　住民との対話や議論を行うにあたっては、むやみやたらに話をすればよいというものではない。住民の中には、さまざまな考えをもつ人がいるのであり、議論の共通の基盤を共有することも難しいことが少なくない。しかし、ある程度の共通の基盤や理解がなければ、議論は空回りするだけとなる。少なくとも、お互いに相手の立場を理解し、多少なりとも信頼をもつことが必要である。そのためには、地道に丁寧に対話を重ねることが大事となる。迅速性や効率性を重視してつい結論を急ぎがちとなることが少なくないが、時間をかけることも大切な作法である。

政策法務等の更なる普及に向けて

　政策法務、自治体法務などの言葉は、自治体関係者の間では既に市民権を得るとともに、これらをめぐる自治体や関係者の取組が自治体や職員の政策・法務の能力の向上に寄与してきたといえる。

　地域自治の責任体制として政策と法務が全庁的・日常的に交流することを目指す「政策法務」の取組は、法による自治・行政を展開していく上で、さらに重要性を増すことになってくるだろう[8]。

　ただ、その一方で、自治体による温度差は大きく、ブーム的な動きにとどまったところもないではない。関係者による関係者のためのものとなり、全庁的な広がりや支持を欠くようなところもあった。他方、「政策法務」とうたいながら法的な視点が不十分な「政策法無」となったり、法をやたらと振り回して前例踏襲にこだわり政策的な創造性を欠く「政削法務」に陥ったりすることもみられた[9]。

　そもそも、「政策」と「法」は、密接な関係にあるものの、常に相性が良いものではなく、時に対立することもある。両方を駆使しながら、そのバランスや調和を図るというのは、そうたやすいことではない。法は政策を枠付け統制する一方で、政策により新たに法が形づくられる。しかも、政策も立法も決定する主体は、民主的正統性をもつ政治であり、そのことは法治主義と民主主義の両方から要請されるものである。そして、そこでは、さまざまな意見や利害が表出され、妥協・調整が図られながら、プロセスを踏んで政治的に決断されることになる。

　その点からは、政策法務は、誰による何のためのものかについて、もっと明らかにしていくことも必要だろう。

　すなわち、政策法務は、自治体職員の取組にとどまるのではなく、政治、さらには住民も巻き込んだ形で展開していくことが必要であり、そうでなければ

---

[8]　兼子仁『政策法務の新しい実務Ｑ＆Ａ』（第一法規、2017年）２頁以下参照。
[9]　「政策法無」と「政削法務」については、金井利之「自治体における政策法務とその管理」ジュリスト1338号129頁（2007年）参照。

十分な広がりや発展を望むことは難しいところがある。とりわけ、政治的なものが強まるにつれ、法的なものを軽視する傾向が強まっており、政治において法的なものを意味・価値等につき理解を深めてもらうことなども必要となっている。それも、政策法務の役割の1つといえるが、共通の視点や基盤をもっているとは限らないだけにその対応は容易ではなく、また、これまでの政策法務自体がともすれば法道具主義に陥りがちとなっていた面があることは否めない。しかも、その担い手となってきた職員は、あくまでも補佐機関であり、政治の領域に踏み込み過ぎることには慎重であるべきであり、行政の中立性や専門性の面から一定の距離を保つことなども求められることになる。政策法務として大事（武器）となるのは、専門性に裏付けられた論理と議論であり、それに対する理解・信頼・配慮の確保・確立である。政策法務の取組においては、その使命・役割などについて十分に意識し、政治と適切な関係を構築していくことが必要である。

　また、政策法務は、理念的なものにとどまるものでもなければ、決して特別なものでもなく、日常の行政や政策的活動において、基盤となり、活かされていくべきものである。政策法務ということから、何か答えが出てくるものでもなければ、それが正当化の理由となるものでもない。政策法務は、法的な視点をベースとしながら問題状況に応じた適切かつ創造的な対応や処理を行うための実践的活動であり、目指すべきは、庁内や行政の現場において、「政策法務」という言葉が重みをもつことではなく、そのような実践的活動や思考様式・ノウハウが広く浸透し、展開されるようにしていくことである。そのためには、それぞれの職員の意識改革・教育研修と、体制づくりが重要となってくるのであり、その点からも、長などの政治の側の理解も大事となってくるのである。

これからの自治・行政を展望して

　1990年代後半から行われた地方分権改革は、「未完の改革」とはいわれるものの、日本の近代国家以降の国と地方との関係の歴史を振り返ると、戦後改革とともに、大きな意味をもつものであったといえる。ただ、それは、改革派首長の存在や自治体側の主体的な取組もあったとはいえ、国の法律などによる上からの制度改革であったことは否めない。

　また、国と地方との関係の歴史においては、あるときは分権の流れが強まり、あるときは集権の流れが強まるといったことを繰り返してきた。近年においては、国民国家や福祉国家の揺らぎ、国の役割の低下、人々の意識や価値観の多様化、中央集権システムの限界の露呈などといったことがあったとはいえ、分権の流れが今後ともずっと続くとは限らない。

　いずれにしても、戦前の中央集権システムと戦後の中央集権システムとの関係や連続性をどう見るかにかかわらず、明治以来の中央集権型のシステムを、一気に分権型のシステムに変革するようなことは容易なことではなく、現実的とはいえない。地方分権は、それなりの段階を踏みながらの息の長い取組となること、そして、その間にはさまざまな揺らぎや揺り戻しなどもあることを覚悟すべきである。

　分権を進めるためには、自治体の事務や活動について詳細に規定する国法のあり方など制度を変えていくことが必要である。しかし、制度を変えても実体が伴わなければ、分権型社会への移行はおぼつかない。国による制約がなお多いとはいえ、それぞれの自治体において、それに向けて主体的・自律的に取り組んでいくことも大事なのであり、そのような取組の積み重ねが、更なる分権につながっていくと考えるべきである。

コラム34　憲法改正による地方自治の強化

　近年、憲法改正をめぐる議論や動きが活発化している。日本国憲法は、これまで一度も改正されたことはなく、その背景には、改正手続の困難性や、9条問題を中心に改正そのものが政治的・イデオロギー的な対立・争点となってきたことのほか、

その規定が簡潔かつ抽象的であり、解釈や法律による対応の余地が大きいことなども挙げられる。統治に関しては、その分だけ、憲法附属法や憲法慣行のもつ意味が大きくなり、地方自治についても、その具体的な内容は法律の定めに委ねられている。

　しかし、法律のあり方をめぐっては、自治体の組織・事務等について詳細に規定し、その自己決定や地域の状況に応じた対応の余地を狭めていることが問題となり、国の立法的関与の縮減が課題となってきたものの、あまり進展はみられない。このため、憲法改正により地方自治の保障を具体化・強化し、憲法で法律を縛るべきとの主張が自治体関係者の間で散見されるようになっている。

　日本国憲法が制定された当時においては、憲法に地方自治の章を設けるというのは画期的であったが、諸外国の憲法の中には地方自治について詳細な規定を設けるところがみられることなどもあって、それらに比べ、その規定が不十分に映るのかもしれない。

　ただ、憲法でいろいろと規定しさえすれば、実際にも地方自治が強化されるとは限らない。その実効的な保障のためには、地方自治に関わる法律の制定手続への自治体側の参加の工夫や、地方自治の保障に絡んで国と自治体の間で紛争が生じた場合にそれを解決するシステムなどが必要となり、後者の場合には、そのための争訟手続の整備が必要となるだけでなく、現在の裁判所でそれを処理することが適当かどうかも問題となる。そうなると、地方自治の話だけではとどまらなくなってくる。また、憲法改正が容易でないにもかかわらず、憲法に書き込めば書き込むほど、固定化され、多様な自治のあり方や社会状況等の変化への対応の足枷となる可能性もないわけではない。憲法保障にどこまで期待しうるのか、十分な検討が必要だろう。

　そもそも憲法改正を論じる前に、憲法による地方自治の保障を十分に活かしてきたかどうかも問われるべきである。たとえば、「地方自治の本旨」は、地方自治を制度的保障ととらえる通説的な見解によれば、法律によって侵し得ない本質的・核心的なもの、法律を枠付けるものであり、その内容については、地方自治の実践などを通じて歴史的・制度的に定まるとされる。だとすれば、憲法施行後70年余の間、あるいは近年の地方分権改革において、どれだけそれを豊富化してきたといえるのだろうか。ともすれば、制度改革の方ばかりに目が行きがちであったところはないだろうか。結局、そのような下地のないままに、憲法に概念や文言を書き足しても、

実際にはあまり変わらず、規定いじりに終わってしまうことにもなりかねない。

　これまでの経緯や国の立法状況等からすれば、残された途は憲法だと考えるのも理解できないわけではないが、改めて「地方自治の本旨」と向き合い、格闘することも必要ではないだろうか。

　そして、何よりも、分権型社会へと変えていくためには、住民の理解と協力が不可欠となるのであり、そのベースとなるのが住民の信頼である。

　日本の国民は、政府に対して依存する傾向が強い一方で、近年における政府に対する信頼・評価は、諸外国と比べても、高くはない状況にあるともいわれる。人々に身近な政府である自治体（地方政府）は、中央政府に比べれば、国民の信頼や評価は比較的高いともいわれるが、それは、自治体の実績や住民としての経験に依存するところが大きいとされる。近年の公務員批判にみられるように、人々の公務員に対する信頼・評価も低下している状況にあるが、その一方で、公務員の側も、国民・住民に不信感を抱きがちである。素人扱いや無責任で気まぐれな要求者といった見方などがどこかに現れ、上から目線、お役所仕事などと批判や反発を招くようなこともないではない。

　住民の自治や自治体に対する信頼や評価を高めていくためには、法を遵守して公正・公平な行政活動を行っていくだけでなく、情報を広く開示し、説明責任を果たすこと、住民の意見に耳を傾け、対話を重ねることなどが必要である。それらを通じて、相互理解を進め、お互いに不信感や誤解を払しょくし、信頼の基盤を築いていくことが大事といえる。

　他方、政治や行政は、しばしば過大な役割を背負い込み、人々の期待を高めてはそれに応えられないということを繰り返してきた。しかし、それは、結局、人々の失望や不信を招くことになるだけである。人々に夢や希望を与えることも大事ではあるが、やはり政治や行政として、そのキャパシティや限界を意識するとともに、多様な要望を掲げる人々に対してそれを素直に説明し、受け入れてもらうことも必要である。人々の支持・選択を期待する政治の側は、ともすればそれを避けがちとなるが、政治がそれに向き合い、調整・説得といったその役割を果たすように、適切な情報や選択肢を示し、説明や進言をするのも、政治を補佐する者（機関・職員）の役割である。

　いずれにしても、自治や行政のベースとなる法と民主主義は、いわば車の両輪となるものであるが、ときに両者は微妙な関係に立つこともある。それぞれの自治体において、より良い自治・行政を目指して、両者のバランスをとり調和を図りながら、これらを展開していくことが求められているのである。

　そこで必要となるのは、やはり対話であり、対話と信頼は、これからの自治・行政におけるキーワードとなってくるだろう。

あとがき

　地方分権や自治の進展に伴って、各地の地方自治体において政策法務の取組が広がる一方で、法に対する関心が薄れがちとなったり、法的なものを軽視したりするような状況もみられる。

　政策法務が一部の自治体職員のものにとどまらないようにするためにも、また、自治体における法による自治・行政を確かなものとしていくためにも、自治における法の役割、自治体あるいは自治体職員と法の関わりなどについて、理解を深めていくことが必要である。

　本書は、広く自治体職員を対象として、「自治体法」という視点を取り入れつつ、「自治体と法」について、幅広くかつ多角的に解説するとともに、法的な思考や知識の活かし方、法的な対応のあり方、政策法務の役割等についてもわかりやすく丁寧に説明するものである。

　本書は、地方自治を専門領域とする2人の研究者による共著となっているが、特に長年にわたり「地方分権」や「政策法務」について理論的な先導役を担ってこられた兼子仁先生にご協力・ご参加をいただいたところである。兼子先生には、全体にわたってご指導をいただいたほか、第5章「自治体政策法務を確立する」のほか、「長と議会による協治」、「「新しい公共」とは」、「外国人住民」、「自治基本条例と議会基本条例」、「自主課税権」、「公的債務の滞納整理」、「行政に対する住民の信頼保護原則」、「オンブズマン（オンブズパーソン）」、「行審法か行服法か──行政不服審査法の略称」、「条例罰則の地検協議」、「任期付職員弁護士とは」、「訴訟「指定代理人」職員の法律的根拠」、「鑑定書・意見書・鑑定意見書の通則」、「一国多制度とは」、「広域連携」のコラムをご担当いただいた。

　もう一人の著者である川﨑が足元にも及ばない知見・経験・業績をお持ちであり、その解説は、簡にして要であり、鋭い切り口と熱い思いに彩られている。ただ、二人とも、地方分権、政策法務ないし自治体法務の推進論者であることはいうまでもないが、法も含めたそれらに関するスタンスの若干の相違などから、解説の観点、スタイル、ニュアンスが異なるところも生じることとなった。

本書では、基本的にそれを調整することはしておらず、むしろ、方向性は同じでも、多様な視点、スタンス、論じ方などがあることを読者の方々が知るとともに、自分自身で考えていただく機会・素材となればとも考えているところである。

　本書をめぐっては、諸々の事情があり、企画から出版までに5年の期間を要することになり、結果として川﨑がプロローグ・第1章から第4章と第6章を執筆することとなった。この場を借りて、その間、おおらかにお待ちいただいた兼子先生にお詫びと感謝を申し上げたい。

　本書は、これまでの政策法務や自治体法務に関する書籍とは観点・趣を少し異にし、「自治体法」をキーワードとしつつ、「法」と「政策」、特に法的な考え方や要素にこだわったものとなっており、多様かつ新しい問題もいろいろと取り入れている。本書が、多くの自治体職員、そして自治に関心をお持ちの方々に読まれ、自治や行政の発展にいささかなりともお役に立つことができることを願ってやまない。

2022年10月吉日

川﨑　政司

索　引

た

ま

や

ら

わ

著者紹介

川﨑 政司（かわさき　まさじ）
慶應義塾大学大学院法務研究科客員教授

専門は憲法、立法学、地方自治法など。主な著書等に、『地方自治法基本解説〔第8版〕』（法学書院）、『自治体政策法務講座 第1巻 総論・立法法務』（編著、ぎょうせい）、『ポイント解説「地域主権改革」関連法 自治体への影響とその対応に向けて』（第一法規）、『行政課題別 条例実務の要点』（共著、第一法規）、『事例から学ぶ「自治体公法」入門』（公職研）、『自治判例から公法を読む』（公職研）、『法を考えるヒントⅠ』『法を考えるヒントⅡ』（日本加除出版）、『法律学の基礎技法〔第2版〕』（法学書院）、『現代統治構造の動態と展望－法形成をめぐる政治と法』（編著、尚学社）、『立法学のフロンティア3 立法実践の変革』（共著、ナカニシヤ出版）、『選挙制度と政党』（共著、信山社）、『憲法答弁集』（共編著、信山社）、『判例から学ぶ憲法・行政法〔第5版〕』（編著、法学書院）、『行政法事典』（編著、法学書院）、『注釈 公用文用字用語辞典〔第9版〕』（新日本法規）、『ビジネス法概論』（編著、第一法規）など。その他、著書・論文多数。

兼子 仁（かねこ　まさし）
東京都立大学名誉教授

専門は行政法学、地域自治法学など。主な著書等に、『行政行為の公定力の理論』（東京大学出版会）、『現代フランス行政法』（有斐閣）、『行政法事例研究』（学陽書房）、『条例をめぐる法律問題』（学陽書房）、『行政法総論』（筑摩書房）、『地方自治法』（岩波書店）、『行政法と特殊法の理論』（有斐閣）、『行政手続法』（岩波書店）、『行政法学』（岩波書店）、『日本の自由教育法学』（編著、学陽書房）、『新地方自治法』（岩波書店）、『情報公開審査会Q&Aマニュアル』（ぎょうせい）、『自治体・住民の法律入門』（岩波書店）、『自治体行政法入門 法務研修・学習テキスト』（北樹出版）、『地方公務員法 法務研修・学習テキスト』（北樹出版）、『地方自治ことばの基礎知識』（ぎょうせい）、『変革期の地方自治法』（岩波書店）、『政策法務の新しい実務Q&A』（第一法規）、『地域自治の行政法 地域と住民でつくる自治体法』（北樹出版）、『地域自治法学 論集』（編集工房悠々）など。その他、著書・論文多数。

住民と行政をつなぐ自治体法の実践
―法の役割を理解し政策を展開するために―

2022年12月15日　初版発行

著　　者　　川﨑政司・兼子　仁

発 行 者　　田 中 英 弥

発 行 所　　第一法規株式会社
　　　　　　〒107-8560　東京都港区南青山2-11-17
　　　　　　ホームページ　https://www.daiichihoki.co.jp/

装　　丁　　篠　　隆　二

自治体法実践　ISBN 978-4-474-09111-5　C3032（6）